普通高等教育"十一五"国家级规划教材

高职高专系列教材

组织行为学

主　编　陈　京

副主编　杨冬艳　黄照伟

参　编　李　倩　杨　茜　赵云刚　谢妙芳

机械工业出版社

本书循序渐进、简明扼要、深入浅出地介绍了个体行为、群体行为、组织系统和组织动力等组织中有关人的行为的问题，力求厚今薄古，准确把握在全球环境下新的组织特征。本书编写共分八章，在内容编排上，力求做到体系完整且突出重点，并注重引入案例和练习。同时，在各章均安排了学习目标、重要概念、小结、复习思考题、测试题和案例分析，能够很好地帮助使用者在轻松的阅读中领悟到组织行为学的真谛，并将其基础理论灵活地运用于各类组织及组织活动中。

本书可作为高职高专院校管理类专业的教学用书，也可供其他专业的学生选用和供社会读者阅读参考。

图书在版编目（CIP）数据

组织行为学/陈京主编. —北京：机械工业出版社，2009.5（2024.1 重印）
普通高等教育"十一五"国家级规划教材. 高职高专系列教材
ISBN 978-7-111-26666-2

Ⅰ. 组… Ⅱ. 陈… Ⅲ. 组织行为学—高等学校：技术学校—教材
Ⅳ.C936

中国版本图书馆 CIP 数据核字（2009）第 042816 号

机械工业出版社（北京市百万庄大街 22 号　邮政编码 100037）
策划编辑：孔文梅　　责任编辑：孙　聪
版式设计：张世琴　　责任校对：张玉琴
封面设计：鞠　杨　　责任印制：郜　敏
北京富资园科技发展有限公司印刷
2024 年 1 月第 1 版第 11 次印刷
169mm×239mm・17 印张・330 千字
标准书号：ISBN 978-7-111-26666-2
定价：45.00 元

电话服务　　　　　　　　网络服务
客服电话：010-88361066　　机 工 官 网：www.cmpbook.com
　　　　　010-88379833　　机 工 官 博：weibo.com/cmp1952
　　　　　010-68326294　　金 书 网：www.golden-book.com
封底无防伪标均为盗版　　　机工教育服务网：www.cmpedu.com

高职高专"十一五"规划教材编委会

主 任 委 员　　刘兴彬

副主任委员　　姚立宁　薛　威　蓝伙金

委　　　员　　（排名不分先后）

　　　　　　　　常　青　常庆森　方仲民　高彩云

　　　　　　　　黄君麟　刘喜波　莫高兴　田文锦

　　　　　　　　王文仲　武德春　游金梅　袁炎清

　　　　　　　　曾　剑　曾艳英　张远录　赵志恒

　　　　　　　　邹　敏　孔文梅

序

"面向企业，立足岗位；优化基础，注重素质；强化应用，突出能力"，培养一线"技术岗位型"人才，这是高职高专财经大类各专业的教学模式和培养目标。要实现这一培养目标，就必须坚持以教学改革为中心，以实践教学为重点，不断提高教学质量，突出高职特色的指导思想。

以往出版的高职教材大多是本科教材的压缩，存在"理论过强，内容过深，缺乏实操"等缺点；另外，高职院校的老师大多来自普通高校，受传统办学模式影响很深，教学过程跳不出"以学科为中心"的教学模式的框框。因此，需要加强实践教学，使教学变成教师与学生共同参与，教、学、练融于一体的互动式教学，极大地调动学生学习的积极性和主动性，提高学生的实操能力。

为了配合这一教学改革的需要，应广大高职院校的要求，按照2004年12月教育部颁布的《普通高等学校高职高专教育指导性专业目录》的要求，由全国近30所高职高专院校共同规划、编写了这套"高职高专'十一五'规划教材"，并成立了"高职高专'十一五'规划教材编委会"。参与本套教材编写的人员大多是专门从事相关专业教学和教学研究的一线专家、教授和企业管理人员。本套规划教材介绍了当前最新的管理研究成果，具有简洁、实用、操作性强等特点，既可作为高职高专的教材，也可作为各层次学历教育和短期培训的教材。

由于时间仓促，编者水平有限，这套教材难免存在不足之处，恳请广大读者提出宝贵意见，以与时俱进，保持其先进性和实用性。

高职高专"十一五"规划教材编委会

前　言

组织行为学形成、发展于西方，传到中国有二十多年的历史。作为管理科学的一个重要组成部分，组织行为学集中了行为科学的主要成果。组织行为学是运用系统分析的方法，研究组织中人的心理、态度和行为规律，以帮助组织的管理者解释、预测和控制人的行为的一门综合性应用科学。本书在编写过程中，从高职高专教育的实际出发，注重系统性、实用性，强调新颖性、综合性。本书力求厚今薄古，准确把握在全球网络化、扁平化和多元化环境下的新的组织特征，采用描述性语言，循序渐进、简明扼要、深入浅出地介绍了个体行为、群体行为、组织系统和组织动力等组织中有关人的行为的问题。

本书在内容编排上，力求做到体系完整且突出重点，并注重引入案例和练习。本书主要内容包括：组织行为学的发展简史及其研究方法、个体行为基础、激励理论和方案、群体决策和沟通、领导的本质和有关的领导理论、非正式组织的行为、塑造组织文化的心理机制和途径、组织变革和组织发展、组织承诺及其培养等。本书在各章均安排了学习目标、重要概念、小结、复习思考题、测试题和案例分析。

本书可作为高职高专院校管理类专业的教学用书，也可供其他专业的学生选用和供社会读者阅读参考。

本书由七位同志参与编写，全书由广州航海高等专科学校陈京同志担任主编并负责统稿。全书编写工作的分工为：第一章和第八章由陈京编写；第二章由山西交通职业技术学院杨冬艳编写；第三章由广西交通职业技术学院李倩和陈京合作编写；第四章由广西交通职业技术学院黄照伟和陈京合作编写；第五章由黄照伟和广州航海高等专科学校谢妙芳合作编写；第六章由广西交通职业技术学院杨茜和谢妙芳合作编写；第七章由中国移动通信集团广东有限公司中山分公司赵云刚编写。

为方便教学，本书配备电子课件等教学资源。凡选用本书作为教材的教师均可索取，请发送邮件至 cmpgaozhi@sina.com，咨询电话：010-88379375。

本书在编写过程中，参考了大量的相关著作、教材和案例资料，引用了一些专家、学者的研究成果，谨在此向这些文献作者、译者表示最诚挚的谢意！并对参与和支持本书出版的所有同志表示衷心的感谢！

由于作者理论水平和实践经验有限，书中不足之处在所难免，恳请读者批评指正，并提出宝贵意见。

编　者

目　录

序
前言

第一章　绪言 …………………………… 1
第一节　组织和组织行为 …………… 2
第二节　组织行为学的发展史 ……… 14
第三节　组织行为学的研究方法 …… 23
重要概念 …………………………… 27
本章小结 …………………………… 27
复习思考题 ………………………… 28
本章测试题 ………………………… 29
案例分析 …………………………… 30

第二章　组织中的个体 ………………… 32
第一节　个体行为基础 ……………… 33
第二节　激励理论 …………………… 45
第三节　激励的方案 ………………… 56
重要概念 …………………………… 63
本章小结 …………………………… 63
复习思考题 ………………………… 64
本章测试题 ………………………… 64
案例分析 …………………………… 67

第三章　组织中的群体 ………………… 70
第一节　关于群体的概述 …………… 71
第二节　群体决策 …………………… 82
第三节　群体内的沟通 ……………… 90
第四节　冲突管理 …………………… 100
重要概念 …………………………… 113
本章小结 …………………………… 113
复习思考题 ………………………… 114
本章测试题 ………………………… 114
案例分析 …………………………… 116

第四章　领导与组织行为 ……… 119
第一节　概述 ………………………… 120
第二节　领导的权力基础 …………… 124
第三节　领导理论 …………………… 130
第四节　领导集体的优化 …………… 146
重要概念 …………………………… 149
本章小结 …………………………… 150
复习思考题 ………………………… 150
本章测试题 ………………………… 151
案例分析 …………………………… 153

第五章　非正式组织的行为 …………… 154
第一节　正式组织与非正式组织 …… 155
第二节　非正式组织的行为 ………… 160
第三节　正确对待非正式组织 ……… 170
重要概念 …………………………… 174
本章小结 …………………………… 174
复习思考题 ………………………… 175
本章测试题 ………………………… 175
案例分析 …………………………… 177

第六章　组织文化 ……………………… 179
第一节　组织文化的概念和特点 …… 179
第二节　组织文化的构成和功能 …… 184
第三节　组织文化的种类 …………… 193
第四节　塑造组织文化的心理机制和原则 …… 196
重要概念 …………………………… 203

目 录

本章小结 ……………………………… 203
复习思考题 …………………………… 204
本章测试题 …………………………… 205
案例分析 ……………………………… 206

第七章 组织变革和组织发展 ………… 209

第一节 组织变革概述 ………… 209
第二节 组织变革的两种力量 … 214
第三节 组织发展 ……………… 223
重要概念 ……………………………… 230
本章小结 ……………………………… 230
复习思考题 …………………………… 231

本章测试题 …………………………… 232
案例分析 ……………………………… 233

第八章 组织承诺及培养 ………… 235

第一节 组织承诺综述 ………… 236
第二节 组织承诺的培养 ……… 245
重要概念 ……………………………… 258
本章小结 ……………………………… 258
复习思考题 …………………………… 259
本章测试题 …………………………… 260
案例分析 ……………………………… 261

参考文献 …………………………… 263

第一章 绪 言

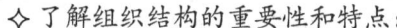

学习目标

◇ 了解组织结构的重要性和特点;
◇ 了解组织行为学的发展史;
◇ 理解组织与环境的关系、组织与人的关系;
◇ 掌握组织的概念、组织行为学的概念、组织结构的设计原则;
◇ 掌握组织行为学研究方法的原理。

 **引导案例 电建公司行政部的岗位设计**

宗芸是某电建公司行政部的经理,由于市场竞争激烈,近期公司参与的电力建设投标项目增多,在建项目也增多了,公司的公文处理工作变得十分繁忙。宗芸决定把本部门负责的公文处理工作分门别类,形成一个个独立的职务,以便分配任务。宗芸分析了公文处理的各个环节,他认为公文处理工作的流程并不复杂:收取文字原件并登记、编号;利用电脑输入文件内容并保存在电脑中;打印初稿;校对初稿并修改;将修改好的文件按要求打印出来;将需要复印和装订的文件复印和装订好;通知相关人员来取走准备好的文件并登记。因此宗芸决定不按流程而是按文件类别来划分工作职务。文件类别包括:往来信函、技术指导书、项目情况汇报、数据图表、投标文件。宗芸按照文件类别设立了5个职务,他觉得这样才能符合专业化管理的要求。对于工作量大的职务,他多安排人手,如投标文件;对工作量小的职务,他就少安排人手,如信函。

这样运作了8个月,宗芸听到负责处理往来信函的职员抱怨自己的工作枯燥单调,干得没劲透了;而负责投标文件的职员则抱怨复印和装订的工作量大,忙不过来又容易出错;而且这些职员的工作成绩也没有达到所设定的目标,领导也批评行政部的工作不得力。在行政部的一次部务会上,宗芸认真听取同事们的意见和建议,他发现自己在职务设计中过于注重专业化,忽视了人性中多样化的需求。为此,宗芸决定将公文处理工作重新调整,将往来信函和数据图表两个项目结合起来,技术指导书和项目情况汇报两个项目结合起来,从而在同一岗位工作范围横向扩展,并允许职员在这几个岗位上进行岗位轮换,使工作内容更丰富。宗芸设立了专门负责复印和装订的岗位,归属于投标文件小组,以增加职员对工作的自主感和责任心,从纵向上充实了投标文件小组的工作内容,使职员体验工作的内在意义和

组织行为学

成就感。宗芸还要求职员们自我检查并彼此检查工作是否准确，让职员参与制订标准和检测他们自己的工作。

组织存在的基础是人类活动的社会性。现实社会中，单靠个人努力是无论如何都满足不了人类社会日益增长的物质和精神需要的，因此不得不依靠众多人的共同努力，为此人们形成了组织。随着专业分工的进一步深化，随着科技管理水平的进一步提高，随着生产社会化程度的进一步增强，随着经济一体化进程的不断推进，各种形态的组织应运而生。可以说，现代社会已经找不到一个完全脱离组织而存在的人，几乎每一个人都是某个组织或某些组织的成员。组织的建立、运作的模式和管理的方法都会影响人们生活的质量或工作的效率。对组织有效性的探讨离不开对组织行为及其规律的研究。

第一节 组织和组织行为

一、组织

（一）组织的含义

什么是组织？这个问题似乎不难回答，组织是人类社会常见且普遍的现象，社会上的组织林林总总，它们设立的目的和活动的方式不尽相同。机关、公司、旅行社、学校、医院等等都是组织，各种例子人人都能说出很多。组织作为管理的一个基本单元，组织工作作为管理活动的一项基本职能，其中包含以下一些共性的东西：

第一，组织必须有一个努力的目标。目标是组织存在的前提，不论目标是显明的，还是隐含的，组织都是为了这个目标而存在的。比如：共裕机电开发公司的目标可能是研究和开发机械及电子类产品，并获得经济利润；航海职业大学的目标是为了培养航海类高级科学和技术人才。而对于正式组织中不可避免地存在着的非正式组织来说，它们隐含的目标可能是要使其成员受到保护，满足成员在融洽的人际关系或其他方面的特殊需要。

第二，组织中有分工也有协作。分工和协作关系是由组织目标限定的。分工就是把组织的任务、目标分解到各层次、各部门，并通过进一步明确工作的手段、方式和方法，将细化了的任务和目标落实到每个员工身上。随着生产力的发展、科学与技术的进步，分工越来越细，这是现代社会的一个主要特征。协作是与分工相联系的一个概念，通过明确部门与部门之间以及部门内部的协调关系与配合方法，不仅保证各部门实现自己的目标，而且保证整个组织目标的全面实现。只有分工没有协作，分工就失去意义，而没有分工则谈不上协作，它们之间是相辅相成的。

第一章 绪 言

第三，组织中有权力等级和责任制度。赋予每个部门乃至每个员工相应的权力和责任有助于组织目标的顺利实现。权力是履行责任的必要条件，责任保证合理用权。权力的大小必须与职责相适应。有责无权不仅束缚员工的积极性和主动性，而且使责任制度形同虚设；有权无责则必然助长瞎指挥、滥用权力和官僚主义。

第四，组织是由人所组成的群体。任何组织首先是人的集合，而不是事和物的集合。组织生存和发展中所需要的各种经济资源的合理配置，都必须通过组织中的人来完成，人集合在一起方能形成组织。组织既是物质结构，又是社会结构。

综上所述，我们可以为组织下一个较为直观的定义，即组织是为了达到共同的目标，经过分工与协作，并利用不同层次的权力和责任制度，而构成的人的集合体。

> 你现在正处于哪一个组织中，该组织的目标是什么？分工和协作以及权力与职责是否合理？你有更好的改进建议么？再想一想：电影院的观众们能否被称为是一个组织？

（二）组织结构

任何一个组织在把总体任务分配给各部门、各成员去承担的时候，都需建立起他们之间相互分工与合作的关系，这种关系就形成了一种组织结构。

1. 组织结构的重要性　结构是科学研究中的一个基本概念。自然界的石墨和钻石都是由碳原子构成的，但两者的硬度和价值根本不能相提并论。石墨为什么比钻石脆弱？钻石为什么比石墨值钱？原来造成它们天壤之别的根本原因在于原子间结构的差异：石墨的碳原子之间是层状结构，而钻石的碳原子之间是独特的金刚石结构。同样的道理，一个组织如果内部结构不合理，指挥失灵，人浮于事，内耗丛生，那么这样的组织结构肯定不能保证组织目标如愿达成。结构对于组织，就如同骨骼系统之于人的身体一样，是组织生存和发展不可缺少的重要条件。健全的组织结构可以使组织的生产要素之间达到有机组合，对于组织实现经营目标，协调内部关系，调动员工积极性，提高市场竞争力，都有着极其重要的意义。作为实现组织目标的一种手段，结构的变革往往会导致组织的彻底变革。可以说，组织结构的重要性是随着组织活动内容的复杂程度加深和参与活动的人员数量增加而不断提高的。

2. 有效的组织结构的特点　组织结构实质上是一种分工与协作的整合。一般说来，正式组织的结构都是经过认真考虑后才建立起来的，相对来说是稳定的、连续的；但当环境变化需要组织结构发生变动时，这种结构又是灵活的，富有弹性。通过实践经验和客观分析的总结，一个有效的组织结构通常具有以下特点：

（1）有明确的权限、责任和利益规定，并且保证责权利三者一致。

（2）有清晰的权力路线，指挥命令和汇报请示都必须沿着一条明确而又不间断的路线逐级传递。

（3）每一个职位都有合适的人承担工作，每一个员工都有合适的工作岗位发挥其才能。

（4）决策权限下放到尽可能低的组织层次并尽可能使其接近于活动现场，同时充分考虑了所有受到影响的活动和目标。

（5）积极有效地进行上下左右的信息沟通联系。

个案 1-1　美的集团组织结构的调整

创业于1968年的美的集团，是一家以家电业为主，涉足房产、物流等领域的大型综合性现代化企业集团，是中国最具规模的白色家电生产和出口基地。

1980年美的正式进入家电业；1981年正式注册使用"美的"商标。美的集团从创业到进入家电行业初期，一直沿用直线职能制的组织结构，但到1997年以后，美的经营的产品已经从单一的风扇和空调扩展到电饭煲、饮水机、冰箱、洗衣机、电磁炉、消毒柜、吸尘器等五大类上千个品种。随着生产规模的扩大，直线职能制不再适合美的集团的需要了。于是美的集团在1997年进行了组织结构的调整，由直线职能制结构转为事业部制结构，共成立了五个事业部：空调事业部、压缩机事业部、家用电器事业部、厨具事业部和电机事业部。这次改造给美的集团带来了活力，实现了层级制与市场机制的有机结合，保证了必要的协调与控制。之后其业务发展迅速，规模持续扩张：1998年成立芜湖制冷公司、芜湖工业设计公司，进入空调压缩机领域。1999年美的商标被评为"中国驰名商标"，并相继成立信息技术公司、物流公司和电工材料公司。2000年事业部制公司化改造，管理层融资购法人股（MBO），中高层骨干持流通股，开始涉足房地产领域。2001年新项目 MDV、微波炉、燃气具等相继投产。由于对事业部的管控力度不够，随着产品线的延长和品种的增加，美的集团的规模又一次扩张到无法管理的局面。2002年美的集团全面推行战略性结构调整，将家庭电器事业部拆分成四个事业部：电风扇事业部、电饭煲事业部、微波炉事业部和饮水机事业部。空调事业部则推行了事业本部制，其下成立三个本部，将对原来相对分散的二级子公司的管理统一到本部中去。2003年美的集团相继收购云南、湖南客车企业，正式进军汽车业，进入多元化发展阶段。不相关多元化的发展促使美的继续寻找与之相适应的组织结构。

根据市场，当产品结构和组织结构不能支持企业生产经营的时候，美的集团总能迅速调整结构模式，以确保自己在激烈的竞争中始终保持着健康、稳定、快速的增长。20世纪80年代，美的集团平均增长速度为60%，90年代平均增长速度为50%。21世纪以来，年均增长速度超过35%。

3. 组织结构的设计原则　尽管各组织所处的环境、从事的活动、采用的技术、制订的战略及发展的规模不相同，所需的职务和部门及其相互间的关系也不相同，但任何组织在进行有效的结构设计时，都需要遵循一些共同的原则。这些原则是在大量实践的基础上总结抽象出来的，凝聚了前人在组织结构设计方面成功的经验与失败的教训。

（1）管理层次原则。管理层次是指组织中职位等级的数目。层次原则是组织运行的基础原则，指的是结构设计时需对组织单位进行划分和组合，形成层次结构，每个层次的部门和个人都有明确的岗位、职责和权限，并建立明确的工作程序和信息渠道。

（2）管理跨度原则。管理跨度是指一位管理人员直接指挥和监督的下级的人数。一个人受其时间和精力的限制，所能直接有效管理的下级数量总是有限的。有效的管理跨度受主管人员的能力、下级人员的素质、工作的性质和条件以及外部环境等因素的影响。管理层次与组织规模成正比，在组织规模已定的情况下，管理跨度与管理层次成反比。在综合考虑监督控制的周密性、管理开支的经济性、信息传递的迅速性和组织活动的效率性等多方面影响后，组织应当在保证有效管理跨度的前提下来寻求减少管理层次的途径。

（3）统一指挥原则。统一指挥原则最早出现在法约尔的代表作《工业管理和一般管理》中。该原则要求无论什么时候，一个部门或一个下级都应该接受且只接受一个上级的命令，这不仅是一条管理原则，而且是一条定律，因为双重命令对于权威、纪律和稳定性都是一种威胁。该原则还要求上级不可以越级发号施令，但可越级检查；下级不能越级汇报请示，但可越级告状和建议，这样上下级之间就形成了一个指挥的等级链。

在目前组织结构比较复杂的情况下，完全听从一个人的指挥有时是不现实的。如果需要两个或两个以上领导人同时指挥，那么在下达命令前，领导人之间应互相沟通，达成一致意见后再行下达，这样下级才不会无所适从。在紧急情况下，来不及同其他领导人沟通，需一个领导人先行下达命令时，这个发布命令的领导人事后必须及时把处理情况向其他领导人通报，形成统一意见，避免多头指挥和政出多门造成的混乱。作为下级，在发现指挥矛盾时，应该及时向上级反映，要求协调与更正。同时努力提高技能素质，增强适应性，善于将不同的要求协调起来。

（4）适当授权原则。授权是领导把部分事情的决定权由管理高层转移至低阶层或基层。这是组织日益庞大、业务活动日益复杂的必然需要。授权可将某些职能转交给下级，也可针对某个项目把其中某项特殊任务的处理权交给下级，完成任务后权力收回。

需要说明的是，任务可以让下级去干，出了问题领导人还是必须对自己的上级负责。领导人可以把职权授予下级，但责任不可一同下授，否则授权者可能就撒手不管了。

（5）经济高效原则。即以较少的人员、较少的层次、较短的时间达到高效率的管理。机构臃肿，层次繁多，人浮于事，会使得费用增加、人才浪费、责任推诿、办事拖沓；反之，精简机构，减少层次，精干队伍，则可以减少内耗，降低成本，决策迅速。当然这并不是说层次越少越好，层次太少，则管理跨度加大，使领导工作不深入不具体，指挥无力。所以，在管理层次与管理跨度之间，每个组织都应按自己从事活动的特点，找到这二者的最佳平衡模式。

 1-2　不拉马绳的炮兵

一位年轻的炮兵军官上任伊始，到下属部队视察。他发现在几个部队的各个单位操练中，总有一名士兵自始至终笔直地站在大炮的炮管下面。军官询问身边的陪同这是为什么，得到的回答是操练条例就是这样要求的。军官回去查阅了有关的军事文献，终于弄清缘由：在非机械化时代，大炮是用马车运载到前线的，站在炮管下的士兵是专门负责拉住马的缰绳，以便在大炮发射后调整由于后坐力产生的距离偏差，减少再次瞄准所需要的时间。现在炮兵部队的自动化和机械化水平已大大提高了，早就不再需要这样一个角色，但操练条例仍因循非机械化时代的规则，没有进行调整。因此才出现了"不拉马绳的炮兵"。军官的发现使他获得国防部的嘉奖。

组织要能够高效地发展壮大，在组织设计中就必须做到人得其事，事得其才，人尽其才，事尽其功。

（6）集权与分权相平衡原则。该原则是指组织中决策权限的集中与分散的程度应保持平衡。集权与分权反映组织中决策权限的集中与分散的程度，反映组织的纵向职权关系。不论是集权还是分权，其考虑的出发点都是如何保证决策的迅速性和执行的正确性。集权和分权作为两种倾向，它们所体现的只是权力分散程度上的差别，而不是两种截然相反的极端。现实中的组织都是处于一定程度的集权与分权状态中的。到底权力的集散程度应该多大，必须视组织的特性、所处的环境和管理人员的数量和水平等因素而定。

第一章 绪 言

（7）职权和知识相结合原则。组织中的管理部门可以分为两大类，一类是直线指挥部门，另一类是职能参谋部门。从统一指挥原则的要求出发，参谋部门应该只限于提供类似服务、咨询和建议等性质的辅助工作，直线部门则拥有协调和控制的权力。如何充分发挥参谋作用，而又不破坏统一指挥原则，这是组织管理的一门艺术。对直线部门应强调尊重专业知识，考虑长远；对参谋部门应强调尊重权力，重视管理。对于双方来说都应当认识到相互争权夺利必然损害组织利益，只有将职权与知识相结合、直线部门和参谋部门相结合才有利于组织目标的实现。

（8）稳定和变革相适应原则。任何一个组织都是一个开放的系统，在其生存和发展中，都与外部环境发生一定的联系。一般来说，组织要进行有效的活动，就必须维持一种相对稳定的状态，以保持较高的运作效率。但是，不仅组织本身是不断运动发展着的，环境也是不断变化着的，当组织结构相对环境呈现出僵化状态时，组织变革就是不可避免的了，否则组织是不可能更好地适应内外条件变化的要求的。

你身边哪些人曾经历过多头指挥的遭遇，他们是如何处理的？你能按照上述组织结构的设计原则，对你所了解的某个组织做出正确的评价吗？

（三）组织过程

从实体角度来看，组织是人员、职位、任务之间的特定关系网络；从管理过程来看，组织是一种创造结构，维持结构，并使结构发挥作用的过程。

组织过程的含义主要是指维持和变革组织结构，并使组织结构发挥作用，从而完成组织目标的过程。这个过程基本上都包括三个大的环节：组织设计、组织运作和组织变革。

组织设计着眼于建立一种有效的组织结构框架，形成实现组织目标所需要的正式组织，对组织成员在实现组织目标中的分工协作关系做出正式和规范的安排。有效的组织设计必须使组织结构与特定的情境条件相一致。

组织运作就是使设计好的组织运转起来，并维持这个结构。一个可以利用组织图表示出来的合理的组织结构，只是为实现组织目标提供了一个前提。要有效地完成组织使命，还需要各层次的组织成员能动地协调人力、物力、财力。任何一个组织在其运作过程中可能遵循正式组织设计所规定的轨迹，但也可能渗入和出现各种非正式的关系。为了使组织在正式的和非正式的交叉关系的动态过程中能取得各方面力量的协调配合，组织必须合理地选聘人才，适当地授权，鼓励推行责任制，加强有效沟通，建立健全规章制度，以实现组织运作的正常化、规范化和制度化。

此外，组织是一个社会系统，受到内外条件的影响和制约。环境、战略、技术、规模和组织的成长阶段，都是影响组织设计发生变化的主要因素。当这些因素变化或变迁时，就提出了组织再设计的要求，从而引发了组织变革过程。

组织变革就是对组织的调整、改革与再设计。经常对组织结构进行分析，做出决策，加以改进，是组织的基本任务。组织变革并不是纯粹的结构再设计的过程，而是一个需要激发变革的动力同时又要克服变革的阻力，并采取有效措施对变革进行妥善管理的过程。变革管理不善，可能导致设计良好的变革计划难以实现。

1-3 上海大众公司由技术领先到顾客导向的转变

上海大众公司成立于1985年3月，是中国最早的轿车合资企业之一。一直以来，上海大众公司的经营理念的核心就是技术领先。对技术和质量的高度重视，加上长期以来以集团客户为主的销售模式，让上海大众公司对市场变化不够敏感，与竞争对手相比，经销商对家庭轿车市场的推广也不够力度。此外，由于产销分离，销售由上汽大众销售有限公司承担。两个法人单位之间复杂的沟通和决策过程，严重制约了市场信号的传递。针对上述弊端，2005年上海大众公司对营销体系进行了大刀阔斧的变革。首先，推行产销一体化，将原来上汽大众销售有限公司的人事、财务与上海大众公司完全合并，零售、网络、市场、售后服务等部门，也尽可能与上海大众公司的部门实现一体化运作；其次，进行流程再造，对销售体系的组织结构、运作流程、人员配备等进行了大幅度调整。如今，通过 DMS 网络，各经销商销售多少、库存多少、市场需求变化等信息，上海大众公司与各地的分销中心都一目了然。如此一来，上海大众公司由过去企业推动的库存式销售，真正变成了终端经销网络拉动的直销，库存数量也降低到正常的3万辆左右。

（四）组织与环境

根据系统理论的观点，完全封闭的组织是不存在的。环境相对于组织来说，是一个更高级的大系统。

1. **环境的含义** 组织所处的环境是指决定或影响组织活动的发生、进行及其成效的各种外界因素和内部条件的总和。它包括三个方面的含义：

（1）环境变化可促使或限制组织活动的发生。如某地区市场需求增加或交通状况改善，能促进组织新的经营活动的发生。

（2）不同环境对组织活动产生不同影响。如信息不透明、物流不畅通都可能

第一章　绪　言

妨碍组织经营活动的正常进行。

（3）环境条件好坏对组织运作的业绩有直接的影响。组织环境一般均具有客观性、复杂性、相关性、系统性、多变性的特点。

组织与环境是相互作用的，任何组织都是在一定的环境中生存、运作和发展的。以从事经济活动的企业组织为例，在投入阶段，企业依靠环境来获得生产资料等各种资源和机会，环境给予企业活动某些限制，如运输网布局的限制等。当企业经过生产转换将投入变为产出后，环境来评价企业的成果。若企业的经济效益和社会效益俱佳，企业会促进其所处的环境向有利于企业发展的方向变化，环境也将给予企业更多更好的资源和机会；反之，环境则减少在将来给予该企业的投入。企业必须通过投入和产出与外部社会进行交流，获取盈利，盈利是企业组织生存发展的必要条件。

2. 环境的分类　组织所处的环境主要分为两大类。一类是宏观环境，另一类是微观环境。

（1）宏观环境主要包括政治法律环境、经济技术环境、社会文化环境、人口环境、自然环境等。这些环境因素对所有处于其中的组织都会发生广泛的影响。一般情况下，绝大多数组织不可能采取有效措施去控制和改变宏观环境，但可以通过各种方式和渠道去了解宏观环境。因此适应和利用这种环境是大多数组织通常采取的对策。

（2）微观环境主要包括组织形态、组织文化、顾客、资源供应者、竞争对手、利益相关者、公众媒介等。每个组织所面临的微观环境是各不相同的，这些微观的环境因素与特定组织直接发生关系，对特定组织的影响较为明显，通常能够被特定组织识别和掌握。因此具体分析并时刻关注这个环境的细小变化，以便及时调整组织结构和活动，主动将环境变动的影响降低到尽可能弱的程度，是各组织对微观环境常采取的对策。

 **1-4　鲶鱼效应**

国外一家森林公园曾养殖几百只梅花鹿，尽管环境幽静，水草丰美，又没有天敌，而几年以后，鹿群非但没有发展，反而病的病，死的死，竟然出现了负增长。经专家分析，主要是由于鹿的生活过于安逸。后来他们买回几只狼放置在公园里，在狼的追赶捕食下，鹿群只得紧张地奔跑以逃命。这样一来，除了那些老弱病残者被狼捕食外，其他鹿的体质日益增强，数量也迅速地增长。

挪威人喜欢吃沙丁鱼，尤其爱买鲜活的。渔民们为了避免沙丁鱼在运输途中死去，往往在船舱里放上几条鲶鱼。鲶鱼滑溜无鳞，常爱四处乱钻乱窜，弄得沙丁鱼十分紧张，不得安生，也只好跟着鲶鱼一起游动。这样，不但避免了沙丁鱼因窒息而死亡，而且抵达渔港后还能保持鲜活。人们称这类现象为"鲶鱼效应"。

3. 组织应能动地适应环境　任何有效运作的组织都要与外界不断交流物质、能量和信息，并且只有当组织从外部获得的能量大于它内部消耗失去的能量时，组织才能不断发展壮大。环境可作用于组织，组织也可影响环境，两者是相互影响、相互作用的。组织不能只是被动地顺应环境，而更应当能动地适应环境。

（1）组织必须了解环境的动态变化情况。组织对环境因素的了解程度取决于环境因素的可知性、规律性和可预测性，取决于社会信息传递的透明度，取决于组织自身获得信息和加工信息的能力。

（2）组织必须自觉适应环境。环境是客观存在的，组织必须做到适者生存，既要适应目前的环境，也要适应环境的动态变化。尽量主动地适应环境，减少被动地适应环境。

（3）组织可以通过主观努力，在一定程度上改变环境。比如建立组织文化，树立组织形象，改变顾客对组织的印象，使组织的环境得到改善；又如走多元化经营的道路，优化营销组合策略，改善组织的整体环境；再比如利用广告和促销媒介引导消费需求，通过组成行业协会，努力促使法律法规不断完善等。

一般地，组织改变环境主要表现在微观环境方面，而对宏观环境的改造能力较弱。但无论组织规模大小，对环境的改变或改造都要适应环境变化的自然趋势，而不能违背这种趋势。

　1-5　**王府井百货成功的异地经营**

20世纪90年代，一批外来百货商店品牌潮水般涌进广州，但短短一两年就纷纷"推倒重来"。而广州王府井百货于1996年7月进入广州市以后，历经磨炼，不但站稳脚跟，一路凯歌，而且使商场经营面积扩大到近两万平方米，成为广州经营面积最大的外来百货商店。

广州王府井百货是北京王府井百货走出京城的第一家异地分店。虽然拥有新中国第一店的金字招牌和丰富的商业管理经验，但王府井百货进入广州时却非常低调，广州分店的开业整整筹备了一年时间，做了非常详细的市场调查。

在开店技巧上，王府井百货讲求质量第一，速度第二。在选址上有许多指标要求，宁愿慢也不要选错店址。广州王府井百货所选择的农林下路，在当时来说是广州零售业相对薄弱的地区，在选址上避开了广州知名、强势的本土企业。而且这里地处广州市商贸发展的重点区域和中心，商业氛围浓厚，交通条件优越。随着广州王府井的品牌效应，农林下路已成为广州第三条繁华的商业街。

除选址外，广州王府井百货入乡随俗，注重本土化经营和培养本土化人才，注重市场调研和导购营销。开张之后，广州王府井不断调整营销手段和经营方式，

第一章 绪 言

适应多变的目标顾客群的消费需求。无论是商品的构成、产品线还是商场非购物元素的调整，广州王府井一直都在不懈地摸索和学习。在刚开业的一两年，由于对农林下路消费群的错误估计，以为在此居住的外地人集中，就将北京的特产，例如果脯、布鞋等全都照搬到了广州，结果销售并不理想。而且由于南北方气候、消费习惯存在很大差异，起初王府井很难把握商品的种类和数量配置，与当地市场显得格格不入。但很快地，广州王府井重新对市场进行了充分的研究和调查，将自己定位调整为时尚百货，并根据这个定位将商场里的品牌进行了较大的调整，重新引进的品牌以中高档的国际知名品牌及优质的国内品牌为主，知名度高且具有较强的共容性和较少的地域性。在商场内，针对目标顾客群进行商品组合，体现差异化效果，满足广州消费者追求个性、品味与时尚的偏好。这略带"京味"的时尚回归，最终获得了成功，得到了市场和消费者的认同。2001年，广州王府井百货年平均投资回报率达30%，每年两位数字的营业额增长率在广州各本地同行中属于领先，利润率也在王府井集团其他分店中排在前列。

在完善自身特色的同时，广州王府井一直在尝试将百货经营往购物中心方向靠拢，也就是百货的购物中心化。它扩大经营面积，为非购物元素的注入提供施展空间。强化社区店功能，注重食品等厨房用品，推出"大厨房"、引进麦当劳，开辟与东山宾馆相连的休闲吧等，使其原来单一的购物功能朝餐饮、娱乐、购物、金融的多元化道路发展，顺应市场的长远需要。

（五）组织中人的因素

现代的组织都是一个有机的系统，构成组织的资金、物质、设备、信息和技术等物的要素虽然具有重要作用，但它们作为组织要素的属性是由人的活动赋予的，离开人的有目的的活动，这些物的要素就起不到应有的作用，哪怕是最先进的自动化技术也是如此。而且在管理活动中的计划、组织、领导和控制，也首先是对人的计划、组织、领导和控制，不然无法实现组织的管理目标。因此，如何培养和发展组织成员的能力，如何实现组织成员间有效的沟通，如何激发组织成员的奉献精神，成为组织管理的核心任务。

人们对提供劳动服务的人的要素在组织活动中的作用的研究，是随着以机器大生产为主要标志的现代企业组织的出现而开始的。这个逐步认识的过程大致经历了三个阶段：要素研究阶段、行为研究阶段和主体研究阶段。现在统一的认识是，人是组织的主体，而非客体；组织管理既是对人的管理，也是为人而管理。

组织在选拔人才时，过去常用的制度有两种，一是能力绩效晋升制，二是资历高低排队制，这两种制度各有利弊。推行能力主义制度可促进个人竞争和创新，便于发掘人才，但同时带来集体意识薄弱和人际关系紧张；资历主义制度虽然使队伍稳定，关系和谐，但压抑人的创造性，偏于保守。为了更好地选拔和录用人才，人们对这两种用人制度进行改革，力求取长补短，扬长避短，而且现在的组织更致力于积极开展卓有成效的人力资源管理工作。

人力资源管理不同于传统的人事管理，后者只把组织中的人看作是简单的生产要素，前者则注重组织成员的能动性和潜力的开发，力图将组织的目标与员工个人的发展目标有机地结合起来。员工是人力资源的载体，组织之所以需要人，本质上是因为组织的活动过程需要一定的人力资源。对组织成员行为的引导和控制是人力资源管理的重要内容，它将提高成员的工作满意度、工作投入度和组织承诺度，使组织所配备的人力资源更好地发挥作用。

 1-6 **高热情低能力者能用吗**

随着某集团公司业务的持续发展，人才支持日见乏力，特别是中层管理人员的使用捉襟见肘。某天，公司接到一项重要的研发项目，需配备一名项目经理。小肖本是最佳人选，可是小肖只愿意钻研技术，对管理工作积极性很低。这时能力一般的小刘却跃跃欲试，表示愿意担当重任。

领导们经过研究，认为小刘不能胜任，还是要做好小肖的工作，请其出山。小刘得知消息，更是自告奋勇地找领导阐述自己的设想，并连夜做出规划方案，还立下"军令状"。小刘的热情终于感动了一位主要领导，加上小肖仍表态不愿意担任项目经理。最后，这位受到感动的领导拍板决定由小刘任该研发项目的经理。

小刘走马上任伊始，工作热情极高，加班加点，一副忙忙碌碌的做派。本来高层班子中也有一人参与领导此项目，但由于领导事务较繁重，加上看到小刘这么卖力，就逐渐放松了对项目的监管。小刘的权力和胆子都愈来愈大，做出了导致该项目致命的决策。最后，不仅项目前功尽弃，还派生出许多连带责任，公司合同纠纷不断，麻烦不断。

其实，实实在在的工作并不是只靠热情就能解决的。领导应当鼓励、肯定这种热情，同时注意观察培养。在培养锻炼中，要加以指导。下属的成长过程和培养质量不仅与其本人的悟性有关，还和他人的帮教，特别是领导的点拨、指教有密切关系。

二、组织行为学

（一）组织行为的层次划分

组织是社会的细胞，它不仅有相对静态的组织结构，更有动态的运动过程和功能，会如同生物细胞一样地产生、成长和壮大。组织的活动和效果，都需要通过其中的人采取不同的行为表现出来，因此，组织行为在很大程度上是以人的行为为基础的。为了把复杂的组织行为分析清楚，人们对组织行为进行了层次划分。

第一章 绪 言

1. 个体　人的因素在组织生存和发展中具有极为重要的作用，因此毫无疑问，组织必须采取措施对个体行为进行妥善管理，个体的行为是组织行为研究的基础和出发点。在这个层次，人们通常运用心理学的理论和方法，从认知、情感、行动三方面考察个体行为。组织要成功地引导和规范个体的行为，就必须理解个体的行为是在什么样的心理因素作用下发生的。认知、情感就是其中主要的心理因素，它们会导致人们采取某种特定的行动。在这个层次，组织行为学还要研究影响个体行为的因素，个体特征如何影响其行为和工作绩效，以及个体需要和动机对不同的组织政策、实践和过程的反应。

2. 群体　组织是人的集合体，为了实现组织目标，组织成员必须进行分工与合作，即使是在基于 Internet 的网络化生产组织方式——虚拟组织中，分工与合作仍是各参与方共同的义务。这样就形成了群体和团队。在这个层次，人们运用社会心理学的知识研究群体的结构特点、形成过程、发展趋势、影响因素和凝聚力状况，研究群体决策、有效沟通和冲突与谈判等问题。对这个层次的研究所得出的结论与个体层次所得到的结论会有所不同。

3. 组织　不论规模、类型、技术如何不同，组织都是由个体与群体所组成的。组织中的人并不是单独的个人，而是在人群和组织背景中工作的个体，其行为不仅取决于个体的因素，也受到外部因素的作用。在这个层次，人们利用社会学的理论，把组织作为一个完整的有机生长体，分析组织结构、组织文化、奖惩制度、岗位责任、沟通渠道、变革发展等对个体和群体的影响以及对组织行为的影响。

对组织行为从以上三个层次进行划分，并不意味着这三个层次是相互孤立或排斥的。正相反，这三个层次是互相补充的，在研究组织行为时，只有透彻地认识各层次的特征，并把各层次的知识结合起来，才能真正掌握组织中人的行为规律，提高群体工作效率，提高组织管理水平。

（二）组织行为学的概念和特点

1. 概念　组织行为学是运用系统分析的方法，研究组织中人的心理、态度和行为规律，以帮助组织的管理者解释、预测和控制人的行为的一门综合性应用科学。

这个概念包含了组织行为学的研究方法、研究对象、研究目的和建立基础等四个方面的含义。

（1）组织行为学是运用系统的观点考察组织，在组织中，各子系统或各要素相互联系、相互影响，共同构成组织的整合系统。

（2）组织行为学是研究一定组织范围内的人的心理、态度和行为规律。

（3）组织行为学通过了解和掌握人的行为规律，帮助预测人的行为的发展趋势，并通过适当的措施引导和控制人的行为，确保更有效地实现既定的组织目标。

（4）组织行为学是在多门行为科学的基础上建立起来的，综合运用了心理学、社会学、人类学、社会心理学、政治学、生物学和生理学等一切与人的行为有关的学科知识和研究成果，这些学科为组织行为学的产生和发展提供了理论依据。

2. 特点　组织行为学具有以下特点：

（1）多学科交叉性。这一特点也有人称之为边缘性和综合性。前已述及，组织行为学集中了行为科学的主要成果，在心理学、生物学和政治学等诸学科交叉的边缘上组合而成。它既有原有多种学科的特点，又有自己所独有的新特点。

（2）二重性。组织行为学既具有反映人的一般行为规律的属性，即组织行为学的自然属性、科学性、共性、一般属性；又具有反映人的社会行为规律的属性，即它的社会属性、阶级性、个性、特殊属性。

组织行为学的二重性特点，源自以下三个方面：一是来自多学科综合性，组织行为学以多门行为科学为基础，这些学科中有不具有阶级性的自然科学，如生物学、生理学等，也有具有鲜明阶级性的社会科学，如社会学、政治学等；二是来自人本身所具有的两重性，人是一切社会关系的总和，组织中的人既是生物性的人，又是社会性的人；三是来自管理的二重性，管理既有与生产力相联系的自然属性，也有与生产关系相联系的社会属性。

（3）实用性。组织行为学是一门应用性科学，它不仅研究组织中人的行为规律，揭示行动背后深层次的原因，而且它更致力于提供分析和预测员工行为的方法，并在此基础上采取卓有成效的管理措施，引导和控制员工的行为。

实践表明，研究和应用组织行为学，有助于贯彻以人为本的管理思想，充分调动人的自主性和创造性；有助于合理选拔和聘用人才，知人善任；有助于增强组织的凝聚力和向心力，提高生产效率；有助于改进领导作风，提高领导水平；有助于化解阻力，实现组织的变革和发展。

第二节　组织行为学的发展史

一、早期的组织行为研究

（一）古代的组织管理实践

尽管在原始社会人类还没有创造出"组织"和"管理"这样一些词汇，但事实上我们可以说，自从有了人类历史就有了组织管理，因为人是社会动物，人们所从事的生产活动和社会活动都是集体进行的，要组织和协调集体活动就需要组织管理。

世界上所有的文明古国，如巴比伦、罗马、埃及和中国等都早在几千年前就对自己的国家进行了有效的管理，并建立了严密而庞大的组织。古巴比伦国王汉

第一章 绪言

穆拉比曾经颁布过一部法典,全文共有280多条,其中对人的活动做了许多规定。中国的都江堰、长城等宏伟工程,是中国古人在劳动工具极为落后的情况下,以高超的组织才能和卓越的管理技巧创造的世界奇迹。建造万里长城曾经动用数百万人力,历时100多年,它的施工管理制度比较完善,工程质量也相当不错。据《春秋》中记载,当时的组织计划很周密,不仅计算了城墙的土石方总量,而且连所需人力和材料,以及应从何地调拨人力,他们往返的路程、所需口粮,各地区负担的任务,都分配明确。这样细致的组织工作,现在想起来仍令人感叹不已。古代世界各国成功的管理实践,体现了人类对组织管理活动的渐进认识和创造性。但是这种大规模的社会协作劳动,还不是古代社会劳动的基本形式,所以组织管理也没有成为当时一种普遍的社会现象。

古代对组织活动的管理基本上属于建立在个人观察和判断的基础上的传统经验管理,那时的组织行为研究,与一般的心理、行为研究基本上是一致的,比如对人性的讨论、对气质的划分等,比较直观、简单。

(二)产业革命后的组织管理思想

在18世纪60年代以后,西方国家开始进行产业革命,从而使以手工业为基础的资本主义工场向采用机器的资本主义工厂制度过渡。产业革命使生产力有了较大的发展,随之而来的是管理思想的革命。

从18世纪80年代资本主义工厂制度出现起,到20世纪初资本主义自由竞争阶段结束时止,这期间工厂管理的主要内容是生产管理、工资管理和成本管理。出现了一批研究组织管理的先驱者,他们对组织管理、组织行为进行了早期的探索。

1. 理查德·阿克莱特(Richard Arkwright) 阿克莱特创建了两个英国最早使用机械的工厂,他对工厂的人员和资本的协调、工厂纪律、劳动分工等各方面都进行了合理的安排,是当时先进管理实践的一个典型代表。

2. 亚当·斯密(Adam Smith) 斯密是英国著名的经济学家,他的主要代表作是1776年发表的《国民财富的性质和原因研究》,简称《国富论》。在这本书中,他系统地论述了劳动分工对生产和组织管理的重要意义,并提出人都是追求自己的经济利益的"经济人"观点。

3. 查尔斯·巴贝奇(Charles Babbage) 巴贝奇是英国剑桥大学的数学教授,后来对制造业发生了兴趣。他发展了斯密的论点,提出了许多关于生产组织机构和经济学方面的带有启发性的问题。同时他没有忽视人的作用,鼓励实行有益的建议机制。提出按照生产效率不同来确定报酬的具有刺激作用的制度,是巴贝奇做出的重要贡献。

4. 罗伯特·欧文(Robert Owen) 欧文是英国伟大的空想社会主义者,他经过一系列试验，首先提出在工厂生产中要重视人的因素，要缩短工作时间，提高工资，改善住宿，发放抚恤金。他的改革试验证实，重视人的作用和尊敬人的地位，可以使利润大大提高。由于欧文早在霍桑实验之前就开始对人的研究，这使他获得了"人事管理之父"的称号。

以上这些实践活动和研究思想，虽不全面、不系统，没有形成专门的理论和学派，但活动的开展和思想的产生，为后来组织行为学的产生和发展奠定了良好的基础。

二、古典的组织管理学

随着生产的发展和科技的进步，从20世纪初到20世纪40年代，自由竞争的资本主义逐步走向垄断的资本主义。企业规模扩大，市场迅速扩张，从一个地区扩展到整个国家，从国内扩展到国外。当时企业中普遍存在的问题是经济效率低、劳动生产率低、劳资双方矛盾很大，如何改进工厂和车间的管理成为迫切需要解决的问题。于是，以实际管理人员为主体，形成了社会性的管理研究潮流——"管理运动"。

（一）泰勒的科学管理理论

弗雷德里克·温斯格·泰勒（Frederick W. Taylor）出身于美国的一个律师家庭，22岁时进入费城米德维尔钢铁公司当技工，后来迅速提升为工长、总技师、总工程师。泰勒的经历使他对生产现场很熟悉，他认为单凭经验进行管理是不科学的，落后的管理是造成生产率低下、工人"磨洋工"和劳资冲突不断的主要原因，必须加以改变。对此泰勒在1911年出版的《科学管理原理》一书中提出了科学管理的基本思想，要求人们通过对工作方法的科学研究来改善作业管理和组织管理，与此同时，人们也可以从高效率工作所带来的更多的物质利益和成就感中获得满足。

在作业管理方面，泰勒提出三个观点：一是标准化和工作定额，制订科学的操作方法；二是能力与工作相适应，选拔并培训一流的工人；三是实行差别计件付酬制，鼓励工人完成或超额完成工作定额。

在组织管理方面，泰勒也提出三个主要观点。一是计划和执行相分离：操作标准和工具标准等计划工作由管理当局负责，执行由工长和工人负责，这样可以用科学的工作方法取代经验工作法；二是实行职能制组织结构：将管理工作细分，设立职能管理岗位（工长）；三是推行例外管理原则：在规模较大的组织中，高层管理者的职权应集中于处理例外事件，处理日常事务的权力则授予中下层管理者。

（二）法约尔的组织管理理论

法国人亨利·法约尔（Herry Fayol）和泰勒的经历不同，研究管理的着眼点

第一章 绪言

也就不同。泰勒是以普通工人的身份进入工厂的,因此他所研究的重点内容是企业内部具体工作的作业效率。而法约尔从1866年开始一直担任高级管理职务,所以他是把企业作为一个整体加以研究的,法约尔的经历决定了他的管理思想比泰勒开阔。

1925年出版的《一般管理与工业管理》一书是法约尔的代表作,奠定了古典组织理论的基本框架。在书中,法约尔把企业的经营活动划分为六大类:技术活动、商业活动、财务活动、安全活动、会计活动和管理活动。并指出管理是一种普遍存在于各种组织的活动,这种活动对应着计划、组织、指挥、协调和控制五种职能。为了履行这些职能,法约尔提出了管理人员应遵循的十四条原则:分工、权力与责任、纪律、命令的统一、指挥的统一、个人利益服从整体利益、职工的报酬、集权化、管理层次(跳板原则)、秩序、公平、人员稳定、首创精神、集体精神。

在这以后,德国的社会学家马克斯·韦伯(Max Weber)、美国的企业家詹姆斯·穆尼(James D. Mooney)和英国的林德尔·厄威克(Lyndall Urwick)在组织体系和组织原则方面又提出了若干新的理论。马克斯·韦伯对组织管理的贡献是提出了"理想的行政组织体系理论"。他认为等级、权力和行政制是一切社会组织的基础。韦伯提出的行政组织模式有以下特点:分工明确;按等级原则形成自上而下的等级系统;组织按成文的法规和规章建立;成员间只是职位关系,不受个人情感的影响;有严格的人员任用准则。

(三)同时代的组织管理实践

在古典的组织理论研究阶段,不论是泰勒还是法约尔等人,都是用"经济人"的观点看待工人,只强调组织管理的严密性和科学性,不重视人群社会的因素。这一方面使得各种管理制度日益完善,另一方面也强化了对劳动者和组织成员的禁锢,因而潜伏着因组织行为的研究滞后而导致的劳资关系紧张的暗流,工会组织得到发展,世界性工潮此起彼伏。

作为对工会运动的回应,美国的科罗拉多燃料和钢铁公司、汉斯公司、国际收割机公司等企业纷纷设立"福利秘书"职位,通过建议改善工作环境、住房、医疗、教育和娱乐设施等为工人提供福利帮助,这个职位可以说是现在人力资源经理的前身。固德瑞奇公司1900年成立雇用事业部专门负责招聘,美国国家现金注册公司于1902年设立了第一个职能全面的劳动部门,1941年福特公司建立了一个人事研究室。但总的来说,组织中对人的管理还是局限于通过静态的制度挑选、配备、培训及考评员工,并据此发给薪水和有限的福利。在这个时代还没有把人看作组织中最重要的资源,还没有从人的心理、社会需要等方面动态地研究人的行为,还没有真正调动人的积极性,开发人的潜力。

组织行为学

在同一时代，心理学在德国发展起来，胡格·明茨博格（Hugo Munsterberg）的《心理学与产业效率》标志着工业心理学的创建，开创了用心理学原理与方法来分析工业生产、分配、交换和消费的新领域。明茨博格认为可以通过心理测验来改进雇员的选聘，指出培训对员工成长的价值，提倡通过对人的行为研究寻找有效的激励方式。这些见解成为现代组织行为和人力资源理论建立的基础。

三、人际关系理论及组织行为学的产生

在古典理论时期，组织管理的研究者们主要把组织看成一个封闭的理性系统，只注意对物和工作的管理，而忽视对人的管理；只强调生产的高效率，而忽视劳动者的工作情绪；只关注职工的经济需求，而忽视员工的精神需求。这必然导致生产效率大幅度提高而组织中人际关系调整和管理方式却相对滞后的问题。从20世纪20年代起，科学管理和职能管理的学者们已认识到古典组织管理方法的不完善性，他们进行各种实验开始新的探索，人际关系理论就在这样的情况下产生了。

（一）人际关系理论

人际关系理论的代表人物是美国哈佛大学的教授乔治·埃尔顿·梅奥（George Elton Mayo）。1924年到1932年间，梅奥应邀参加了在美国芝加哥郊外的西方电器公司的霍桑工厂中进行的实验工作，即引起管理学界高度重视的"霍桑实验"。

1. 霍桑实验　霍桑工厂具有较完善的娱乐设施、医疗制度和养老金制度，但是工人们仍然有很强的不满情绪，生产效率很低。为了探究原因，1924年11月，美国国家研究委员会组织了一个包括多方面专家的研究小组进驻霍桑工厂，开始进行实验。实验分成四个阶段：照明实验、继电器装配工人小组实验、大规模访问交谈和对接线板接线工作室的研究。

（1）照明实验。霍桑实验开始前，专家小组以泰勒科学管理作为指导思想，认为工作的物理环境是影响工作效率的主要因素之一，故而研究照明情况对生产效率的影响。该实验是选择一批工人分为两组：一组为"实验组"，不断改变工场照明强度；另一组为"控制组"，照明度始终不变。实验结果发现，照明度的改变不是效率变化的决定性因素，另有未被掌握的因素在起作用。于是专家小组决定继续研究。

（2）继电器装配工人小组实验。这一次专家们单独分出一组工人，并指派一名观察员加入这个工人小组，研究各种工作环境对小组生产率的影响。实验中，专家们分期改善小组的工作条件，如材料供应、休息时间、劳动工资、管理作风等。当产量上升后，又逐步将工作条件恢复原样。结果发现，其他因素对生产率没有特别的影响，主要是监督和指导方式的改善能促使工人改变工作态度，提高产量。专家们决定进一步研究影响工作态度的其他因素，这是霍桑实验的一个转折点。

第一章 绪 言

（3）大规模访问交谈。实验进行到第三阶段，研究小组共用了两年时间对两万人次职工进行访问交谈。通过面谈，了解工人对工作、环境、监工、公司和使他们烦恼的任何问题的看法及这些看法如何影响生产效率。自由交谈的结果表明，影响生产力最重要的因素是工作中发展起来的人际关系，而非待遇和工作环境。专家们还了解到，每个工人的工作效率高低，不但取决于他们自身的情况，而且还受他的同事们的影响。这个结论非常重要，为进一步系统研究，梅奥等人决定进行第四阶段实验。

（4）对接线板接线工作室的研究。这个工作室有九位接线工、三位焊接工和两位检查员。研究人员持续观察他们的生产效率和行为达六个月之久，结果有许多重要发现：大部分成员都故意自行限制产量；工人对待不同层次的上级持不同的态度；成员中存在着一些小派系。这一阶段的实验，还发现了"霍桑效应"，即对于新环境的好奇和兴趣，足以导致较佳的成绩，至少在初始阶段如此。

2. 人际关系理论的主要内容　根据霍桑实验，梅奥等人认识到，生产效率不仅要受到生理、物理等方面因素的影响，更重要的是受到社会环境、社会心理等方面的影响。梅奥于1933年出版了《工业文明的人群问题》一书，其主要观点可归纳为以下几个方面。

（1）工人是"社会人"而不是"经济人"。作为复杂社会系统成员，金钱并非刺激积极性的唯一动力，工人还有社会、心理方面的需求，这些因素对效率有更大影响。

（2）企业中存在着"非正式组织"。这种非正式组织是企业成员在共同工作的过程中，由于具有相同的社会感情而形成的非正式团体。这种无形组织有它特殊的感情、规范和倾向，左右着成员的行为。在正式组织中，以效率为行动标准，为提高效率，正式组织各成员间保持形式上的协作。非正式组织以感情为行动标准。非正式组织不仅存在，而且同正式组织是相互依存的，对正式组织来说有利有弊。

（3）提高工人的士气，是提高生产效率的关键。工人的士气就是工人工作的积极性、主动性与协作精神结合成一体的精神状态。士气的高低取决于社会因素特别是人际关系带给工人的满足程度，即他的工作是否被上级、同伴和社会所承认。满足程度越高，士气也越高，生产效率也就越高。所以，领导的职责在于提高士气，善于倾听和沟通，使正式组织的经济需求和工人的非正式组织的社会需求之间保持平衡。这样就可以解决劳资之间乃至整个工业文明社会的矛盾和冲突，提高效率。

梅奥等人的人际关系理论为管理思想的发展开辟了新的领域，弥补了古典组织管理理论的不足，为管理方法的变革指明了方向，更为以后行为科学的发展奠定了基础。

（二）行为科学学派及其主要理论流派

科学发展到 20 世纪，学科愈分愈细，学科间的联系也越发紧密且广泛，相继出现了不少边缘学科，在此基础上，学者们考虑如何利用有关的科学知识来研究人的行为。"行为科学"正式定名于 1949 年在美国芝加哥大学召开的一次有哲学家、心理学家、生物学家、社会学家、精神病学家等参加的跨学科的研究大会上。

行为科学是一门研究人类行为规律的科学，它以人的行为表现和发展规律为研究对象，探讨人的行为产生的原因和影响的因素，涉及员工的需要、动机、个性、情绪、思想，特别是人际之间的相互关系等多方面问题，研究目的在于提高对人的行为的预测以及激发、引导和控制能力，从而实现组织目标。

20 世纪 50 年代以后，行为科学真正发展起来，成为管理理论的主流学派。福特基金会成立了行为科学部门（人类行为研究基金会），1952 年美国建立了行为科学高级研究中心，1956 年美国出版了第一期《行为科学》杂志。从此管理理论中的行为研究伴随着组织演进和管理提升的进程，与效率一起成为组织理论和管理实践中的两大主题。

行为科学包括以下较有代表性的理论流派：

（1）马斯洛（Abraham H. Maslow）的需要层次理论。马斯洛在 1943 年发表的《人类激励的一种理论》一文中提出了需要层次理论，是早期行为科学关于人的需要—动机—激励理论之一。马斯洛指出，需要不过是决定行为的因素之一，并非所有行为都是由基本需要或动机引起和决定的，组织应当使人人成为自我实现的人。

（2）赫茨伯格（F. Herzberg）的双因素理论。赫茨伯格在 1959 年与他人合著出版的《工作激励因素》和 1966 年出版的《工人和人性》两本著作中，提出了激励因素和保健因素理论，简称双因素理论。赫茨伯格对需要层次理论作了补充，分析出各种激励因素主要来自工作本身，为激励工作指出了方向。

（3）弗鲁姆（Victor H. Vroom）的期望理论。弗鲁姆在 1964 年出版的《工作和激励》一书中，提出了期望几率模式，以后经他人的发展补充，成为行为科学家比较广泛接受的激励模式。期望理论的假设是管理者知道什么对员工最有吸引力，期望理论的基础是自我利益，期望理论的核心是双向期望。

（4）斯金纳（B. F. Skinner）的强化理论。该理论认为人的行为是对其所受刺激的函数，如果这种刺激对他有利，则这种行为就会重复出现；若对他不利，则这种行为就会减弱直到消失。强化理论有助于人们对行为的理解和引导。

（5）麦格雷戈（Douglas M. Mcgregor）的 X 理论和 Y 理论。这是人性理论研究中最突出的成果。麦格雷戈在 1960 年发表的《企业的人性面》一文中，提出了有名的"X 理论—Y 理论"的人性假定。在麦格雷戈看来，每一位管理人员对职

第一章 绪 言

工的管理都基于一种对人性看法的哲学,或者有一套假定。

(6)亚当斯(J. S. Adams)的公平理论。也称为社会比较理论,主要讨论报酬的公平性对人们工作积极性的影响。人们将通过横向和纵向两个方面来判断其所获报酬的公平性,所以管理者应更加注意实际工作绩效与报酬之间的合理性。

(三)组织行为学的产生

第二次世界大战后,西方经济发生了极大的变化。科技飞速发展,生产自动化程度提高;企业规模扩大,分工更加精细;市场竞争激烈,产品更新周期缩短。这些变化对组织管理提出了更高的要求。人们不仅在管理手段上广泛采用运筹学和电子计算机等现代科学技术,而且在管理方式上广泛运用集权和分权相结合的体制,十分重视管理人才的选拔、培养和合理使用,实行以人为中心的管理。

20世纪60年代中叶之后,行为科学的又一个重要发展方向是组织行为的研究,开始形成组织行为学。组织行为学与人际关系理论关系密切,但前者更侧重于研究群体中人的行为,而不是纯粹的人际关系。组织行为学的研究者们以社会学、人类学和社会心理学为理论基础来研究组织中的群体行为,因此他们的学说又被称为群体行为学派。他们在研究中既注意人的因素,又注意组织的因素,如工作任务、组织结构、隶属关系等。在一定意义上,组织行为学是人际关系理论和组织理论的综合,从事的研究主要有:组织中的非正式组织对正式组织行为的影响;组织中个人的从众行为;组织中的信息沟通等。

组织行为学的产生对企业管理的现代化产生了重大的影响,它不仅改变了传统管理对人的错误认识,而且从单纯强调感情因素,搞好人际关系,转向探索人类行为的规律,提倡进行人力资源的开发和人力资本的利用。组织行为学更强调个人目标和组织目标的一致性,认为调动积极性必须从个人因素和组织因素两方面着手,不仅改进工作的外部条件,而且更重要的是要改进工作设计,从工作本身满足人的需要。组织行为学主张恢复人的尊严,改变上下级之间的关系,由命令服从变为支持帮助,由监督变为引导,实行民主参与,实行自主自治。

此外,组织行为学的产生也反映了组织管理理念和方法的重大变革,它改变了传统的人事管理方法:不再只着眼于静止地、制度化地挑选、配备和培训人员,不再只单调地进行给予福利和报酬这些事务性的工作,不再只静止地在人数上做文章。而是采取更多的方法,动态地从不断满足人的心理和社会需求方面来研究组织中人的行为。它不仅研究营利性的经济组织,如企业、公司等,而且也关注非营利性组织,如政府机构和学校等。人力资源正成为组织最重要的资源,满足人的需要,提高人的质量被看成是组织活动的最终目的,这些都要求用全新的视野来审视组织的行为。

四、组织行为学面临的机遇和挑战

组织行为学的发展过程实质上是组织行为的研究不断深化的过程。学习型组织、流程再造、虚拟组织等理论的出现,标志着组织行为学的研究已进入了一个新的阶段。20世纪80年代以来,信息技术的发展应用使组织和环境发生了革命性的变化,给组织行为学的发展带来了机遇和挑战。

首先,为了在激烈的竞争中获得更多的市场份额,组织不得不努力提高质量和效率,这就要求组织中的所有成员主动参与工作决策和计划制订。组织行为学为管理者处理这些变革提供重要启示。

其次,经济全球化使管理不再受国界限制,于是组织在性别、民族、国籍方面的构成复杂化,即劳动力多元化,它直接导致组织面对文化的差异性。承认差异并调整组织行为是管理者需关注的问题。

再次,墨守成规的组织在动荡的环境中很有可能衰退,而创新和变革是组织活力之源泉。在创新和变革时,组织常面临着动力和阻力两种力量的较量。组织行为学可以为管理者提供观点和技术,刺激员工的创造性和增强对变革的容忍性。

最后,在市场经济中,收购、兼并、开源节流、减员增效等使员工的"铁饭碗"被打掉,组织开始抛弃传统的工作稳定性和资历主义,使员工的忠诚度急速下降。组织行为学需要为管理者设计出能提高员工忠诚度的有效方法。

1-7 科宁公司的尝试

20世纪80年代前,美国大部分的劳动力为白人男性,他们全职工作,以养活自己和家庭。而如今这样的雇员已成为绝对的少数。现在,美国劳动力中女性占46%,少数民族和移民则占到了23%。惠普公司的雇员中少数民族为19%,女性为40%。数码设备公司波士顿分厂的350名员工来自44个国家,说19种语言。当公司管理层发布文件时,必须同时使用英语、汉语、法语、西班牙语、拉丁语等不同语言。

过去人们认为在组织中,少数人会努力参与到大多数人中并被同化。现在人们改变了这种看法。一些管理者认为学会理解和尊重差异只需通过让具有各种背景的人一道工作;另一些人则激进地提倡多元论。科宁公司的董事长霍顿就是一位赞同后一种主张的人。

霍顿发现在1980~1987年期间,科宁公司中担任专业工作的妇女的流动率是担任同类工作男人的2倍,而黑人的流动率更是白人的2.5倍,这是很不正常的。为了找出在妇女和黑人专业人员中流动率高的原因,霍顿任命了一个内部调查小组。调查组经过调查得出结论:管理者们并不理解黑人和妇女在工作场所遇到的特殊问

第一章 绪 言

题。于是，霍顿为管理者和专业人员们专门设立了一项多样化培训计划。通过培训，管理者们改变了他们的哲学，从同样对待每个人转向承认差别和适应差别，改进了公司沟通、激励和领导的方式，既确保雇员的忠诚和更高的生产率，又保证不发生性别和种族歧视。培训计划取得了效果，黑人和妇女的流动率都下降了。

第三节 组织行为学的研究方法

跟自然科学相比，对组织行为的研究要复杂得多，因为它涉及人的心理等许多变化多端的因素。尽管如此，组织行为学作为一门科学，和其他学科一样，从明确问题入手，提出有关理论和模式，形成假设。然后收集和整理资料，选用恰当的研究方法，通过观察、测试、实验，对假设进行论证，得出结论。在各研究步骤中，组织行为学有一套揭示客观行为规律的科学方法，这些方法都遵循科学研究方法的一般原则：程序的公开性、信息的客观性、条件的可控性、方法的系统性、结论的再现性、发展的预见性。因此利用这些方法得出的结论，是客观的、可信的、可用的、可验证的。

一、建立模型

要把复杂的个体行为、群体行为和组织行为清楚地表达出来，必须在假设的前提下，抽取行为的某些特征，简化现实中不必要的细节，建立行为模型，帮助我们更好地了解事物的真实性。模型可以按不同的标志分成多个种类，不论是哪种类型的模型，都是由三个部分组成的：目标、变量和关系。

确定目标是建立行为模型的前提，只有目标明确，模型的建设才有明确的方向和中心，如解释不合格品率为何会上升，分析职务轮换如何满足员工的成长需要等。

人的行为变量有两个维度的变化，一个维度是定性的，不同行为的性质各不相同；另一个是定量的，不同性质的行为有不同的计量单位，如产量、出勤率、合格品率、任职时间长短、满意度等。由于人性的复杂性，行为变量的定性比较容易，而定量研究比较困难。

模型中的关系是指变量之间的因果关系。对变量间的因果关系不能轻率断定，不能因为两个变量之间存在着统计上的关系，就简单地认为它们之间有因果关系。同时，也要警惕反因果关系的错误。

任何模型的价值都取决于它是否能较好地代表所考虑的系统，能否真实地反映各变量间的相互关系。一个准确的、高度简化的模型要比一个管理者靠智力建立起来的概念更为有用。但建立模型的方法有它的局限性。首先是某些问题无法使之定量化；其次，任何模型都不可能包括所有的变量；第三，各变量间的关系有时是近似的，因此模型的精确度总是相对的。

二、案例分析

研究人员通过查阅各种原始记录或通过访问、发调查表、实地观察，收集到某一个体、某一群体或某一组织在较长时间里行为发展变化的全过程，并用文字如实记载，形成案例进行研究。案例产生的全过程就是个案研究的过程，案例有高度的拟真性，案例分析方法具有鲜明的目的性。

案例分析与理论模型并不矛盾。成功的案例所揭示的问题都具有典型性，能够深入浅出地显现典型问题及其解决方法，以小见大，具体而微，并给人以深刻的启示，因而在本质上与理论模型有异曲同工之妙。现在案例分析方法越来越多地被用于教学和研究之中。

与建立模型的方法一样，案例分析方法也有自己的局限性。一方面是因为文字记载对情景信息的反映是有限的，背景材料可能不完全，所以隐含的条件会较多，容易出现各抒己见、意见不统一的情况；另一方面是因为案例结论的一般性与细节的具体性难以兼得，越是具体的信息，其应用的条件要求越多。

你在哪些课程的学习中运用了案例分析方法，你对案例分析方法的评价是怎样的？

三、实验法

实验法用途广泛，例如一项新产品通常要经过试制、试销和改进才大批量生产，一项新的重大政策在局部试点后，才敢做出抉择，推广执行。在组织行为学的研究中，也可以有目的地在严格控制的环境条件中通过实验研究被研究者的行为特征或变化规律。实验法按实验场所性质的不同，可以分为实验室实验和现场实验两种。

1. 实验室实验　霍桑实验中的照明实验就属于实验室实验，这是一种按周密的实验设计，在专门的实验室里进行的研究方法。它具有控制条件严格、可反复验证等特点。在实验室实验中可以主动排除偶然因素的影响，对于各种变化因素能较准确地了解和确认，从而使变量之间的因果关系得到更明确的反应。如果借助各种仪器、设备的话，就可以取得更精确的数据。

组织行为学中关于学习行为、信息沟通等实验有许多是在实验室里进行的。但实验室实验由于受到测试者、被测试者和操作方法等因素的影响，具有较大的人为性，所得结果与实际情况可能存在一定的差距。

2. 现场实验　霍桑实验中的继电器装配工人小组实验属于现场实验。现场实验是把实验室的方法应用到不断发展变化着的现实生活中去，能把对情境条件的适当控制与实际生产的正常进行有机地结合起来，具有较大的现实意义。比如可以把条件相仿的两组工人分别实行计时工资制和计件工资制，比较双方的工作热情和生产效率，以判断两种工资制度的优劣。

实验方法虽好，但费时、费钱、费人。在运用实验方法时，必须注意的是实验条件要尽可能和未来推广应用的情况一致，防止实验是成功的，但推广却是失败的现象。也就是说，要注意实验结果在同样条件下的可重复性，满足这一要求的实验结论才具有客观规律性。

四、调查研究

调查研究的方法不是光靠对行为现象的直接观察和了解，而是利用科学的方法，有目的、有系统地收集能够反映被调查者的心理活动和有关行为状态的信息，以研究行为变化规律，预测行为变化趋势，寻求内在的实质因素。

在现代社会中，人们活动的时空范围都扩大了，各种环境变化速度加快，因此调查研究必须进一步社会化。局部的真实性不等于全局的真实性。为了全面、系统、准确地收集到反映行为状况及其影响因素的信息资料，在调查研究时要设计合理的调查表，选择恰当的调查对象，采用适当的调查方法。在研究中要始终明确，调查本身不是目的，目的是为了寻求科学的答案。

在拟定调查表时，要注意解决以下几个问题：一是选择恰当的提问方式；二是注意问题回答的可行性；三是注意问题的准确性；四是注意问题的客观性；五是注意问题的排列顺序。确定调查对象的方法通常有两种：一种是全面调查；另一种是抽样调查。

设计了调查表，确定了调查对象后，还要由调查人员利用一定的方法，针对调查表的内容向调查对象提出问题，寻求答案。

现代调查研究的方法有很多，比如当今世界上较流行的民意测验，它已经历了趣味性、科学化和普及化三个阶段，它最大的优点是调查对象可以在不受任何干扰的情况下，充分自由地反映自我真实的想法。其他可用的调查研究方法包括：以个人访问、邮寄调查（信访）及电话调查等方式，直接向调查对象提出问题以获得所需信息的询问法；在现场直接观察调查对象的行为、态度和反应，并把观察结果按时间顺序作系统记录的观察法；采用通信方式就所需调查的问题征询专家的意见，经过多次信息交换，逐步取得比较一致的调查结果的专家调查法（又称德尔菲法），等等。

五、数量统计方法

数量统计方法是在大量收集的调查资料中，以随机性变量在整体上表现出来的统计规律为基础，用数学的方法来描述影响随机性变量变化的多种因素之间的关系，并据此预测随机性变量的发展趋势。一门科学运用数量统计方法的程度，取决于人们对这门科学的研究对象的认识水平。近年来数量统计方法在组织行为学中得到应用，使组织行为学的研究趋于定量化，追求精确，走向深入。

个体的活动具有随机性：在相同的环境条件中，个体的活动可以有多种表现形式；同一种活动形式在基本相同的条件下可以重复进行。因此个体的活动是随机现象，符合统计规律，可以通过观察、调查或实验来认识。由个体活动合成的组织行为因而也是典型的随机现象，也符合统计规律。这正是数量统计方法在组织行为学研究中得到广泛应用的基础。

在组织行为学研究中要测定三种类型的变量：自变量、因变量和中介变量。因变量在组织行为学中就是所要测量的行为反应，而自变量则是影响因变量的变量。在运用数量统计方法建立的组织行为学模型中，因变量通常有生产率、出勤率、流动性、工作满意度和组织承诺度等。通用的自变量各种各样，一般分为个体、群体和组织三个层次的变量。常用的个体水平自变量有：年龄、性别、婚姻状况、价值观与态度、知觉与情绪、能力与经验等；群体水平变量有群体结构、互动过程、沟通方式、领导作风等；组织水平变量有组织结构与组织文化、技术和工作过程、人员选拔和聘用程序、绩效评估和奖惩制度等。

中介变量又称为干扰变量，它会削弱自变量对因变量的影响。中介变量的存在会使自变量与因变量之间的关系更加复杂。比如说，执行严格的劳动纪律（自变量）会使劳动生产率提高（因变量）。如果在此结论之前加上一个条件，即这种效果要视任务的复杂程度而定，那么"任务的复杂程度"就是中介变量。

数量统计方法的优点是比较客观，得出的结论比较精确，缺点是难以考虑非定量因素的影响，同时对资料的完整性、可靠性和精确性的要求比较高。所以虽然数量统计方法在组织行为学研究中有重要的认识论价值，但是由于行为现象是复杂的，故不存在绝对成立的结论，任何命题都可能找得到反面的例子。加之人们认识的局限性，以及组织行为学中许多命题的前提和边界条件是不太明确的，因此，运用数量统计方法得出的组织行为学的结论往往是一种大数规律、大概率事件，即一般情况下成立，而在某些特殊情况下可能并不成立。

除以上方法外，组织行为学还采用标准化的心理测验量表或精密的测量仪器，测量被测试者的有关行为特征和心理品质，这种研究方法称为测验法，它往往为人员选拔、安置和提升等提供依据。

组织行为学研究中所采用的各种方法各有其应用价值，也有各自的局限性。

第一章 绪 言

组织行为学在研究中通常不只采用一种方法,而是根据研究问题的实际需要,同时采用其中某几种方法,取长补短,相得益彰。

【重要概念】

组织:组织是为了达到特定的目标,经过分工与协作以及不同层次的权力和责任制度,而构成的人的集合体。

管理跨度原则:一位管理人员能够有效地指挥和监督的直接下级的人数总是有限度的。

统一指挥原则:组织中每一位下级都应该接受且只接受一个上级的命令。

集权与分权相平衡原则:组织中决策权限的集中与分散的程度应当保持平衡。

组织过程:指维持和变革组织结构,并使组织结构发挥作用,从而完成组织目标的过程。

组织行为学:是运用系统分析的方法,研究组织中人的心理、态度和行为规律,以帮助组织的管理者解释、预测和控制人的行为的一门综合性应用科学。

【本章小结】

1. 组织是人类社会常见且普遍的现象,组织这个概念包含着四层意思:①组织必须有明确的目标;②组织中有分工也有协作;③组织中有权力等级和责任制度;④组织是由人所组成的群体。

2. 组织结构是规定组织中分工与协作关系的基本框架,是组织生存和发展不可缺少的重要条件,其实质是一种业务关系的等级。

3. 组织结构的设计并不存在某种统一的、唯一最好的方式。有效的组织设计应遵循一些共同的原则,如:管理层次原则、管理跨度原则、统一指挥原则、适当授权原则、经济高效原则、集权与分权相平衡原则、职权和知识相结合原则、稳定和变革相适应原则等。

4. 组织设计的目的就是要形成实现组织目标所需要的正式组织,组织运作则是使设计好的组织运转起来并加以维持,组织变革是对组织的调整、改革与再设计。组织设计、组织运作和组织变革是组织过程所包括的三大环节。

5. 组织与环境是相互作用的,任何组织都是在一定环境中从事活动的,环境的特点及其变化必然会制约组织活动方向和内容的选择。组织必须主动了解环境的动态变化情况,自觉适应环境,通过主观努力能动地适应环境变化的自然趋势,而不能违背这种趋势。

6. 组织过程需要有人的参与,组织的活动和效果,需要通过其中的人采取不同的行为表现出来，因此，组织行为在很大程度上是以人的行为为基础的。人们对组织行为划分为个体、群体和组织三个层次。

7. 基于组织行为学的多学科交叉特点、人的二重性和管理的二重性等三方面原因，组织行为学作为一门实用性科学，具有二重性特点。组织行为学的二重性表明组织行为学既有反映人的一般行为规律的属性，又具有反映人的社会行为规律的属性。

8. 组织行为学的产生与管理科学的发展是紧密结合在一起的。西方国家是在19世纪末20世纪初开始形成系统化的组织管理思想。20世纪20年代以前的主要组织管理理论包括泰勒的科学管理理论和法约尔的组织管理理论。这些理论力图打破传统的经验管理办法，实现对作业与组织的科学的、理性的管理，但这些理论都忽视了人的因素和环境的影响，因而被称为古典的组织管理学。

9. 20世纪20年代中期开始在霍桑工厂进行的实验，宣告了另一种组织管理理论的诞生。梅奥在总结霍桑实验结果后提出的人际关系理论，弥补了古典的组织管理理论的不足，使人们认识到了人的因素的重要性与特殊性，从而激发了行为科学学派及其理论流派的蓬勃发展。

10. 行为科学理论的产生改变了人们对组织管理的思考方法，它使管理者把员工视为是需要予以保护和开发的宝贵的资源，而不是简单的生产要素，从而强调从人的需求、动机、相互关系和社会环境等方面研究组织活动执行结果对组织目标和个体成长的双重影响。

11. 20世纪60年代中叶之后，组织行为学形成。它改变了传统的人事管理方法，从单纯强调感情因素，转向探索人类行为的规律，提倡进行人力资源开发和人力资本利用，更强调个体目标和组织目标的一致。信息技术的发展应用给组织行为学的发展带来了机遇和挑战。

12. 组织行为学在研究过程中，根据实际问题的需要，综合采用建立模型、案例分析、实验法、调查研究、数量统计等研究方法。

【复习思考题】

1. 电影院的观众们能否称为组织？电影院的全体工作人员是否能构成组织？
2. 组织行为的内涵是什么？请举例说明组织行为知识对管理人员的重要性。
3. 试分析组织演变和管理理论发展的关系。
4. 组织行为学研究的方法有哪些种类，各有什么优缺点？
5. 你认为现代信息技术的发展对组织行为会有哪些影响？

第一章 绪 言

【本章测试题】

一、填空题

1. _____是组织行为研究的基础和出发点。人们通常运用心理学的理论和方法,从_____、_____、_____三方面考察个体行为。
2. 对组织的理解强调四层含义,第一,_____;第二,_____;第三,_____;第四,_____。
3. 组织过程基本上都包括三个大的环节:_____、_____和_____。
4. _____、_____、_____、_____和_____都是影响组织设计发生变化的主要因素。
5. 组织行为学具有以下特点:_____、_____、_____、_____。
6. 霍桑实验分为_____、_____、_____和_____四个阶段。
7. 组织行为学更强调_____和_____的一致性,认为调动积极性必须从_____和_____两方面着手,不仅改进_____,而且更重要的是要改进_____,从工作本身满足人的需要。

二、单选题

1. 组织中管理干部的管理幅度,是指他( )。
   A. 直接管理的下属数量   B. 所管理的部门(机构、单位)的数量
   C. 所管理的全部下属数量   D. B和C
2. 日常事务的增多会使管理幅度( )。
   A. 增加   B. 不变   C. 减少   D. 扩大
3. 以下哪个因素不属于组织的宏观环境?( )
   A. 经济技术环境   B. 人口环境   C. 政治法律环境   D. 组织文化
4. 以下哪个因素不属于组织的微观环境?( )
   A. 竞争对手   B. 自然资源   C. 顾客   D. 公众媒介
5. 下面对实验室实验的特点描述不正确的是( )。
   A. 控制条件严格   B. 可反复验证
   C. 可主动排除偶然因素   D. 结果与实际情况完全吻合
6. 某总经理把产品销售的责任委派给一位分管市场经营的副总经理,由其负责所有地区的经销办事处,但同时总经理又要求各区经销办事处的经理们直接向总会计师汇报每天的销售数字,而总会计师也可直接向各地经销办事处经理们下指令。总经理的做法违反了什么原则?( )
   A. 经济高效原则   B. 集权与分权相平衡原则
   C. 统一指挥原则   D. 职权与知识相结合原则

7. 某组织中设有一管理岗位，连续选任了几位干部，结果都是由于难以胜任岗位要求而被中途免职。从组织行为学的角度看，出现这种情况的根本原因最有可能是（　　）。
   A. 没有考虑统一指挥的原则
   B. 管理部门选聘干部时没有找到合适人选
   C. 组织设计忽视了对于干部的特点与能力的要求
   D. 没有考虑经济高效原则

三、判断题
（　）1. 组织结构是组织生存和发展不可缺少的重要条件。
（　）2. 作为实现组织目标的一种手段，组织结构的变革往往会导致组织的彻底变革。
（　）3. 在组织规模已定的情况下，管理跨度与管理层次成正比。
（　）4. 按照统一指挥原则，上级不可以越级检查，下级不可以越级建议。
（　）5. 领导人可以把职权授予下级，但责任不可一同下授。
（　）6. 现实中的组织不是处于集权状态，就是处于分权状态，不可能同时处于集权和分权并存的状态中。
（　）7. 有效的组织设计必须使组织结构与特定的情境条件相一致。
（　）8. 环境条件好坏对组织运作业绩的影响一般成反比。
（　）9. 人的行为变量有两个维度的变化，定性的维度指不同行为的性质各不相同，定量的维度则是不同性质的行为有相同的计量单位。

四、名词解释
组织　　组织行为学　　组织过程

五、简答题
1. 组织结构设计应遵循的原则有哪些？
2. 什么是组织所处的环境？主要分为哪两大类？你认为组织应如何适应环境？
3. 组织行为学具有什么特点？如何正确理解组织行为学的二重性？
4. 简述霍桑实验的内容和人际关系理论的主要内容。
5. 组织行为学的研究方法主要有哪些？各有什么优缺点？

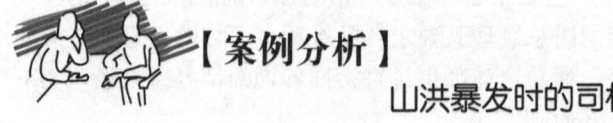

【案例分析】
山洪暴发时的司机们

在某条交通流量很大的公路上，由于山洪暴发，交通受阻，被困的几十辆汽

第一章 绪 言

车的司机们很快自愿组合起来,有的拿起手机通知交通部门请求援助,有的去寻找清理工具,有的去安排住宿,大家在统一的指挥下,有条不紊、齐心协力地开展工作。对于上述司机们的行为和活动,甲说:"他们只是一个临时性的群体,与企业中的非正式组织没有什么不同。"乙说:"当紧急事件产生时,人们会自动地组合起来,并快速地进行有效的分工。企业领导如果经常营造出紧急事件,一定会提高组织的工作效率。"丙说:"受困的司机中大部分都具有奉献精神,否则就不可能有这样的情况发生,因此在招聘员工时应把员工的奉献精神放在首位。"丁说:"这些司机事实上已经形成了一个组织,因为他们为实现共同目标而组合成了有机的整体。"

据案例中提供的情况,请思考:

对于上述司机们的行为和活动,你倾向于甲、乙、丙、丁中哪个人的看法?为什么?

第二章 组织中的个体

学习目标

- ◇ 了解价值观、态度、人格、情绪、需要、激励、目标管理、绩效评估等基本概念;
- ◇ 了解影响人格发展的因素;
- ◇ 理解需要、动机、行为之间的关系;
- ◇ 掌握各种激励理论;
- ◇ 掌握目标管理、员工参与方案、绩效评估等激励方法。

引导案例 佳力服务公司的绩效评估

佳力服务公司是一家咨询管理与家政服务的公司,该公司把员工绩效评估作为管理的一项重要工作。公司的 40 多名员工对公司的每一位员工(包括他们自己)都要进行评价,看看是否符合公司绩效标准的要求。

2006 年,来自各层次的员工组成了一个小组,开发了 10 条绩效标准,他们考察了下列因素:把组织利益放在个人之上;尊重和体谅他人;勇于对错误承担责任;是否表现出"如果我开始创业,我愿意雇这个人到我的公司工作"。

公司创始人和总裁李轶男先生说:"这些问题反映了公司全体员工希望公司是什么样的。"为了保密,所有的评价都用标准的表格形式在计算机中进行,员工把自己的评价意见复制在一张软盘上,交给一个员工小组来处理。然后给每位员工和每位管理者准备一份评价报告,包括公司总裁。这份报告包括公司总体对个人的评价等级,也包括根据评价者级别进行的横向比较结果。这样每位员工都可以知道管理者如何评价自己,同伴如何评价自己。从这些评价得出的数字等级,用来决定管理人员和员工年终加薪和分红的比例。

到目前为止,这个全面的评价系统看起来很有效。员工对自己得到的具体绩效反馈赞不绝口。正如一位副总裁所说:"当 40 个人告诉你一件事时,这件事就有它的作用了。"这个方案对降低公司员工的流动率也功不可没。该公司的流动率远低于同行业的平均水平。

第二章　组织中的个体

第一节　个体行为基础

一、价值观与态度

（一）价值观

组织成员行为的发生和改变及其行为方式的形成和选择，都要受其价值观的影响和制约。要了解个体行为的规律，必须研究人的价值观的构成及特征，研究价值观对人的行为的影响。

1. 价值观的概念　价值观是人们对客观事物在满足主观需要方面的有用性、重要性、有效性的总评价和总看法，是人们的一种观点和信念，是世界观的组成部分。具体可从以下几方面来理解：

（1）价值观是事物价值的主观反映，对同一事物可能存在多种价值评价尺度。

（2）价值观是人们对社会存在的反映。处于相同的自然环境和社会环境的人，会产生基本相同的价值观念，每一社会都有一些共同认可的普遍的价值标准，从而发现普遍一致的或大部分一致的行为定势，或曰社会行为模式。

（3）价值观是通过社会化培养形成的。一个人所处的自然环境、社会环境和经济地位，对其价值观的形成有决定性的影响。报刊、电视和广播等宣传舆论，以及父母、师长、朋友和楷模的观点与行为，对一个人的价值观也有不可忽视的影响作用。

（4）价值观是指导人们行为的准则。人们在采取行动之前，都会考虑值不值得或该不该这样做。这样的考虑就受到原有观念或思想的约束，那种观念便直接产生推动或抑制作用。每个人对各种事物和行为的意义及重要程度都会有所评价和判断，所有这些判断和评价的主次、轻重和排列次序，就构成了个人的价值观体系，价值观和价值观体系是决定人的行为的心理基础。

如果一个人喜欢权力，是好事还是坏事？以绩效作为分配报酬的基础合理，还是以资历作为分配报酬的基础合理？是提薪、晋升重要，还是获得更多的闲暇时间重要？

2. 价值观的特征

（1）价值观是因人而异的。由于每个人的先天条件和后天环境不同，人生经历也不尽相同，每个人的价值观的形成会受到不同的影响，因此，每个人都有自己的价值观和价值观体系。在同样的客观条件下，具有不同价值观和价值观体系的人，其动机模式不同，产生的行为也不同。

(2) 价值观是相对稳定的。价值观是人们思想认识的深层基础，它是随着人们认知能力的发展，在环境、教育的影响下，逐步培养而成的。人们的价值观一旦形成，便是相对稳定的，具有持久性。

(3) 价值观在特定的环境下是可以改变的。随着环境的改变、经验的积累、知识的增长、人生观和世界观的改变，人们的价值观也会随之改变。也就是说价值观也处于发展变化之中。

在与人交往的时候，人们是否会考虑到价值观的差异问题？

3. 价值观在管理中的应用　就个体而言，在相同的环境条件之中，对于相同的事物或行为，具有不同价值观的人会产生不同的评价和反应。比如，对于相同的规章制度或领导决策，认同者会贯彻执行，主动扫清执行上的障碍。那些不认同的人，就会阳奉阴违，搞所谓"上有政策，下有对策"，甚至会公然抵制，拒不执行。因此，要使个体的行为符合管理目标或组织目标，就须改变个体价值指向的事物或行为，或者改变个体的价值观。

就群体和组织而言，对于同一事物或行为，具有不同价值观基础的群体或组织会确定不同的组织目标，从而采取不同的组织行为，进而影响其经济效益、社会效益以及社会形象等各方面。同样是冲突，那种以团结一致为名、不允许有任何一点其他意见的组织和群体，会拼命压制不同意见、回避矛盾，给人一种沉闷呆板的感觉。而那种具有宽容精神的群体和组织，会认为冲突和不同意见不仅必要，而且还能活跃群体和组织的气氛，增强活力和创造性，从而毫不避讳冲突，甚至会为实现组织目标而引发冲突，这往往会形成一种开放、自由的形象。

价值观不仅影响个人行为，还影响群体行为和整个组织的行为。因此，人们在管理活动中都很注意价值观的应用。

(1) 树立和培育健康的价值观。组织的价值观是组织文化的核心，是组织的精神财富得以发展的基础。只有为组织建立一整套成功的价值观念，才能使组织中的个体对外部事物的发展产生共识，产生凝聚力。

(2) 调查了解组织中个体的价值观。管理者只有充分了解个体价值观的差异，才能在管理中采取有针对性的措施，调动个体的积极性和创造性，从而提高工作绩效。

(3) 重视人的价值观的稳定性和可变性对经营管理方式和管理目标实现的影响。一方面，使经营管理方式和目标适应人们普遍存在的价值观的变化，如生

第二章　组织中的个体

产部门须按照消费者的评价、偏好来安排产品的花色品种,当人们的偏好发生变化,即出现新的价值观时,应及时调整产品,适应人们的要求。另一方面,要及时适应变化了的环境,树立、培植和推行新的价值观,如"信息就是资源"等,并严守自己推行的这种价值观。这是在对传统价值观进行变革、扬弃的基础上进行的创新。

 2-1　激发价值观能引起心灵的原子弹效应

世界著名企业——松下电器公司,自从1918年3月成立后,在一段时期内取得了比较大的发展。但是到1932年年初,作为创业者的松下幸之助,发现公司照原来那样发展已有很大局限。

他认为:"我们如此拼命地工作,若没有一个意义存在是不行的。所以,不能光是以过去世间普遍的常识来工作,还必须清楚地认识公司所肩负的使命。"

因此,就在1932年5月5日这一天,松下先生召集干部发表了价值观:"我们的努力,正是为了提高全人类的生活水准。也就是说,企业顺利地发展并不单指公司的业绩提高,或是保证从业人员的薪资,提高他们的生活水平,而有更大的意义——为社会全体的繁荣作最大的贡献。有了这样的使命感,才可以看得出我们工作的价值。"

他将这一天设立为创业日,并确定公司经营理念。

没想到此举产生了很惊人的效果,员工们都说:"原来只知道好好干,而不知道为何而干。而现在,真正了解到工作的意义,应该更加努力。"

此后的松下电器公司迅速发展起来。两年后,员工们的数目由1 000来名增加为2 000名,在五年后增长为4 000名。

人的心灵突破有不同方式,最有功效的当数在心灵的深层发生作用。而在深层最能影响人的因素之一就是价值。毫无疑问,价值观是一个人心灵的"深层起爆器",要提高凝聚力,就应该挖掘和培养对事情的价值感和意义感。

(二)态度

1. 态度的定义　态度是主体对某特定对象进行认知、评价并做出价值判断所形成的心理倾向。态度不是行为的本身,只是一种心理和行为的倾向,是关于客观事物、人和事件的评价性陈述——要么喜欢,要么不喜欢,它反映了一个人对某些事物的感受。例如,有人"很喜欢《组织行为学》课",有人"不喜欢《组织行为学》课",这表达了不同个体对《组织行为学》这门课程的两种截然相反的态度。持有肯定态度的同学,会倾听、思考、研究这门课程;持有否定态度的同学,可能躲避它,不得不学习时也会心不在焉、敷衍了事。大量的心理学实验发现,个体的态度支配着他的回忆、判断、思考和选择取舍,即决定了一个人将会看到

什么、听到什么、想些什么和做些什么。所以，态度是一种"行为的准备"，可以预测个体的行为。

态度具有对象性、社会性、协调性、内隐性、价值性、稳定性与可变性等特征。

2. 态度的组成　态度主要包含认知、情感和意向三种成分。

认知成分是指对人和事的认识、理解和评价，是态度形成的基础。如"我认为歧视学生是错误的"。情感成分是指对人、对事所作的情感判断，是态度的核心，和人们的行为紧密相连。如"我不喜欢张老师，因为他歧视学生"。意向成分是指个体对态度对象的反应倾向，即定势作用，又称为行为的准备状态。如"因为我对张老师的厌恶情感以至于我可能选择躲避他"。

3. 态度形成的三个阶段

（1）服从。服从阶段的行为不是个体真心愿意的行为，而是按照社会要求、群体规范或别人的意志而做出的行为。如刚入学的大学生不愿早起却又害怕受到惩罚而不得不早起上早操的行为，其目的在于获得赞许，或者是为了避免惩罚。当环境中奖励或惩罚的可能性消失时，服从阶段的行为和态度就会马上消失。比如，有老师点名，就上早操；老师出差了，就睡懒觉，不做早操。

（2）同化。在这一阶段，态度不再是表面改变了，而是从被迫转入自觉接受，自愿进行。以大学生出早操为例，某学生坚持了一段时间以后，由于出早操给他的身体和精神都带来了好处，即使不出操不给任何惩罚，他也会主动遵守学校的这一规定。

（3）内化。内化是指人们从内心深处真正相信并接受他人的观点而彻底转变自己的态度，并自觉地指导自己的思想和行动。在内化阶段，态度就比较稳固，不易再改变了。这也告诉我们，我们要改变人的态度，最好在服从、同化这些不稳定的阶段进行，而进入内化阶段再改变态度，困难就要大得多。

态度的形成是一个复杂的心理过程。当然，并不是所有的人对所有事物的态度都要经历这三个过程。有时候，人们对一些事物的态度的形成可能只停留在服从或同化阶段。

关于态度的改变有两种情况：方向的改变和强度的改变。原来不喜欢某个人，现在变得喜欢了，这是方向的改变；原来对到某饭店消费犹豫不决，后来则非常喜欢去，这是强度的改变。当然，方向与强度也有关系，从一个极端转变到另一个极端，既是方向的改变，又是强度的改变。

2-2　联邦快递向顾客传达的态度

1973年，从越南战场回到美国的弗雷德·史密斯在美国纳西州带领一帮朝气蓬勃的年轻人宣布了美国联邦快递公司（FedEx）的诞生。在创业之初，由于缺

第二章 组织中的个体

乏资金、技术和客源,加上当时美国政府对空运航线的诸多管制,联邦快递公司的经营运作非常艰难。弗雷德·史密斯对雇员们坚定地说:"联邦快递的生存和发展靠什么?靠我们的态度!我们满腔热情的态度,我们坚定必胜的态度,我们要做世界一流品牌的态度!我们是一个积极地创造事业的团队,我们是一个有着共同目标的团队。"弗雷德对前途的无限信心和对困难的不屈不挠,吸引和鼓励了联邦快递的员工们,他们心甘情愿地与联邦快递同舟共济,共渡难关。为了公司的利益他们做了许多令人感动的事情:送货人可以抵押自己的手表来购买汽油,让飞机准时起飞;当执法官来查扣鹰式飞机时,职工们把飞机藏匿保护起来;面对公司一度达到的每天80万件的额外包裹,数千名雇员自愿在午夜前来到货仓,连夜清理堆积如山的货物。

如今他们已成为行业巨子,创造了"使命必达"、"次日交货"的联邦快递品牌。

2003年末,当弗雷德·斯密斯来到中国时,有人问他:"联邦快递成功的秘诀是什么?"他神秘地说:"好孩子是夸出来的,好员工是鼓励出来的,世界一流品牌是这些好员工创造出来的,是靠他们的态度传递给客户的。"事实上,无论道路多么坎坷都不能阻止联邦快递的员工努力实现为顾客服务"使命必达"的目标,联邦快递已成为他们生命的一部分。见到邮包他们就下意识地完成一套标准化程序动作。这就是美国联邦快递所有职员向客户传达的态度。

4. 态度对行为的影响

(1)态度影响人们的判断。态度是在过去的认知和情感体验的基础上形成的,而且又具有稳定性和持久性,所以人的态度一经形成,就会影响到人们对新情况、新事物、新问题的认知,使人们对客观事物难以作出正确的判断,从而影响到人们的行为。

 **2-3 拉姆伯特的听录音带实验**

拉姆伯特等心理学家曾在加拿大的蒙特利尔做过一个著名的实验,这个实验是让一些英裔的大学生和法裔的大学生听录音,录音带上录有十个人朗读同一篇文章,其中五人用英语,五人用法语。而实际上只有五个人在朗读,即每人都用两种语言,只不过听众不知道。当时,英裔加拿大人的社会背景优于法裔加拿大人,大学生们对英裔加拿大人的态度也就优于法裔加拿大人的态度。正因为如此,实验结果为:对同一朗读者,当他用英语朗读时,被判断为个子高、风度好、比较聪明、可靠、亲切、有抱负,而当他用法语朗读时,所得评价就差些;法裔学生比英裔学生更高估计朗读英语者的特征。

这个实验清楚地说明,一般人容易根据现成的态度去判断他人,态度的差别影响了大学生做出的社会性判断。可见态度一经形成，便对对象产生一套或强或弱的固定看法和情感体验，成为人们的习惯，这就相当于一个筛选器，对于来自外界的刺激予以筛选处理，从而影响人的判断和选择。

（2）态度影响兼容性。在社会交往活动中，一个人对自己、对他人、对集体的态度，往往影响他与群体的融合程度。一般说来，如果人与人之间持有真诚、友好、热情、谦和、宽容、互助的态度，那么成员之间会和睦相处，形成很高的兼容性，组织内也会形成很强的凝聚力。反之，虚伪、冷漠、敌视、傲慢、苛刻的态度则会导致人际关系紧张，凝聚力降低。

（3）态度影响效率。在学习中，如果人们抱有积极的学习态度，就能提高学习效率；相反，若厌恶学习，则会使效率降低。但是在工作效率方面，由于受到周围环境与个人因素的影响，则会出现下列两种情况：一是积极的工作态度并不一定产生较高的工作效率。因为当工作态度积极、生产效率过高时可能导致他人和群体的嫉妒而遭到排斥，因此，想保全工作的职工，也有降低生产效率以谋求与大家一致的可能性。二是消极的工作态度并不一定带来低的工作效率。这是因为有的人虽然对目前工作感到不满意，但为了生活的需要、为了改换工作岗位、为了实现自己的目标，也有加紧工作、提高工作效率的可能。因此，态度与工作效率之间的关系远比一般人所设想的复杂，管理人员不能根据自己的态度去推测职工的感情愿望及目标。

个案 2-4　态度影响社会性判断

哈斯托夫和坎特里尔将普林斯顿大学和达特茅斯大学两校队足球赛录像分别放给两校学生看，结果普林斯顿大学生发现达特茅斯球队犯规次数比裁判实际上指出的多两倍，而达特茅斯大学生则相反，则更多地指出普林斯顿球队犯规而未受罚的次数。显然，这是两校学生维护各自学校荣誉的立场和期望本校球队获胜的积极态度造成认知判断上的偏差的例证。

二、人格与情绪

（一）人格

1. **人格的概念**　人格是一个心理学概念，它最初来源于拉丁语 persona，原意是指舞台上演员带的假面具。把人格定义为面具包含着两层意思：①表示在人生大舞台上每个人扮演的不同角色及表现出的相应行为；②表示在这个面具下隐藏的真实自我。

从心理学角度来说，人格是个体内部身心系统的动力组织，它决定了个体对环境独特的调节方式。从管理的角度上说，人格是个体在适应环境的过程中所表

第二章 组织中的个体

现出来的系统的、独特的反应方式和与他人交往的方式。也就是说,从管理学的角度,首先强调了人格是个体对环境作出的一种反应,而这种反应在不同的个体之间是不同的,带有浓重的个体色彩;其次,这种独特的反应方式具有系统性、完整性和稳定性。

2. 影响人格发展的因素

(1) 遗传。遗传因素构成了一个人心理发展的基本前提,这是生来就有的因素,就是我们通常所说的"一个人血管中流有他家族、父母的血液"。

(2) 环境。如果没有环境条件,遗传潜能是不能自动实现的。环境是指人出生后所处的社会环境,它对个体人格发展的内容、方向、水平等构成影响,同时它也使遗传所提供的潜能转化为现实。

(3) 情境。一般来说,个体的人格是稳定的和持久的,但在不同的情境下会有所改变。不同情境要求个体的人格表现出不同的侧面,因此我们不应该孤立地看待人格模式。

(4) 学习。学习是人的一种主动行为。在个人成长过程中,随着个体独立性的增强,在自我意识的支配下,个体可以主动地选择和获取来自环境的信息,并因此带来自身行为的变化。学习行为的主动性以及它对人格形成的影响,使它成为影响人格发展的独立力量。

在各种因素的影响之下,人格可以有多种表现形式,如内倾型与外倾型、男性气质型与女性气质型、内控型和外控型、自卑型与自尊型等。这些形式通常不会各自独立地表现出来。比如,大多数个体处于内倾型与外倾型的结合体的某一位置上。

3. 人格与职业的匹配 一个人的人格特点适合于某项职业,他就可能对某项职业感兴趣,从工作中得到快乐,工作满意度才可能更高。美国心理学家霍兰德认为,职业是人格的延伸,一个人的职业生活可以说明个体行为的实际表现,个体的行为是人格与环境交互作用的结果,职业选择也是人格的表现,人格形态与行为形态影响个体的择业及其对生活的适应程度,是职业满意度与职业成就的基础。霍兰德的人格与职业匹配理论有下列基本原则:

(1) 选择职业是人格的一种表现;

(2) 个体的兴趣组型即是人格组型;

(3) 同一职业团体内的个体有相似的人格,因此他们对很多问题会有相类似的反应方式,从而产生类似的人际环境;

(4) 个体的人格属于现实型、研究型、艺术型、社会型、企业型和传统型这六种类型中的一种。人所处的环境也可相应分为以上六种类型。

表 2-1 对六种人格类型进行了分别描绘,列举了它们的人格特点以及与之匹配的职业范例。

表 2-1 霍兰德的人格类型与职业范例

类 型	人格特点	职业范例
现实型：偏好需要技能、力量、协调性的体力活动	害羞、真诚、持久、稳定、顺从、实际	机械师、钻井操作工、装配线工人、农场主
研究型：偏好需要思考、组织和理解的活动	分析、创造、好奇、独立	生物学家、经济学家、数学家、新闻记者
社会型：偏好能够帮助和提高别人的活动	友好、合作、理解	社会工作者、教师、议员、临床心理学家
传统型：偏好规范、有序、清楚明确的活动	顺从、高效、实际、缺乏想象力、缺乏灵活性	会计、银行出纳员、业务经理、档案管理员
企业型：偏好能够影响他人和获得权力的言语活动	自信、精力充沛、进取、盛气凌人	小企业主、房地产经纪人、公共关系专家、法官
艺术型：偏好需创造性表达的模糊且无规则可循的活动	富于想象力、无序、杂乱、理想、情绪化、不实际	画家、音乐家、作家、室内装饰家

利用霍兰德的人格与职业匹配理论，你对今后职业的选择判断是怎么样的？

（二）情绪

1. 情绪与情感　人们在认识客观事物时，如果客观事物与自己有直接的关系，个体就会去关注它，并对它抱有一定的态度，相应地产生喜与悲、乐与苦、爱与恨等主观体验，人们对客观事物的态度体验及相应的行为反应就是个体的情绪和情感。

日常生活中，人们把情绪与情感都作为感情表达的同义词使用，不作严格的区别，但情绪与情感是有一定区别的：从需要的角度看，情绪更多地是与人的物质或生理需要相联系的态度体验，情感更多地与人的精神或社会需要相联系。从发生早晚的角度看，情绪发生早，情感发生晚，人出生时会有情绪反应，但没有情感；情绪是人与动物所共有的，而情感是人所特有的，是随着人的年龄增长而逐渐发展起来的。从反应特点看，情绪具有情境性、激动性、暂时性、表浅性、外显性，情感具有稳定性、持久性、深刻性、内隐性。

2. 情绪的表现形式

（1）心境。心境是一种具有感染性的、比较平稳而持久的情绪状态。当人处于某种心境时，会以同样的情绪体验看待周围事物。俗话说"人逢喜事精神爽"，人在心境愉快的时候连春天的雨都觉得带有诗意，而心境忧郁的时候就觉得它晦

第二章 组织中的个体

气、讨厌。

（2）激情。激情是一种比较强烈、相对短暂、具有突发性的情绪体验，在激情状态下，人的外部行为表现比较明显，生理的唤醒程度也较高，因而很容易失去理智，甚至做出不理智的行为。

（3）应激。应激是在出乎意料的情景突然发生时，人表现出来的高度紧张的情绪。应激反应可能有两种表现形式：一是惊慌失措、手忙脚乱，陷入混乱而做出不适当的反应；二是头脑冷静，急中生智，动作准确，及时排除或摆脱险情。一个人在出乎意料的事故面前，究竟出现哪种反应，取决于个体的心理品质，如思维的灵活性、判断的准确性、动作反应的敏捷性等。

3. 情绪与工作效率　情绪过于紧张或过于松懈都会使工作绩效降低，只有适度紧张的情绪状态才可以取得较高的工作效率。也就是说，情绪的紧张程度与工作绩效之间存在着倒"U"形关系。例如：体操运动员比赛时若心理上过于紧张，就容易造成失误；人在操作要求过高、信息输入速度过快的情形下，会由于负荷风险过重而发生信号漏检或错检，导致错误；人在操作要求过少或提供有用信息过少的情形下，也不能取得好的工作成绩。

 **2-5　情绪心理攻略**

一个商店小老板，正眉头紧锁，看上去心事重重。这时一名销售人员走了过去："您好，我是某某公司的业务员，我们公司最近推出了一种酸奶，质量和口感都非常不错，您看我在您这店里放一点货怎么样？"

老板头都不抬地说："不用了，我这里已经有五个品种的酸奶了，卖得都不错，暂时不需要了。"

销售人员不让步："您还是进一点吧，我们这个产品是青藏高原的牛奶酿制的，纯度高，无污染，而且包装也不错，在其他地方卖得都很好，前面那个老板也进了我们的产品，您还是考虑一下吧。"

老板不耐烦地说："人家进了是人家的事，我这里暂时不需要。"

销售人员接着说："您看您这老板，脑子一点都不开窍，您要是进我们的产品，我以后多给您点赠品不就行了。"

老板生气了："还是以后再说吧，我还忙，对不起了。"

同样还是这个老板，同样还是心情不爽的时刻，又来了一位销售员："请问您是刘老板吗？我是某某公司的业务员，经常路过您这里，每次都看到您忙忙碌碌的，生意一定不错吧？"

老板依旧头也不抬地说："唉，马马虎虎吧。"

销售人员继续说："其实每次都想给您打个招呼，因为前面的老板常常提到您。"

老板抬起了头问:"你也跟黄老板认识啊?他说我什么来着?"

销售人员接着说:"是啊,我跟黄老板有业务往来,挺熟的。他说刘老板为人不错,生意也比他做得好,还让我有空跟您聊聊呢。这不,我刚才给黄老板补了些货,最近走得挺快的。"

老板高兴地说:"这个老黄,尽瞎说。对了,你做什么产品,给老黄那里经常送?"

就这样,第二个销售人员很快就拿住了这位刘老板的心,成功完成了自己的销售任务。

纵然客户当时的心情不好,在闹情绪,但采取一些心理攻略,还是可以获胜的。第二个销售员就很好地利用了一些技巧,成功地打开了客户的心理防线,说出一些赞美的话语,消除了客户的情绪心理,让客户对自己产生好感,产品销售成功也就是自然而然的事情了。

三、人性的假设

(一)经济人假设

经济人假设归根到底是从享乐主义出发。这种假设认为,人的一切行为都是为了最大限度地满足自己的利益,"天下熙熙皆为利来,天下攘攘皆为利往"就是经济人的行为表现,一般人工作动机就是为了获得经济报酬。泰勒就是"经济人"观点的典型代表。

1. **基本观点** 经济人假设认为,多数人没有雄心壮志,不愿负责任、懒惰,他们想方设法逃避工作,所以要利用经济报酬来使人们服从和做出绩效;多数人干工作都是为了满足自己的基本需要,个体目标都与组织目标相矛盾,所以要订立各种严格的工作规范,加强管制,运用强制、惩罚的方法,才能迫使他们为了达到组织目标而工作;经济人假设还认为,也有一部分能够自己鼓励自己,克制感情冲动的人,这些人应担当管理者。

基于经济人假设,在管理中通常采用任务管理,即工作的重点在提高劳动生产率、完成生产任务方面,而对于人的情感、需要、动机则是忽略的。在奖励制度方面,主要用金钱来刺激个体的生产积极性,同时对消极怠工者采取严厉的惩罚措施,即采取"胡萝卜加大棒"的政策。

2. **对经济人假设的评价** 经济人假设把人看成是天生懒惰的,实质上是早已被否定了的遗传决定论的人生观。它没有看到人的社会性一面。它否认了人的主动性、自觉性、创造性与责任心,把人看做是主要受金钱驱动的、被动地接受管理的被管理者。并且该假设把管理者与被管理者对立起来,实质上是为了实现少数人对多数人的剥削。

第二章 组织中的个体

但经济人假设改变了20世纪上半叶组织中放任自流的管理状态，提高了效率，减少了浪费，促进了科学管理体制的建立。如今，对于不发达国家和个别中小型企业，它仍有应用的价值。

（二）社会人假设

1. 基本观点　社会人假设认为，人是由社会需求而引起工作动机，并且通过与同事的关系而获得认同感，因此可以从工作中的社会关系去寻求工作的意义。他们对同事们的社会影响力比对管理者所给予的经济诱因及控制更为重视，工作效率会随着公司能满足他们的社会需求的程度而改变。

基于社会人假设，管理者不应只注意完成生产任务，而应把注意的重点放在关心人、满足人的需要上，该假设提出了"参与管理"的形式，让个体不同程度上参加组织决策的研究和讨论，注意培养和形成职工的归属感及整体感。在奖励时提倡奖励集体，不主张奖励个人，管理者要善于倾听意见和上传下达。

2. 对社会人假设的评价　从"经济人"到"社会人"的假设是管理思想与方法的一个进步。社会人假设所提出的"参与管理"观点在一定程度上起到了缓解劳资矛盾的作用。例如，日本丰田汽车公司组织工作俱乐部；鼓励工人提合理化建议，即使不采用，公司也象征性给予工人奖励；给工人送生日礼物，与工人搞社交活动，采用"终身雇佣制"。社会人假设认为人际关系对于调动职工生产积极性要比用物质奖励更为重要，这对于培养团队精神有参考意义。

（三）自我实现人假设

"自我实现人"是一种理想的人。所谓自我实现指的是人都需要发挥自己的潜力，表现自己的才能，只有人的潜力充分发挥出来，人的才能充分表现出来，人才会感到最大的满足。也就是说，人们除了其他的社会需求之外，还有一种想充分应用自己的能力、发挥自己潜力的愿望。

1. 基本观点　自我实现人假设认为，大多数人都是勤奋的，在解决组织的困难问题时，都能发挥出高度的想象力、聪明才智和创造性；在现代社会条件下，一般人的智能潜力只得到了部分的发挥。控制和惩罚不是实现组织目标的唯一手段，在适当的条件下，有自我满足和自我实现需要的人会主动寻求某种职责，以达到组织目标作为自己致力于实现目标的最大报酬。

基于自我实现假设，组织管理的重点在于创造一种适宜的工作环境，减少和消除个体在自我实现过程中所遇到的障碍。管理制度应保证个体能充分表露自己的才能，达到自己所希望的成就，应重视内在奖励。

2. 对自我实现人假设的评价　自我实现人假设是大工业发展到高度机械化条件下提出的。自我实现人假设及其管理措施，如工作扩大化、工作丰富化、为职工提供学习与深造的机会，相信职工的独立性、创造性等，有利于提高职工的工作积极性。

但该假设的人性观有不合理的部分。人既非天生懒惰,也非天生勤奋,人的发展也不是自然成熟的过程,而是先天素质与后天的环境、教育、社会实践共同作用的结果;把不能达到自我实现的原因归为缺乏必要的条件,也是机械主义的观点,实际上人的发展主要受社会关系的影响。

(四)复杂人假设

1. 基本观点　"复杂人"是 20 世纪 60 年代末至 70 年代初提出的假设。该假设认为人的需要是多种多样的,每个人的需要都各不相同,需要的层次也因人而异。人在同一时间内有各种需要和动机,而且,一个人在不同单位或同一单位的不同部门工作,会产生不同的需求。因此,在组织中应善于发现职工在需要、动机、能力、个性上的个别差异,采用不同的组织形式提高管理效率,并根据组织的不同情况,采取弹性、应变的领导方式。

2. 对复杂人假设的评价　复杂人假设的提出是在系统原理和权变理论的基础上实现的一次管理思想上的突破,强调根据不同的具体情况、针对不同的人,采取灵活机动的管理措施,这对管理工作有积极意义。但是该假设过分强调个别差异,在某种程度上忽视了人的共性,不利于管理的稳定性。

四、需要、动机与行为

(一)需要

一般而言,需要是有机体内部的一种不平衡状态,是某客观要求和必然性的反映,通常以缺乏感和丰富感被人体验。需要是人们的一种主观体验,是动机的基础,是推动人的行为的原动力。比如,人们为了维持社会发展,就产生了劳动、交往的需要;为了维持自身存在与种族延续,就产生了对衣、食、住、行及婚育的需要。

人的需要有三个主要来源:一是生理状态变化引起的需要,如饥饿时对食物的需要;二是外部影响诱发的需要,如新款式的物品引起的购物需要;三是心理活动引起的需要,如想成为一个管理者、领导者,就产生学习管理学的需要。

需要具有对象性、紧张性、驱动性、层次性、发展性等特征。

(二)动机

动机的原意是引起动作。在心理学中,把引起和维持个体行为、并将此行为导向某一目标的欲望、愿望、理想、信念等主观心理因素叫动机。而由动机引发、维持和导向的行为,称为动机性行为。动机性行为是人类行为的基本特征之一。

动机是在需要的基础上产生的。从某种意义上说,需要和动机没有严格的区别。需要体现一种主观感受,动机则是为使需要获得满足而支配行为表现的内心

第二章 组织中的个体

活动。此外，诱因的存在也是动机产生的一个重要条件。诱因是指能够激起个体定向行为，并能满足某种需要的外部条件或刺激物。在实际生活中，人的行为往往取决于需要与诱因的相互作用。

（三）行为

行为是指个体在环境影响下所引起的内在生理和心理变化的外在反应。也可以说行为就是人类在日常生活中所表现出来的一切动作的统称。人的行为主要受人的内在因素和外在因素的影响。内在因素是根本，外在因素是条件。面对同一个刺激，不同的人有可能产生不同的行为。

第二节　激励理论

一、激励概述

从心理学角度讲，激励是指根据人的需要，激发人的动机，鼓励人充分发挥内在动力，朝着所期望的目标采取行动的心理过程。

作为管理学的概念，激励是指根据人的需要，通过一定的手段使人的需要得到满足，从而激发人的动机，诱导人的行为，使其充分发挥出内在的潜力，为实现所追求的目标而努力的过程。激励的本质，就是激发人的动机，诱导人的行为、内在潜力，达到实现既定目标的目的。

激励的过程是一个循环往复的过程，内外刺激导致人出现迫切的需要，迫切的需要产生强烈的动机，强烈的动机引起积极的行为，积极的行为促使既定目标的实现，实现目标后所获得的充分满足又形成新的内外刺激，与原有的内外刺激一起导致出现新的迫切的需要……如图 2-1 所示。从组织的角度看，当个体受到激励时通常表现出努力、持久、为实现组织目标而工作。

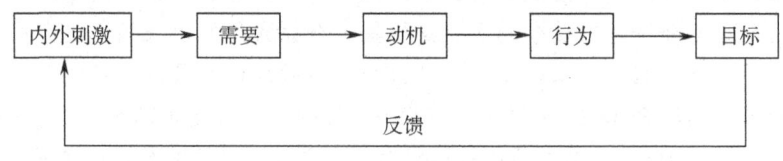

图 2-1　激励的过程

 2-6　发达国家的企业吸引人才的激励方式

美国哈佛大学心理学家詹姆士在对员工的激励研究中发现，按时计酬的员工仅能发挥其能力的 20%～30%，而如果受到充分激励的员工其能力可发挥至 80%～90%。同样一个人在经过充分激励后所发挥的作用相当于激励前的 3～4 倍。

从世界范围看，美国特别重视这一点。为了吸引人才，美国采取支付高额酬金、创造优越的工作条件等措施，从世界各国吸引了很多有真才实学的专家、学者，这也是美国能够在许多科技领域保持领先地位的重要原因。美国的各大公司也同样注重以激励吸引人才。例如，美国国际商业机器公司（IBM）每年要花费23亿美元巨款来激励职工，他们的具体做法是：提供丰厚的退休金、集体人寿保险以及优惠的医疗保健待遇。他们还给职工及其家属办乡村俱乐部，一年只需缴会费3美元。对愿意重返学校深造的职工补贴学费，而且自己办起庞大的学校和培训中心网。这样做的目的，都是为了诱使人们愿意在公司长期干下去。

日本丰田汽车公司规定：只要员工提出合理化建议，不论是否被采纳，均受到奖励和尊重。如果建议被采纳并取得经济效益则奖励加倍。这项措施激发了员工们提合理化建议的积极性，仅一年中该公司的员工就提出165万条建设性意见，人均提出31条，它所带来的利润为900亿日元，相当于该公司全部利润的18%。

通过激励，可以吸引组织所需要的、有才能的人加入组织，以壮大组织的力量；通过激励，可以使已就职的员工最大限度地发挥其技术和才能，实现组织的目标，提高生产效率；通过激励，可以进一步激发员工的创造性和革新精神，从而大大提高企业在竞争中的优势。

 **2-7 伟业电气公司的激励机制**

这是一个关于激励的案例，通过这个案例展示了一种好的激励机制是如何给企业带来绩效以及如何保持人员的稳定性的。

伟业电气公司是一个有3 280名员工，90%的销售额来自弧焊设备和物资的公司。公司建于1985年，公司传奇式的利润分配激励体系为同行所钦佩。

伟业的工厂采取没有最低小时工资保证的计件工资制。工作两年后，员工有资格参与年终奖金计划。奖金的多少是根据一个公式计算出来的，这个公式的计算来自公司的总利润、员工基本的计件报酬和绩效评估结果。这可能是同行业中最有利于工人的奖金体系。在过去的7年中，奖金额一直是员工基本工资的75%。

公司有一项1998年制订的职业保障政策。此后公司没解雇过一个员工。为回报工作的稳定性，员工同意公司所做的几件事：在经济萧条期，他们会接受压缩工作时间的方案，也会接受工作调动的决定；有时为了维持每周至少30个工作小时的最低工作量，员工甚至会接受调到报酬低的工作岗位。

伟业电气公司以此吸引了优秀人才。公司聘用了4名清华大学的MBA毕业生，准备安排到重要的管理岗位上。但是，按照公司的传统，他们也要同所有人一样，从装配线上的计件工作开始做起。

伟业电气的利润分红激励体系不但给员工也给公司带来了积极成效。公司的

第二章 组织中的个体

一名执行官估计,伟业的总体生产率大约是国内竞争者的两倍。自20世纪90年代以后,公司每年都有盈利,而且从未错过任何一个季度的分红。同时,该公司还是中国产业界员工流动率最低的公司之一。

二、内容型激励理论

内容型激励理论是着重研究激发动机因素——人的需要的内容、结构、特征及动力作用等的理论。

(一)马斯洛的需要层次理论

1. 需要层次理论的主要内容　马斯洛将人的需要划分为5个层次,如图2-2所示。其中,生理需要是人类最原始、最基本的维持个体生存的物质性需要,它是推动人们行动的最强大的动力。当生理需要得到相对满足后,人们的注意力就会集中到高一层次的安全需要上去。安全需要是保护自己免受生理和心理伤害的需要。马斯洛的社交需要含有两方面的内容。一个是爱的需要;另一个是归属的需要。社交需要比生理需要更细致,它和一个人的生理特性、经历、教育、宗教信仰都有关系。尊重需要是出于自尊、自重和受别人尊重的需要,尊重需要被满足可以增强人的自信心和自我观念,反之则会令人产生自卑心理。自我实现的需要是指实现个人的理想和抱负、发挥个人的能力于极限的需要。只要发挥了自己的禀赋能力(潜能),就可称自我实现。

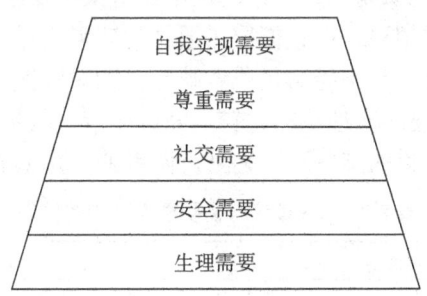

图 2-2　马斯洛的需要层次示意图

2. 需要层次理论的主要观点

(1)人的行为受到人的需要的影响和驱动,但只有尚未满足的需要才能够影响人的行为,已满足的需要不能起激励作用。

(2)人的行为是由主导需要决定的。对于具体的人来说,并不是在任何条件下都同时具有这五种需要且保持它们间的同等的需要强度。这样,对人的行为方向起决定作用的就是这个人在这一时期的主导需要。

(3)在同一时期内,不同层次的需要可以并存。任何一种需要并不因为高层次需要的发展而消失,各层次的需要相互依赖与重叠,高层次的需要发展后,低层次的需要仍然存在，只是对行为的影响力量减轻而已。

（4）一个社会的多数人的需要与该社会经济状况以及教育普及程度有关。经济落后地区的人们，其需要多在低层次；经济愈繁荣，教育程度愈高，其需要愈向高层次发展。

3. 对需要层次理论的评价　马斯洛的需要层次论为激励理论的发展打下了坚实的基础，促进了参与式管理方式的兴起，给管理领域带来了重大影响。然而，也有学者认为人的需要并不一定像需要层次理论描述的那样规范，诸如人的职业、家庭背景、成长经历等都会对人的需要产生影响。而且，人的需要的发展顺序是相当复杂的，不会出现如此明显的层次阶梯。在很多情况下，对于某些人来说，即使低级的需要得不到满足，对于较高层次的需要仍十分强烈；而对于另外一些人来说，即使低级的生理需要得到满足，也未必会有较高层次的强烈需要。

（二）阿尔得夫的 ERG（生存、关系、成长）理论

1. 阿尔得夫的需要层次　阿尔得夫在对工人进行大量调查研究的基础上，把马斯洛的需要层次压缩为三种需要：一是生存需要，是最基本的需要，它包括多种形式的生理和物质欲望；二是相互关系需要，包括所有在工作场所中与他人之间的人际关系的需要；三是成长发展需要，包括个体在事业和前途方面的创造性、发展与成长的需要。

阿尔得夫 ERG 理论认为，这三个层次中，若某个层次的需要获得满足越少，则这种需要越为人们渴望追求；较低层需要越是获得满足，对高层次需要的渴望追求越大；较高层需要越是不能满足或者缺乏，则对较低层需要的追求也越多。

2. ERG 理论与需要层次理论的比较　经过比较，阿尔得夫的 ERG 理论切合实际，修正了马斯洛理论的某些不足之处。两者的区别如表 2-2 所示。

表 2-2　ERG 理论与需要层次理论的区别

马斯洛的需要层次理论	阿尔得夫的 ERG 理论
人的需要分为五类	人的需要分为三类
建立在"满足——上升"的基础上，即只有低层需要满足，才上升到高级需要	建立在"满足——上升"与"挫折——倒退"两个方面，即不仅低级需要满足后上升到高级，而且高级未满足，低级更强烈
每个时期只有一种优势需要	可能有一个或一个以上优势需要
严格按等级上升，不存在越级和倒退	可能超越需要等级上升，也可能下降
人的需要生来就有，是内在的、下意识的	人的需要有生来就有的，也有后天获得的，如成就需要就是后天获得的

（三）麦克莱兰的成就需要理论

美国哈佛大学的心理学家戴维·麦克莱兰经过大量调查研究指出，人的生理

第二章 组织中的个体

需要满足以后,基本需要还有以下三种:成就需要、权力需要和社交需要。

麦克莱兰认为,人们在不同程度上都有以上三种需要,但各种需要的强弱程度则因人而异,个人行为主要决定于其中被环境激活的那些需要。具有强烈成就需要的人,把个人对成就的追求看得比金钱更重要,这种人事业心强,有进取心,敢冒一定的风险。具有高度成就需要的人,对组织、对国家都有重要作用。但高成就需要者不一定是优秀的管理者,尤其在一个大组织中。因为他们更感兴趣自己如何做好,而不是如何影响他人做好。至于权力需要对管理人员来说是最为重要的。最为有效的管理者通常是那些有高度权力需要、适度成就需要和低度社交需要的人。对于成就需要和权力需要相对较弱的人来说,通过满足其社交需要能产生较好的激励效果。

 **个案 2-8 欧莱雅的激励机制**

在巴黎欧莱雅总部,对刚生完孩子的女性员工,除了政府规定要给的四个半月的薪水外,欧莱雅公司还给这些职工多加一个月的薪水,并可以在2年之内的任何时候领取。欧莱雅的8 000名经理中,2 000名已有购股权。欧莱雅建立了由薪资、福利、奖金、利润分享、股权、巴黎培训等众多激励方式组成的激励体系,这种大大超出市场平均水平的优厚的薪资福利,灵活机动的晋升机制,全球内部员工股权认购、年终分红、利润共享的激励策略,使欧莱雅的人才流失率保持在很低的水平,每名欧莱雅员工平均在公司工作14年。欧莱雅负责人力资源关系的副总裁Francois Vachey说:"员工的忠诚度对于公司来说非常重要。他们来了,加入了我们,然后留了下来。"

(四)赫兹伯格的双因素理论

该理论是美国心理学家赫兹伯格于1959年提出的。赫兹伯格认为,传统的"满意不满意"观念是不确切的。满意的对立面应该是没有满意,而不是不满意;不满意的对立面应该是没有不满意,而不是满意。他将那些可以使人得到满意和激励的因素(即与工作满意相关的因素)称为激励因素;将那些能预防员工产生不满和消极情绪的因素(即与工作不满意相联系的因素)称为保健因素。

在工作中,人们感到满意和不满意的因素是有本质差别的。如果缺少保健因素就会引起不满和消极情绪,如果改进则只能维持没有不满的"保健"状态。人们感到满意的因素往往与工作本身的特点和工作内容有关,这些激励因素才能对员工产生直接的激励作用。两种因素的具体含义如表2-3所示。

表 2-3　激励因素与保健因素

激励因素（工作本身）	保健因素（环境）
工作本身	安全
公认	工作条件
责任	工作保障
提升	监督
成就	公司政策
	薪水和福利
个人成长与发展	人员之间的关系

正因为激励因素和保健因素在激励功能上的这种差别，赫兹伯格认为，调动人的积极性主要应从激励因素着手，使人们对工作产生感情。例如，提高工资可能会使职工没有不满、产生一定的积极性，但这种效果只能维持在一个短时期内。相反，改进工作本身的特征、使人能从中体验到成就感、责任感，并因此得到别人的赏识等内在激励因素，则能产生更大、更持久的激励效果。

以泰勒为代表的管理学家，大多认为激励人的积极性主要靠外部条件，如金钱和管理上的严格监督等。赫兹伯格的双因素理论却提出与之截然相反的新观点，强调内在激励。这是双因素理论的一个重要的、具有时代意义的新论点。

个案 2-9　为何高薪不高效

DB 公司是一家生产电信产品的公司。在创业初期，依靠一批志同道合的朋友，大家不怕苦不怕累，从早到晚拼命干。老总明永和员工同吃同住，他曾对跟随自己打拼市场的部下许下诺言：一旦公司规模和效益达到理想的水平，他就给大家极丰富的福利待遇。公司发展迅速，几年之后，员工由原来的十几人发展到几百人，业务收入由原来的每月十几万发展到每月上千万。企业大了，人也多了，但明永明显感觉到，大家的工作积极性越来越低。

明永是个爱思考和学习的人，为此他特地到书店买了一些经营管理方面的书籍来研究，他在书中看到介绍松下幸之助的用人之道的一段话："经营的原则自然是希望能做到'高效率、高薪资'。效率提高了，公司才可能支付高薪资。但松下先生提倡'高薪资、高效率'时，却不把高效率摆在第一个努力的目标，而是借着提高薪资，来提高员工的工作意愿，然后再达到高效率。"明永想，公司发展了，确实应该考虑提高员工的待遇，一方面是对老员工为公司辛勤工作的回报，另一方面是吸引高素质人才加盟公司的需要。为此，DB 公司重新制订了报酬制度，大幅度提高了员工的工资，并且对办公环境进行了重新装修。

第二章 组织中的个体

高薪的效果立竿见影,DB 公司很快就聚集了一大批有才华有能力的人。所有的员工都很满意,大家的热情高,工作十分卖力,公司的精神面貌也焕然一新。但这种好势头不到两个月,大家又慢慢回复到懒洋洋、慢吞吞的状态。

明永总是忙于社会上各种应酬,与原来创业的老员工在一起的时间少了,见面的时候,知心话也少了。当这些老员工提起旧时明永的承诺没有兑现时,明永从内心里反感他们,总觉得这些人真是越来越计较了。

明永内心十分压抑,他终于抽空到管理咨询公司去求教。专家们告诉他:满足各种需要所引起的激励深度和效果是不一样的。物质需求的满足是必要的,但是它的作用往往是很有限的、短暂的。要调动人的积极性,更重要的是要注意工作的安排,量才录用,注意对人进行精神鼓励,注意给人以成长、发展、晋升的机会。此外,应当把员工的薪水同工作目标相联系,同业绩挂钩。若每个员工在没有压力的情况下就能稳稳当当拿到高工资,那么为什么要卖力干呢?

三、过程型激励理论

过程型激励理论主要研究激励因素是否能够以及究竟是如何发挥激励作用的。

(一)期望理论

在马斯洛与赫兹伯格研究的基础上,弗鲁姆(V. H. Vroom)于 1964 年提出了新的激励模式,即期望理论。期望理论主要体现为一个简单而又极有价值的公式:

$$激励力=效价×期望值$$

上述公式中,激励力是指一个人所受激励的程度,效价指个体主观做出的对某一预期或目标的吸引力(效用)的估价,期望值是指个体经主观认知估计出的通过其努力达到预期成果或目标的概率。期望理论说明,促使人们去做某件事的激励力大小同时取决于效价和期望值这两个因素,且只有在效价和期望值都较高的情况下,员工的激励力才会高。例如,如果考大学对一个学生的吸引力很大(即效价高),且该生对自己考取大学的可能性估计也很高(即期望值大),那么该学生考大学的动力就很高。反之考大学没什么吸引力或者自己考取的可能性很小,他准备升学考试的积极性就很低。

当年的你是否能按期望理论的公式来形成应对高考的激励力?如果某彩票有两万分之一概率得万元大奖,你认为自己受其激励的程度有多大?

根据期望理论的观点，人们对期望值的认知包括两个环节的主观判断因素：一个是个体对努力转换为工作绩效的可能性的判断。这种对取得工作绩效的期望值会影响其行为的选择，因为任何人都不希望他的努力付诸东流，而是希望能取得一定的工作成果。另一个是个体对工作绩效转换为其预期报酬的可能性的判断。这实际上是个体对其通过特定活动达到组织目标后，组织反过来给予个体报酬的可能性的主观认知和判断。在个体的心目中，如果组织目标的实现不能成为他实现个体目标的手段或工具，或者说，个体所认知的组织目标与其个体目标之间的关联性很弱，那么，他就不会真正地受到激励。

（二）公平理论

公平理论主要研究相对报酬对人们的工作积极性的影响。公平理论认为，个体不仅关心自己经过努力所获得的报酬的绝对数量，也关心自己的报酬和其他人报酬的关系。他们对自己的所得与付出的比值和其他人的相比较。只有比值相等时，他才认为公平，而比值不平衡时，他就会产生紧张感。这种紧张感又会成为他们追求公平和公正的激励基础。公平理论的观点由下面三个方面来表述：

(1) $\dfrac{\text{自己所得}}{\text{自己付出}} = \dfrac{\text{他人所得}}{\text{他人付出}}$

报酬相当，感觉到公平，得到有力的激励。

(2) $\dfrac{\text{自己所得}}{\text{自己付出}} < \dfrac{\text{他人所得}}{\text{他人付出}}$

报酬不足，感到不公平。于是要求增加自己所得或减少自己以后的付出；或者要求组织减少他人所得或增加他人以后的付出；也可能找其他人做比较，以求心理平衡。

(3) $\dfrac{\text{自己所得}}{\text{自己付出}} > \dfrac{\text{他人所得}}{\text{他人付出}}$

报酬过高，感到不公平。于是开始时主动多做些工作，但久而久之会改变自我认识，觉得自己应当有高的所得，工作又恢复老样子。

公平理论提出的基本观点是客观存在的，但公平本身是一个相当复杂的问题。公平与个体的主观判断有关，与衡量标准有关，与绩效考评有关。基于公平理论的观点，管理者要尽可能公平地对待每一位员工，改革不合理的奖励分配制度，打破平均主义、大锅饭的管理模式；实现人事制度改革，努力做到人适其事、事得其人、各尽所能；加强和完善基础管理工作，加强员工的思想教育工作，以换

第二章　组织中的个体

位思考的方式，引导员工进行全面、客观的比较。

 2-10　**刘东的困惑**

刘东从北京大学会计学专业毕业，获得硕士学位。在接受了许多组织的面试后，她选择了全国最大的一家会计公司中的一个职位，并被派到波士顿的办事处。她对所得到的一切很满意：在一家名声显赫的大公司中有一份具有挑战性的工作，这份工作可以提供获得重要经验的机会，也提供了会计专业毕业生所能得到的最高工资，上年月薪超过 2 800 美元。刘东在学校时曾是班里最优秀的学生，她富有进取心，表达能力好，获得相应的工资是预料之内的事。

刘东在工作了 12 个月后，大家都认为她的工作像她所希望的那样具有挑战性和令人满意。公司经理对她的表现极其满意。事实上，她最近刚得到加薪。但是，刘东的激励水平却在最近几周急速下降。为什么呢？她的公司刚刚雇用了一个多伦多大学的毕业生，此人缺少刘东在一年中所获得的经验，工资却是每月 3 200 美元，比刘东现在的工资还多五十多美元。除了愤怒，用其他任何语言都无法描述刘东现在的状态。刘东对同事说打算另找一份工作，事实上她是想寻求一个报酬更公平的地方。

四、行为修正型激励理论

（一）强化理论

美国心理学家斯金纳提出的强化理论认为，人的行为是对其所获刺激的一种反应。如果刺激对他有利，他的行为就有可能重复出现；若刺激对他不利，则他的行为就可能减弱，甚至消失。因此，管理者就可以通过强化的手段，营造一种有利于组织目标实现的环境和氛围，以使组织成员的行为符合组织的目标。

强化的具体方式有四种。①正强化，就是奖励那些符合组织目标的行为，以便使这些行为得以加强，并重复地出现。正强化的手段包括经济方面的，如提薪、奖金等，以及非经济方面的，如晋升、表扬、进修等。科学有效的正强化应该是保持强化的间断性，强化的时间和数量不要固定，不要让组织成员感到组织的正强化是理所当然的。管理人员可根据组织的需要和员工的状况，不定期、不定量地实施正强化。②惩罚。当员工出现那些不符合组织目标的行为时，采取惩罚的办法，可以迫使这些行为少发生或不再发生。惩罚的手段也包括经济方面的，如减薪、扣发奖金或处以罚款，以及非经济方面的，如批评、处分、降级、撤职或免除其他可能得到的好处等等。根据所发生行为的性质及严重程度不同，惩罚可以间隔地或者连续地进行。③负强化。与正强化和惩罚都是在行为发生之后再进行处理不同，负强化是一种事前的规避，它通过形成对那些不符合组织目标的行为进行惩罚的规定，建立一种对员工来说是令人不快的环境，使员工力图避免得到不合意的结果，从而对自己的行为形成一种约束力。负强化与惩罚是相关联但不同的两个概念。俗语"杀鸡儆猴"形象说明了两者的联系与区别。④忽视，就是对已出现的不符合要求的行为进行"冷处理"，达到"无为而治"的效果。忽视可以弱化不符合组织要求的行为，且这种弱化过程不需要管理者的干预，所以也称为自然消退。这四种行为强化方式应该配合起来使用。

（二）归因理论

归因理论是美国心理学家海德首先提出的，后来由美国斯坦福大学的罗斯等人加以发展。归因理论是说明和推论人们活动的因果关系分析的理论。归因理论认为人们获得成功还是遭受失败可以归为四种因素：努力程度、能力大小、任务难度、运气和机遇。这四种因素又可根据他们各自产生的原因划分为三个方面：一是内因和外因，努力程度和能力大小属于内因，而任务难度和运气、机会属于外因；二是稳定和不稳定因素，能力大小和任务难度属于相对稳定的因素，努力程度和运气、机会则是不稳定因素；三是可控和不可控因素，努力程度是可控因素，能力大小在短期内是不可控的，但是随着时间的推移，人们可以提高自己的能力，这样能力又变为可控因素了，任务难度和运气、机会是不可控的因素。人们的不同归因会直接影响和决定以后的行为。例如，若把失败归结为内因，即自己能力低或努力不够时，就会激发人们的积极性并加倍努力地工作。若归结为外因时就会降低积极性，放松努力。若把失败归结为稳定因素，就会降低自信心和行为的坚持性。若把失败归结为不稳定因素，就会增强信心，坚持努力的行为。若把失败归为可控因素，自己就会充满信心努力实现目标。若把失败归结为不可控因素，自己就会放弃努力。总之，归因理论有助于管理者帮助下属分析归因倾向，促使他们的行为合理化。

 2-11 管理者对影响晋升因素的解释

美国《工业周刊》对大中型公司中的1 300名中层管理者进行了调查，每个问题至少有500人进行了回答。

其中两个问题涉及到归因方面的内容："你认为目前的成功取决于哪些方面的原因？""你认为阻碍你进一步晋升更高职位的最主要原因是什么？"

大多数管理者将他们的发展归因于自己的知识水平和在工作中取得的成就，80%以上的中层管理人员认为这两项是他们晋升到管理层职位的最主要原因。

当被问及哪些因素阻碍了他们晋升更高管理职位时，56%的管理者归因于自己没有与"恰当的人"建立关系，23%的人说自己缺乏足够的教育、智力或专业领域方面的知识。

第二章 组织中的个体

这些结果与他们在归因理论基础上进行的预测相一致,这些管理者往往把成功归因于内部因素(自己的知识和工作中的成就),而把失败归因于外部因素。

(三)挫折理论

挫折是指个体在从事有目的的活动过程中,遇到外部环境中或内部自身的障碍或干扰,致使个体动机不能实现,个体需要不能满足时的情绪状态。挫折是个体主观的感受,产生挫折的原因可分为客观因素和主观因素。

研究挫折理论也正是为了在企业管理中防微杜渐,将一切消极因素和消极行为降低到最低限度,这也是调动职工积极性的另一个方面。

一个人在社会中生活,或多或少地会遇到挫折,产生烦恼和不安。一般来说,遇到困难时,个体或是积极地针对问题设法解决,或是采取消极的方法逃避困难。精神分析学家指出,个体往往在自己不知不觉中,用自己的方式把自己与现实世界相矛盾的关系变换成相适应的关系,从而不至于引起心理上太大的痛苦和不安。个体在受挫折时,由于心理的变化,行为也发生相应的变化,出现压抑、否认、攻击、曲解、退行、幻想、文饰、幽默等各种行为表现。

在受到挫折后,个体可能会产生两种反应:一种是建设性反应;一种是破坏性反应。因此,管理者在消除员工挫折感的方法中,要努力发展受挫折员工建设性的行为反应,防止或减少破坏性的行为反应。具体方法有以下几种:培养员工良好的个性;引导员工正确地评价自己;帮助员工改变引起挫折的情境;采用精神发泄法;促使员工形成积极的业余爱好。

2-12 "三明治"式批评

某企业老板鉴于给大客户提供的产品质量合格率下降的情况,找到生产部门的相关负责人谈话。以下是老板采用"三明治"式的批评方式进行的谈话内容:"以前产品质量合格率都在98.7%以上,而且公司以你为榜样。但是,近来大客户的三个大订单都只有80%的合格率,这种合格率将使客户抛弃我们。这些客户虽然现在只占我们10%的销售额,但在未来的半年之内,可能会增加到30%,甚至达到公司整个销售额的半壁江山。因此,如果这些客户抓不住的话,两年以后,公司的整体销售额可能只能维持在今天的状况,而且没有其他的新的客户来。所以,我希望你回去好好检讨一下,为什么质量合格率会这么低。我相信,以你从前的那种精神和作风狠抓质量,合格率一定会上升的。"

激励离不开挫折,离开挫折,激励就是不完整的。有时候,反面的激励往往能达到正面激励想象不到的效果。所谓挫折激励,就是员工通过总结挫折教训,从而达到正面激励的目的和效果。"三明治"式的批评就是挫折激励的一种方法。

它是一种先表扬、再批评、接着再表扬的一种批评方式。由于这种批评方式并不是一味地采取批评的手段，而是在两层厚厚的表扬之间夹杂着批评，因此被称为"三明治"式的批评。

五、波特和劳勒的激励模式

美国心理学家和管理学家波特和劳勒在期望理论和公平理论的基础上，发展出一个更为完善的激励模型，即波特—劳勒模型，如图2-3所示。

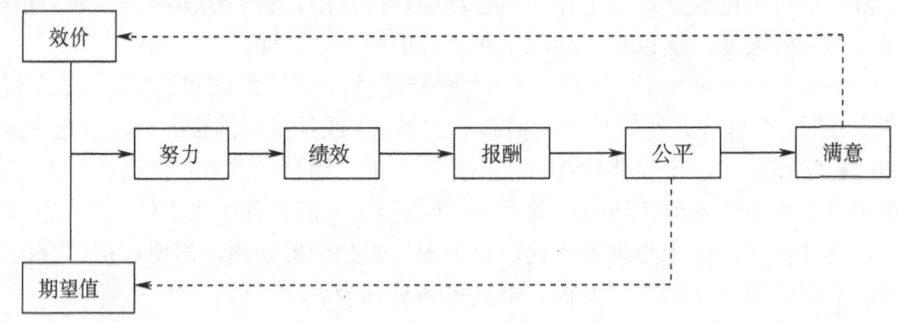

图2-3　波特—劳勒模型

该模型说明，一个人的努力程度（即激励的强度和发挥的能量）取决于效价（报酬的价值）和期望值（通过努力达到高绩效的可能性及该绩效导致特定结果的可能性）。而工作的实际绩效又主要取决于员工所做的努力，但它也受到个人从事该项工作的能力（知识和技能）和他对所做工作的理解（对目标、所需的活动及有关任务的其他因素的理解程度）以及环境因素的影响。工作绩效又会带来报酬，其中有些报酬是内在报酬，如成就感或自我实现感；也有的属外部报酬，如工作条件和地位的提高。这些报酬再加上个人对这些报酬是否公平合理的评估，如果认为报酬是公平的，将导致个人的满足。实际的绩效和得到的报酬又会影响以后个人对期望值的认识；同样个人以后对效价的认识也将受满足与否的影响。此模型表明，要取得一个满意的结果，可能需要采取一系列相互联系的行动。

第三节　激励的方案

一、目标管理

（一）关于目标

目标是在一定时期内组织活动的期望成果，是衡量组织活动有效性的标准。由于组织活动是个体活动的有机叠加，因此只有各个员工、各个部门的工作对组织活动做出期望的贡献，组织目标才可能实现。所以，如何使全体员工、各个部

第二章　组织中的个体

门积极主动，想方设法为组织的总目标努力工作是管理活动有效性的关键。

目标通常具有以下性质：①具体性，即目标须是明确可衡量的；②参与决策性，指组织应让下级参与到制订目标的决策中；③时间规定性，表明每一个目标都有一个具体的时间限制阶段；④相对稳定性，指组织的目标应具有面对外部客观条件变化时的可塑性和适应能力；⑤可接受性，组织在确定目标时要认识到自己对内部员工、外部顾客及社会的责任，需要各方面经过磋商和综合平衡，认为可以接受后才能顺利实现；⑥可行性与挑战性，目标既不能定得过高也不能定得过低，制订的目标应该是经过相当努力就完全能够实现的，目标的实现会给人以一种成就感；⑦信息反馈性，这是指目标的制订及实施情况应不断地反馈给目标设置和实施的参与者，让员工了解组织对自己的要求和评价。

 **个案 2-13　波音公司自上而下的目标管理推行模式**

美国波音公司很早就开始推行目标管理。当时该公司的总裁赫姆斯召集总公司的高级主管举行了一次会议。会上，首先将目标管理的意义对全体高级主管作了广泛的介绍。经过讨论，该公司高级主管一致同意于下一会计年度开始推行目标管理制度：一方面将其作为一项管理方法；另一方面把目标管理制度作为对管理绩效的衡量工具。于是由赫姆斯总裁提出了一份该公司的大目标的草案，要求各高级主管于两星期内提出意见，或建议其他大目标。

波音公司所做的第二项工作是要求高级主管参加由密西根大学举办的为期4天的目标管理研讨会。虽然这次研讨会只有4天，但是日程安排很满。

在该公司目标管理制度推行的第一年，是以公司各部门的高级主管为对象的。随之，波音公司的目标管理制度推行到第三年的时候，由于有了经验，所以推行范围有所扩大，该公司各级主管均包括在目标管理制度的范围之内，甚至包括第一线的基层主管在内。该公司推行目标管理制度的方式是自上而下的。

（二）目标管理的方法

目标管理（Management by Objectives，缩写为 MBO）作为一种管理制度，是指由组织中的上下级共同商定组织的总目标，将总目标层层分解，确定各部门及每个人的分目标及职责，并把这些目标作为考评、奖励每个部门或每个人的标准，然后，通过各部门每个人的目标实现来层层保证组织总目标的实现。

从定义我们可以发现，在目标管理中，目标的实现者同时也是目标的制订者，通过目标管理，促使权力下放，以对动机的控制达到对行为的控制，并利用完善的目标考核体系，按实际贡献如实地评价员工。因此，目标管理具有参与管理、自我控制、权力下放和绩效反馈等特点。通过形成一个"目标—手段"链，用"自我控制的管理"代替"压制性的管理",有效地协调集权和分权的矛盾,调动员工的积极性,增强组织的凝聚力,增强员工在工作中的满足感。

目标管理因对象职能、管理阶层、作业类别不同有不同的类型。如:由主管实施目标管理的"主管中心"型与以员工为中心的"全体员工"型、以组织为主的"绩效导向"型与以人性为主的"能力开发"型、最终目的在于业绩的"业绩导向"型和重视并关注过程的"过程主导"型、分配给每个员工的工作因人而异的"个人中心"型和分配给小组的工作是相同性质的"小组中心"型,等等。

要建立有效的目标管理制度,就必须对各级管理人员的管理方法作一番重大的改变,要以新的方式来行动。为此,要有一个妥善周详的计划,使组织的管理人员认识到目标管理制度对于改善组织的管理方法、增加收益等的重大意义,使他们接受目标管理。

个案 2-14 亚历山大公司全员齐参与目标管理制度的建立

亚历山大公司曾经是美国规模居第三位的保险公司经纪商。公司的董事会在公司内推行目标管理,作了肯定的承诺。而且董事会认为公司各管理层必须一起参与,并由公司拨出专款,以免因经费不足而发生推行上的困难。

于是该公司设在纽约的总部,立即着手进行周详的初步计划。计划工作由主管人事的副总裁负责。在他的号召下,该公司在美国本土及国外的共52个分公司,一起参加了在佛罗里达州召开的为期两天的会议。

公司还聘请了两位目标管理的专家为顾问,主持计划的制订。一位是负责目标管理制度的设计师,并在大会上向全体主管提出报告;另一位是管理学教授。

副总裁认为,要一鼓作气将目标管理制度普遍推行到公司所属的52个分公司,的确有点困难。因此,他将两天的会议议程的全部实况录制为录像带。其用意是:把这份录像带整理成一份会后追踪的方案,分送给遍布各地的52个分公司,作为大会后的再教育之用。

两位管理顾问对这位副总裁的做法颇为赞许,并且自愿再编制一份有关目标管理制度的补充资料,准备4个月后完成且送出席人员参考。

该公司推行目标管理的效果十分好,使总公司上层管理者极为满意。事实上,该公司还发现其购置的这套录像带还有别的用途,如可用以作为总公司与各公司之间传递信息的一项非常有效的沟通工具,公司借此可以充分利用电视媒介。

二、员工参与

员工参与已成为一个包含一系列方法的、内容广泛的词,例如,员工参与或参与管理、工作场所的民主、委托与授权和员工所有制等。尽管每一种观点都有

第二章 组织中的个体

其独特的特征,但它们有一个共同的核心——员工参与。

员工参与的具体含义可以理解为:为发挥员工所有的能力,并为鼓励员工对组织成功做更多的努力而设计的一种参与过程。其隐含的逻辑是:通过员工参与影响管理层的决策、增加员工的自主性和对工作生活的控制力,这样员工的积极性会更高,组织承诺更高,生产效率更高,对工作更满意。员工参与一般有四种形式。

1. 参与式管理 参与式管理的特征是下级在很大程度上能够分享其直接上级的决策权。参与式管理在一些组织中的应用,证明其对提高组织成员的士气有比较好的效果,但并不是所有组织都适用参与式管理。要使参与式管理取得效果,要求组织中涉及的成员必须有充足的时间参与,员工参与的问题必须与其利益有关,员工必须具有参与的能力,并且组织文化必须支持员工参与。

现代管理中,为什么管理层愿意与下级分享决策权呢?这有许多原因。首先,当工作变得复杂时,管理者允许最了解工作的人参与决策,结果可能是更完善的决策。其次,分工协作中的相互依赖性,也使得员工需要和其他部门或工作单位的人共同商议。这增加了对团队、委员会和群体会议的需要。第三,参与还可以增加对决策的认可,如果员工参与了决策的过程,那么在实施时他们便不可能反对这项决策。最后,参与为员工提供了内部奖励。它会使他们的工作更有趣和更有意义。当然,参与并不是提高员工绩效的万全之策。

 2-15 员工参与管理,企业扭亏为盈

某公司下属一家制造厂连续大半年出现亏损,换了两任厂长,仍然继续亏损。最后,公司决策层提出两种解决方案:A方案是将造成主要亏损的元件生产转包或发外加工,这意味着180多名员工分流或解雇;B方案是让全体员工参与,在半个月内提出节约和改善成本方案,并评估可行性后实施。临时受命的厂长助理,即日把意思传达下去,员工明白最后只有自己救自己了。于是,生产组、技术组、质量组等随即成立,通过参与方式平均每个员工都提出了三条以上的建议,然后归纳整理呈报,最后决定用B方案。在不到三个月的时间内企业转亏为盈。

2. 代表参与 代表参与就是工人不直接参与决策,而是由一小群工人代表进行参与。代表参与已被认为是"世界上最广泛的以立法形式出现的员工涉入形式"。代表参与的目的是在组织内重新分配权力,把劳工放在和资方、股东的利益更为平等的地位上。

代表参与最常采用的两种形式是工作委员会和董事会代表。工作委员会把员工和管理层联系起来。他们是一群被任命的或被选举出来的员工,当管理部门做出人事决策时必须与之协商。例如,在荷兰,如果一家荷兰公司被另一家公司接

管，必须提前通知原来的工作委员会，如果委员会反对，它有30天时间去拿到一个法律禁令以阻止接管。董事会代表是进入董事会并代表员工利益的员工代表。在一些国家，法律要求大公司必须确保员工代表和股东代表在董事会中有相同的席位。

3. 质量链　质量链是由8～10个员工和监管者组成的共同承担责任的一个工作群体。他们定期（常常是一周一次）会面讨论质量问题，探讨问题的成因，提出解决建议以及实施纠正措施。他们承担着解决质量问题的责任，对工作进行反馈并对反馈进行评价，但管理层一般保留对建议方案实施与否的最终决定权。

4. 员工股份所有制　员工股份所有制方案是公司建立的福利方案，员工获得的股票是福利的一部分。例如，宝利来约20%的股票为员工所有；联合航空公司是55%；而爱维斯和威尔顿钢铁公司的股票则100%为员工所有。

员工股份所有制方案具有提高员工工作满意度和工作激励水平的潜力。为使潜力成为现实，员工需要在心理上体验做主人翁的感觉。也就是说，员工除了仅仅具备财务股份外，还需要被定期告知企业的经营状况，因为他们是股东，所以，他们拥有对公司的经营施加影响的机会。当具备了这些条件，员工对他们的工作会更满意，对其所在组织中的身份更满意，并积极地去做好工作。目前，员工股份所有制成为最受欢迎的员工所有制形式。

 2-16　微软的激励机制

微软是第一家用股权来奖励普通员工的企业。微软公司职员可以拥有公司的股份，并可享受15%的优惠，公司高级专业人员可享受巨大幅度的优惠，公司还给任职一年的正式雇员一定的股票买卖特权，微软公司职员的主要经济来源并非薪水，股票升值是主要的收益补偿。公司故意把薪水压得比竞争对手还低，创立了一个"低工资高股份"的典范，微软公司雇员拥有股票的比率比其他任何上市公司都要高。不给内部股票持有者股息，持股者回收到的利润纯粹来自于市场价格攀升。微软公司付给员工工资不高，但公司有年度奖金和给员工配股。一个员工工作18个月后，可以获得认股权中25%的股票，此后每6个月可以获得其中12.5%的股票，10年内的任何时间兑现全部认购权。每两年还配发新的认购权。员工还可以用不超过10%的工资以8.5折优惠价格购买公司股票。

这种报酬制度对员工有长久的吸引力。在微软工作5年以上的员工，很少有离开的。比尔·盖茨在相当长一段时间内是世界首富，这并不在于他的工资，而在于他拥有公司25%的股票。当微软公司股票价格持续上涨时，盖茨的财富就会水涨船高。同样，持有股票的微软员工也就有很多人成为了百万富翁，1994年这个数字是3 000人，2001年则增加到10 000人以上。

第二章 组织中的个体

这种不向员工保证提供某种固定收入或福利待遇，而是将员工的收益与其对企业的股权投资相联系，从而将员工个人利益同企业的效益、管理和员工自身的努力等因素结合起来的做法，具有明显的激励功效。

三、绩效评估

绩效评估的主体可以是直接上司、同事、员工自己、直接下属或顾客等等。绩效评估的结果一般用作晋升、调职、解聘时人力资源决策的基础，也可以用来作为人员招聘与人力资源开发计划有效性的标准。通过绩效评估可以确定培训和开发的需求，便于采取适当的措施弥补员工当前不适应工作要求的能力或技能。同时，绩效评估可以为员工提供反馈，让他们了解组织如何看待他们的绩效，并为员工职业生涯的有效规划提供帮助。作为组织的奖酬分配基础，绩效评估的结果还可用来决定谁会获得工资晋升或其他报酬。

> 如果一门课的评定级别只有两个：及格和不及格，而另一门课则有6个等级：从A到F，学习这两门课时，你所做的努力会有不同吗？

绩效评估具有导向作用，组织在绩效评估中注重什么，员工在日常工作中就会注重什么。评估员工绩效时，管理人员所选定的评估标准，对员工行为有重要影响。

 **2-17 评估标准与工作行为**

有一家公立就业机构，其服务项目是帮助求职者找到合适的工作，帮助雇主找到合适的员工。这家机构对面试考官的绩效考核标准是他们完成面试的次数。根据评估标准影响行为的原则，面试考官追求的是完成面试的数量，而不是为多少顾客安排好了工作。

一位专门进行警察研究的管理顾问发现，在一个社区中，警察上班时间就开着警车在横穿该城的高速公路上来回穿梭。显然，这种快速巡逻对警察的工作没有什么作用。但这位顾问了解到，这个社区的城委会以警车行驶里程数作为评价警察工作绩效的标准。这样，警察的这种行为的意义就不言自明了。

绩效评估的结果应及时反馈给员工。卓有成效的绩效评估，应该使员工感到评估是公平的，管理者是真诚的，气氛是富有建设性的，这样使员工在结束反馈面谈时心情振奋，了解自己有待改进的绩效领域，并决心改正差错。另外，应该把绩效评估设计成一种咨询活动,而不是判断过程。要做到这一点,可以让员工自己参与评估。

 2-18 某公司绩效评估的转变

G是某公司生产部门的主管。又到了年终考核的时候,回想起去年的考核,G的心绪久久不能平静。去年公司刚开始搞绩效考评。公司印制的绩效考评表格只有工作的数量和质量以及合作态度等几个简单的项目,表中的每一个项目都分为五等:优秀、良好、一般、及格和不及格,但没有具体说明各等级的标准是什么。公司要求各主管将表格填写好了就交回人力资源部。G考虑到所有的职工都完成了本职工作,除了S和L,大部分还顺利完成了G交给的额外工作。考虑到S和L是新员工,他们两人的额外工作量又偏多,G给所有员工的工作量都打了"优秀"。X曾经对G做出的一个决定表示过不同意见,在"合作态度"一栏,X被记为"一般",因为意见分歧只是工作方式方面的问题,所以G没有在表格的评价栏上记录。另外,D家庭比较困难,G就有意识地提高了对他的评价,他想通过这种方式让D多拿绩效工资,把帮助落到实处。此外,C的工作质量不好,也就是刚到及格,但为了避免难堪,G把他的评价提到"一般"。这样,员工的评价分布于优秀、良好、一般,就没有"及格"和"不及格"了。G觉得这样做,可以使员工不至于因发现绩效考评低而产生不满;同时,上级考评时,自己的下级工作做得好,对自己的绩效考评成绩也差不了。但没想到,当考核结果出来时,本部门的员工因为感到不公平,对G产生了很大的意见,其他部门的主管也有类似的情况。今年初公司专门组织各部门主管学习绩效评估的知识,并对年终考核的方式做了大的变动。

今年的考核指标除员工个人的技能和态度,增加了劳动场所的布局、设备与原料的供应以及任务的性质等客观因素的评价项目。同时明确和量化了评价标准,如"优秀"的标准是超额完成定额的20%等,"优秀"和"良好"的差距应控制在15%的范围之内。今年的考评主体多元化了,主管和员工都参与考评,有自评和互评。

公司还明确了评估结果的比例控制。如规定原则上评估结果为"优秀"的比例不超过15%,"不及格"和"及格"的比例在10%以内,"良好"和"一般"的比例为75%。公司今年要求在考核的全过程都要加强沟通和交流。G在评估之前发现C的工作质量又不好,便与C及时沟通,共同分析质量不好的原因。G想着,到时候下评语定结果就好办多了。

第二章 组织中的个体

【重要概念】

价值观：价值观是人们对客观事物（包括人、物、事）在满足主观需要方面的有用性、重要性、有效性的总评价和总看法，是人们的一种观点和信念，是世界观的组成部分。

态度：态度是主体对某特定对象进行认知、评价并做出价值判断所形成的心理倾向。

人格：人格是个体在适应环境的过程中所表现出来的系统的、独特的反应方式和与他人交往的方式。

激励：是指根据人的需要，通过一定的手段使人的需要得到满足，从而激发人的动机，诱导人的行为，使其充分发挥出内在的潜力，为实现所追求的目标而努力的过程。

目标管理：是指由组织中的上下级共同商定组织的总目标，将总目标层层分解，确定各部门及每个人的分目标及职责，并把这些目标作为考评、奖励每个部门或每个人的标准，然后，通过各部门每个人的目标实现来层层保证组织总目标的实现。

员工参与：是指为发挥员工所有的能力，并为鼓励员工对组织成功做更多的努力而设计的一种参与过程。

【本章小结】

1. 人们的价值观是不同的，当员工的价值观与组织的价值观相匹配时，那么他的绩效和满意程度可能更高。组织在甄选新雇员时，对候选人不仅需要考虑他的能力、经验和动机，还应该考虑与组织相适应的价值系统。

2. 管理者应该关心员工的态度，因为态度是潜在问题的警报，并且态度能够影响到员工的行为。管理者应该促使员工产生积极的工作态度。

3. 个体之间在人格方面存在着本质的差异，而一个人的人格特点又会限制他的行为，了解和研究员工的人格特点可以为管理者提供预测行为的框架，帮助管理者减少工作的不匹配性，从而保证员工的低工作流动率和高工作满意度。

4. 通过激励，可以吸引组织所需要的、有才能的人加入组织，以壮大组织的力量；可以使已就职的员工最大限度地发挥其技术和才能，实现组织的目标，提高生产效率；可以进一步激发员工的创造性和革新精神，从而大大提高在竞争中的优势。因此，在实践中管理者要灵活运用各种激励理论，充分调动员工的积极性，发挥其创造性。

5. 内容型激励理论着眼于研究组织应该提供什么方面的刺激或激励因素，使其同员工的内在需要相匹配并发生共鸣，以产生激励作用。在人的需要和动机研究中最具影响的主要是需要层次理论和双因素理论。

6. 过程型激励理论主要考察人如何产生特定的行为，因此研究的是从动机产生到采取行动满足需要的内在心理和行为过程。期望理论、公平理论是其中两个代表性的理论。

7. 行为修正型激励理论把个人看作是"黑箱"，试图避免涉及人的复杂心理过程而只讨论人的行为，即只研究某种行为及其结果对以后行为的影响。强化理论是其中的典型代表。

8. 员工有不同的需要，不要把他们作为相同的人来对待，并且花些必要的时间了解对每个员工来说什么是重要的，这能使组织的目标和参与水平个体化，使报酬与个体需要相一致。

9. 让员工参与许多影响他们自身利益的决策，可以提高员工的生产水平、对工作目标的承诺、激励水平和工作满意度。

【复习思考题】

1. 什么是价值观？价值观的基本特征有哪些？
2. 简述价值观在管理中的应用。
3. 简述态度对人的行为的影响。
4. 影响人格发展的因素有哪些？
5. 试述四种人性假设的基本观点及相应的管理措施。
6. 简述激励的作用。
7. 简述激励的过程。
8. 什么是"ERG"理论？"ERG"理论对我们有什么启示？
9. 期望理论的基本内容是什么？我们在实施激励时应如何应用期望理论？
10. 公平理论有哪些实际意义？我们在运用公平理论时应注意些什么？
11. 如何运用强化激励理论？
12. 什么是目标管理？目标管理的特点有哪些？
13. 员工参与方案有哪四种形式？

【本章测试题】

一、填空题

1. 态度的三个组成成分是：＿＿＿、＿＿＿、＿＿＿。

第二章 组织中的个体

2. 情绪的表现形式有_____、_____和_____。
3. 马斯洛的"需要层次理论"将人的需要分为五种，分别为：_____、_____、_____、_____、_____。
4. 阿尔得夫把马斯洛的需要层次压缩为三种需要：_____、_____、_____。
5. 赫兹伯格认为，企业中影响人的积极性的因素可按其激励功能的不同，分为_____和_____两大类。
6. 期望理论认为，促使人们去做某件事的激励力大小同时取决于_____和_____这两个因素。
7. 强化的具体方式有_____、_____、_____、_____。
8. 目标管理的特点有_____、_____、_____、_____。
9. 员工参与方案的四种形式为_____、_____、_____、_____。

二、单选题

1. 根据马斯洛的需要层次理论，人的行为决定于（　　）。
   A. 需求层次　　B. 激励程度　　C. 精神状态　　D. 主导需要
2. 曹雪芹虽食不果腹，仍然坚持《红楼梦》的创作，是出于其（　　）。
   A. 尊重需要　　B. 情感需要　　C. 自我实现的需要　　D. 以上都不是
3. 公平理论进一步表明，管理人员应该懂得（　　）。
   A. 满足是难以一概而论的　　B. 人贵有自知之明
   C. 人无贵贱之分　　D. 好人难得好报
4. 某企业将其目标定为"在下一年度增加市场份额"，则该目标缺乏（　　）。
   A. 层次性　　B. 相对稳定性　　C. 可考核性　　D. 可接受性
5. 商鞅在秦国推行改革，他在城门外立了一根木棍，声称有将木棍从南门移到北门的，奖励 500 金，但没有人去尝试。根据期望理论，这是由于（　　）。
   A. 500 金的效价太低　　B. 居民对完成要求的期望很低
   C. 居民对得到报酬的期望很低　　D. 枪打出头鸟，大家都不敢尝试
6. 当一位 30~40 岁的科研工作者显示出卓越的技术才能时，作为该科研人员的领导对他的最有效的激励应该是（　　）。（注意，并不排斥其他方面的适当奖励）
   A. 高额奖金　　B. 配备最好的研究条件
   C. 提职　　D. 精神奖励（如评为劳模）
7. 在人的各种需要中，最高层次的需要是（　　）。
   A. 自我实现需要　　B. 安全需要　　C. 尊重需要　　D. 社交需要
8. 当人们认为自己的报酬与劳动之比，与他人的报酬与劳动之比是相等的，这时就会有较大的激励作用，这种理论称为（　　）。
   A. 双因素理论　　B. 效用理论　　C. 公平理论　　D. 强化理论

9. 按照双因素理论，下述哪一种因素属于激励因素？（　　）
   A. 奖金　　　B. 上下级关系　　　C. 工作内容的吸引力　　　D. 工作的保障
10. 从期望理论中，我们得到的最重要的启示是（　　）。
   A. 目标效价高低是激励是否有效的关键
   B. 期望值的高低是激励是否有效的关键
   C. 存在着负效价，应引起领导者注意
   D. 应把目标效价和期望值进行优化组合
11. 根据马斯洛的需求层次理论，可得如下结论（　　）。
   A. 对于具体的个人来说，其行为主要受主导需求的作用
   B. 越是低层次的需求，其对于人们行为所能产生的影响也越大
   C. 任何人都具有五种不同层次的需求，而且各层次的需求强度相等
   D. 层次越高的需求，其对于人们行为所产生的影响也越大
12. 关于社会人基本假设，正确的是（　　）。
   A. 不能从工作上的社会关系去寻求意义
   B. 从根本上说，人是由经济需求而引起工作动机
   C. 职工对同事们的社会影响力，要比管理者所给予的经济诱因及控制更为重视
   D. 职工的工作效率与上司能满足他们的社会需求无关
13. 期望理论属于（　　）。
   A. 过程型激励理论　　　　　　　B. 行为修正型激励理论
   C. 内容型激励理论　　　　　　　D. 领导理论
14. 以下哪种现象不能在需要层次理论中得到合理的解释？（　　）
   A. 一个饥饿的人会冒着生命危险去寻找食物
   B. 穷人很少参加排场讲究的社交活动
   C. 在陋室中苦攻"哥德巴赫猜想"的陈景润
   D. 一个安全需求占主导地位的人可能因为担心失败而拒绝接受富有挑战性的工作
15. 中国企业引入奖金机制的目的是发挥奖金的激励作用，但到目前，许多企业的奖金已成为工资的一部分，奖金变成了保健因素，这说明（　　）。
   A. 双因素理论在中国不怎么适用
   B. 保健和激励因素的具体内容在不同的国家是不一样的
   C. 防止激励因素向保健因素转化是管理者的重要职责
   D. 将奖金设计成为激励因素本身就是错误的
16. 在赫兹伯格提出的双因素理论中，被称作激励因素的是（　　）。
   A. 薪金　　　B. 人际关系　　　C. 赏识　　　D. 职业安定

第二章 组织中的个体

三、判断题

（　）1. 价值观只影响个人行为，不会影响群体行为和整个组织的行为。

（　）2. 态度不是生而就有的，而是后天习得的。

（　）3. 由于态度具有恒常性，因此态度是一成不变的。

（　）4. 霍兰德的理论指出，当人格与职业相匹配时，则会产生最高的满意度和最低的流动率。

（　）5. "经济人"的假设承认了人的主动性、自觉性、创造性与责任心。

（　）6. 薪金、人际关系、责任、成就都是激励因素。

（　）7. 只要多发奖金，就一定能调动员工的积极性。

（　）8. 如果以产量计酬，与报酬公平的员工相比，报酬过低的员工产量高而质量差。

（　）9. 强化理论认为，科学有效的正强化方法应该是：保持强化的间断性，且强化的时间和数量不要固定。

（　）10. 正强化和负强化都是在行为发生之后进行处理。

（　）11. 目标定得越高越具有挑战性，因此对于员工来说越具有吸引力。

（　）12. 赫兹伯格认为满意的对立面是不满意。

四、名词解释

价值观　　态度　　激励　　目标管理　　员工参与

五、简答题

1. 什么是价值观？价值观的基本特征有哪些？
2. 人格的决定因素有哪些？
3. 简述激励的作用。
4. 什么是"ERG"理论？
5. 什么是目标管理？目标管理的特点有哪些？

【案例分析】

【案例1】

杨光院长的疲惫

杨光是一个学院的副院长，他在自己和别人的心目中都是一个比较有才华的人，比如他做事勇于开拓，很少保守思想。因为他的社会关系多，所以获得的各种信息也比一般教师多，这样也导致人们认为他比一般人有见识。因此，教师们都愿意同他交流。1999 年，正院长被组织部门调出，杨光从副院长晋升为正院长。自从他任正院长以后，教师们发现他的行为发生了很大的变化。杨光经常表现出高高在上的心态,似乎学院里的所有教师,包括院级领导班子的成员在观念上都远远不及他,他的言谈举止表现出一种傲视群雄的样子,这让很多人接受不了。杨光将自己掌握的信息作为权力的一部分,对其他人进行信息控制,如有些应该向领导班子其他成员公布的信息,他人为地进行过滤,有些应该向全体教师公布的信息,他严密封锁。他把手中的权力看得过重,不放权、不授权,尽量地抓权。以后,他开始变得越来越专制了,别人的意见听不进去,如果别人反驳他的观点,他就会批评人家的能力低,甚至有时暴跳如雷。学院制订的规则他公然不执行,我行我素,一副"老子天下第一,谁也管不着"的架势。杨光的这种状况,引来了一片反对声。特别是领导班子的其他成员工作绩效开始下降,他们认为,既然你杨院长要一统天下,我们何必还提自己的想法,搞得大家都不愉快,莫不如就把现在程序性的工作完成,其他有关学院的发展问题一概不过问。领导班子开会时,只要是杨院长提出的方案,大家一致赞成,因为只有这样,才能相安无事。

杨光任院长一段时间以后,感觉到身心疲惫。他为几个副手的工作状态感到恼怒,因此经常批评他们工作不努力、能力低、观念落后、跟不上他的思想等等。对几个喜欢提意见的教师,他也表现出明显的反感,认为这几个人是刺儿头,有意同他过不去。他说,这些人经常发牢骚、提意见,是学院内风气不正的表现。学院在一段时间内成了无意识群体,大家除了做个人的事外,院里的事情无人过问,什么专业建设、学科的发展方向只成了杨光一个人的事。一些年轻教师还提出了调动工作的问题。

据案例中提供的情况,请思考:
1. 为什么杨光干得太累,其他人非但不理解反而意见一大堆?
2. 你认为杨光应该怎样改变他的工作作风,采取哪种合适的激励方式?

【案例2】

宏利服装公司的激励

汪明明是宏利服装公司的人事经理,最近她刚刚兼职学习完 MBA 的所有课程并且获得了某著名学府的 MBA 学位。在 MBA 学习的过程中,她对于管理中的激励理论,特别是马斯洛和赫兹伯格的理论相当注意。在她看来,马斯洛的清晰的需要层次和赫兹伯格的激励因素和保健因素理论的划分非常具有操作性。因此她认为可以立即在公司中实际运用它们。据汪明明了解的可靠信息,宏利公司的工资水平在服装行业中间是最好的。因此,她认为公司在激励下属时应该集中在赫兹伯格的激励因素上。

经过多次会谈,她说服了公司高层管理者。公司总裁授权她去制订工作计划并且放手让她去推行。在这种情况下,汪明明开始制订关于强调表彰、提升、更大的个人责任、成就以及使工作更有挑战性等各种计划,并且在组织里开始推行。但是计划运转了几个月后,她迷惑了,发现结果和她的期望相差甚远。

首先是设计师们对于计划的反应很冷漠。他们认为他们的工作本身就是一个很具有挑战性的工作。他们设计的服装在市场上很畅销就是对他们工作成绩的最

第二章 组织中的个体

大肯定,而且公司通过发放奖金的方式对他们的工作已经给予了肯定。总之他们认为所有这些新计划都是浪费时间。有一个和汪明明比较熟悉的设计师甚至和她开玩笑地说:"明明,你这些玩意儿太小儿科了,你是不是把我们当成小学生了,我看你理论学得太多了。"

裁剪工、缝纫工、熨衣工和包装工的感受是各式各样的。有些人在新计划的实行过程中受到了表扬,反映良好;但是另一些人则认为这是管理人员的诡计,要让他们更加拼命地工作,同时又不增加任何工资。而且很不幸的是,这些人占大多数。甚至偏激一些的工人开始叫嚷要联合罢工来争取自己的权益。

汪明明万万没有想到事情会发展到这个地步。原来很信任和支持她的高层管理者也开始怀疑她的计划,批评她考虑不周全。

据案例中提供的情况,请思考:

1. 你认为新计划失败的主要原因是什么?

2. 根据马斯洛的需要层次理论,你认为设计人员的主导需要和一线工人的主导需要有何不同?

3. 汪明明对于这种结果很苦恼,为此她请教了一位资深顾问。如果你是这位顾问,你将如何回答她?

第三章 组织中的群体

学习目标

- ◇ 了解群体发展的阶段和群体的行为特征；
- ◇ 了解团队和群体的区别；
- ◇ 理解群体决策中的问题；
- ◇ 理解冲突的过程和后果；
- ◇ 掌握优化群体决策的方法和沟通的过程；
- ◇ 掌握冲突的处理办法。

引导案例 开灵液压泵件厂增建女工休息室

开灵液压泵件厂未建家属宿舍，职工散居全市各地，远的途中要换乘一两趟车或轮渡。碰上塞车、停渡，或是雨雪、大雾天气，为避免上班迟到，职工们通常很早出门。许多职工想迁来工厂附近居住，却又无处可迁；要调往住处附近的工厂，也很难成功，女工更难办。为了让职工们能有充沛的工作精力，工厂建起了职工休息室，主要是分配给厂里的生产骨干，所以男工休息室多于女工休息室。

但是该厂有职工 400 来人，近半数是女工、孩子妈妈。她们家务事多，早上要送孩子上学或去幼儿园，有的甚至得抱着孩子来厂入托。由于女工休息室少，休息环境拥挤嘈杂，女工们并没有得到很好的休息。女工李木兰曾为此多次向厂部反映情况，要求在生产车间增建一些女工休息室，使女工的休息室和男工的一样多。但厂部总是回答她："就你意见多，别人怎么都没啥说的？"李木兰很不服气，可是别的姐妹确实怕向厂部提意见，不想多事，能忍则忍。但是，因为休息不好，女工们时常因为操作失误而造成废品，被扣奖金。李木兰说服另外 15 名车间女工联合起来，一起向厂部提出她们的要求，终于引起了厂部的重视。经过工会的民意调查和财务处的经费核算，不到 10 天功夫，建筑工人就来修建女工休息室了。所以我们说，个人力量难以达到的目标往往通过群体行动可以实现。

群体是一种社会现象。它是介于个体与组织之间的一种特殊"关系体"，是众多个体为了某种需要而结合在一起的一种"集合体"。在群体中，个体的行为往往

第三章 组织中的群体

会受群体气氛、价值观念、行为等的影响。组织行为学从不同的层次上研究人的行为,认为个体、群体、组织这三者是不可分割的整体。群体行为是组织行为学必须加以研究的重要内容。

第一节 关于群体的概述

一、群体的基本概念和分类

(一)群体的定义和特征

所谓群体可以定义为:群体(group)是指为了实现某个特定的目标,由两个或更多的相互影响、相互作用、相互依赖,遵守共同行为规范的个体组成的个体集合体。

从定义我们可以看出,判断一个群体的显著标志是群体内成员在心理上是否有一定的联系,是否有共同的需要和共同的目标。因此,群体具有以下特征:

(1)群体拥有一定的行为规范,群体成员在行为上相互制约,须遵守共同的行为规范。

(2)群体成员直接接触,相互联系,相互影响,相互作用。

(3)群体成员具有群体意识和归属感,意识到自己是群体中的一员。

(4)群体成员分工协作,具有共同的目标,因而赋予群体一定的组织性。

(二)群体的功能

群体之所以产生和存在,是因为它所具有的特殊的社会功能。

1. 完成组织所赋予的任务 一个庞大的组织要想有效地实现其组织目标,必须通过群体间合理分工和密切合作,把任务逐层分配给较小的单位、部门去执行。对组织来说,群体的功能主要就是承担、执行和完成组织所分配的任务,以保证组织目标的实现。

2. 满足群体成员的需求 对个体而言,群体的主要功能是能满足其心理的需要,而这也正体现了个体加入群体的动机。群体成员的需求是多种多样的,其中有的可以通过工作得到满足,而有的则需要以群体内人际之间的关系得到满足。只有在群体活动中,个体才可能实现其权力需要。

3. 把个体力量汇合成新的力量 群体的功能之一是使个体有机地组合成为一种新的力量。同一工种、同一研究领域中组成的群体,其成员在群体内彼此相互影响、相互促进,共同提高群体成员的工作水平。同时,群体还能把不同工种、不同行业、不同专业的人组合起来,以完成个体力量或单一工种、单一专业的力量所无法完成的任务。

 3-1 人们为什么会加入群体

"我是我们学校篮球队的队员,上个礼拜四,我们在全区篮球邀请赛上夺得了冠军,你看到我们在《黄埔区新闻》上的照片了吗?"这样的话语显示了人们对加入某个群体所带来的荣誉的满足感。

"在加入××公司之前,我觉得自己一无是处。但在这个家庭般温暖的环境中,我和同事们结下了兄弟般的友情,我觉得自己重要多了。"这句话表明,受到高度好评的群体能增强人们的自我评价。

"我先生是某公司的总裁,我们家生活宽裕,不缺钱花,他总是让我辞职回家做全职太太,但我不想放弃我的工作,因为我喜欢和我的同事在一起,一边工作,一边交流,不至于一个人待在家中太孤独、太郁闷。"工作群体通常都能够满足人们对友谊的渴望和社交的需要。

"我是学校智能交通教研室的成员之一。为了完成一项国家自然科学基金的研究课题,我们从管理工程系、计算机工程系、路桥建筑系等部门选出9名代表来共同完成这个攻关项目。"当需要汇集多方面的才干、知识和权力才能完成工作时,管理层就要依靠群体的运作。

(三)群体的分类

1. 按群体构成的原则和方式分类　按群体构成的原则和方式,可以把群体分为正式群体和非正式群体。这是群体中最常见的划分形式。正式群体(formal group)是指有明文规定的、由一定社会组织认可、组织结构确定、职务分配很明确的群体,如班组、车间等。再进一步细分,正式群体大致还可分为命令型群体(command group)和任务型群体(task group)。命令型群体是指直接对某主管负责、向某主管报告工作的下属同其主管之间构成的群体。比如工厂厂长与各部门负责人之间、车间主任与所属各班组长之间、各班组长与工人之间、医院护士长与各职能护士之间所构成的群体,都是命令型群体。任务型群体是指为完成某项工作任务或课题而在一起工作的群体。它也是由组织结构决定的,由来自组织各个部门、各个层次的人员组成。

非正式群体(informal group)是指没有明文规定,没有正式结构,不是由组织确定,而是在成员的某种共同利益基础上,为满足社会交往的需要,在工作环境中自然形成的群体。组织成员除了工作之外,还有许多个人的需求,要通过与其他成员之间的非正式交往来满足。同样地,非正式群体又大致可分为利益型群体和友谊型群体。利益型群体(interest group)是指为了某个共同关心的特定目标而走到一起来的人们。例如失业自救群体,是由一群为摆脱失业,寻找就业机

第三章 组织中的群体

会,相互提供帮助而走到一起的人们组成的。友谊型群体(friendship group)是指那些因为兴趣、观点等相同或相近而走到一起的人们,如摄影小组、书画协会等群体。

在任何一个组织里,在正式的法定关系下存在着大量非正式群体,从而构成更为复杂的社会关系体系。非正式群体的存在是客观的,它对于生产效率、工作满意感都具有强大的影响。从积极的方面看,非正式群体可以作为正式群体的补充,满足人们交往、归属、友谊等心理需要,满足群体成员及时了解组织内外情况、沟通信息的需要,成为正式群体凝聚力的填充剂。从消极方面看,非正式群体可能由于同组织目标不一致而容易对组织产生抵触情绪,甚至形成与正式群体相对立的群体力量,影响工作效率,传播小道消息,甚至制造谣言,形成小圈子、小帮派,不利于组织的团结和组织机体的健全发展。

组织的管理者要像重视正式群体一样重视非正式群体。既不能回避、拒绝,也不能简单地将其禁止、取缔,而是要分清不同情况,适当地给予鼓励、引导、关注和教育。对非正式群体中的领袖人物,要善于运用其长处,通过诱导、创造条件,使非正式群体的目标与组织目标相一致。实践证明,如果正式群体的领导人同时也是非正式群体的领导人,往往会收到良好的效果。

2. 按群体的开放程度分类　按群体的开放程度,可以把群体分为开放型群体和封闭型群体。开放型群体的成员变动频繁,来去自由,成员间的权力与地位不稳定,与外界联系较密切,内部联系相对松散;封闭型群体的成员相对稳定,变动较少,内部权力与地位明确,成员等级关系严格。一般来说,封闭型群体思想相对保守,对外界新事物接受较慢,有的甚至有抵触情绪;而开放型群体吸收新思想和新人才较快,对外部环境的适应性较强,但不适于完成长期任务。

3. 按群体在社会上发挥的作用分类　按群体在社会上发挥作用的大小,可以把群体划分为实属群体和参照群体。所谓实属群体是指个体实际归属的群体,也就是那些大量存在于社会上的、众多的、不足以成为人们行为楷模的普通群体。相对于实属群体而言,参照群体是指个体心理上"向往"的群体,又称标准群体或示范群体。这种群体的标准、目标和规范可以成为人们行为的指南,成为人们努力追求达到的标准和学习的榜样。

参照群体在社会上发挥着表率作用,其标准和目标成为人们的向往和追求。但是,为什么有时我们会看到这样的情况,树典型、树标兵活动表面上搞得轰轰烈烈,但实际效果却不大呢?

4. 按群体规模分类 按群体规模的大小，可以把群体划分为大群体和小群体。这种划分方法的一个主要标准就是考察群体中的成员是否有直接的接触和交往。如果有这种直接的接触和交往，则划分为小群体；反之，则称之为大群体。车间相对于工厂是小群体，而相对于班组是大群体。一般地，大群体包含许多小群体。小群体更多地是指成员有直接的、个人间的、面对面的接触和联系的、规模较小的群体，这些群体的成员容易在感情上和心理上接近。

群体规模的大小对群体行为有重要的影响。有研究表明，一般而言，在完成任务、采取行动方面，小群体（7人左右）比大群体效率高；在解决问题方面，由于信息量大有利于准确有效地解决问题，所以大群体（12人以上）比小群体效果好；在强化成员责任心方面，群体规模扩大会导致责任的扩散，进而导致个人责任心的降低，出现"搭便车"、"随大流"等现象。

二、群体发展的阶段

群体并不是一下子就成为一个成熟的、能充分发挥功能的群体的。一般地，一个群体要有效地发挥其功能，需要经历五个阶段：形成阶段、震荡阶段（不稳定阶段）、规范化阶段、执行阶段（高效工作阶段）和解体阶段（中止阶段）。如图3-1所示。

1. 形成（forming）阶段 这是群体发展的第一阶段。其特点是群体的目的、结构、领导都不确定。群体成员各自摸索群体可以接受的行为规范，他们开始互相熟悉，了解彼此的特点。当群体成员开始把自己看作是群体的一员时，这个阶段就结束了。

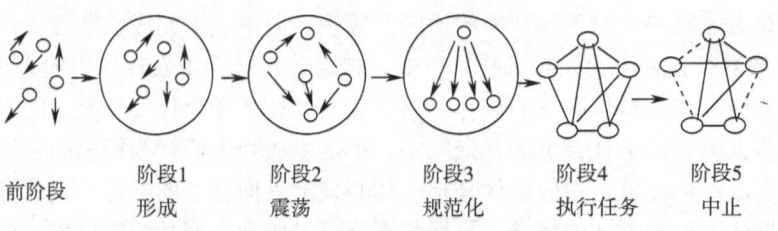

图 3-1　群体发展五阶段

2. 震荡（storming）阶段 这是群体发展中内部激烈冲突的阶段，群体成员感受到群体的存在，但对群体加给他们的约束仍然予以抵制。而且成员们为权力和地位的分配而产生分歧和敌意，领导者的意图很难得到成员们的顺利贯彻。这个阶段结束时，群体内部出现了相对明确的领导层次。

3. 规范化（norm）阶段 在这个阶段，群体成员之间开始产生亲密的关系，群体表现出一定的凝聚力。群体成员交换信息，分享感受，有了一种强烈的群体身份感和认同感。这一阶段群体容易陷入"群体意识",即群体由于内聚力过高而对反对意见置之不理,根本不考虑其他可供选择的行动方案,可能导致犯错误或群体绩效下降。如果在这个阶段,群体成员在感情上相互支持,在思想上允许争鸣,那么群体就可以避免群体意识,同时又保持内聚力和高绩效。当群体结构稳定下来,群体对于什么是正确的成员行为达成共识时,这个阶段就结束了。

4. 执行任务(performing)阶段 此时,群体结构已经充分地发挥作用,并已被群体成员完全接受。这时群体成员彼此依赖,相互合作,各抒己见,能进行顺利的沟通,体现出既有民主又有集中,既有批评又有令人心情舒畅的良好风气,群体成员了解自己对群体应尽的职责和所起的作用。这时的群体是一个成熟的、结构充分发挥作用的群体。群体成员的注意力已经从试图相互认识和理解转移到完成手头的任务上。

5. 中止(adjourning)阶段 对于长期性的工作群体而言,执行任务是其发展历程的最后一个阶段,而对暂时性的委员会、团队、任务小组等工作群体而言,因为这类群体所要完成的任务是有限的,因此,还有一个中止阶段。在这一阶段,高绩效不再是首要关注的问题,群体准备解散,成员的注意力放到了善后工作上。群体成员的反应各不相同,有的心满意足、陶醉于群体的成就中;有的则闷闷不乐,惋惜即将失去的在共同的工作群体中建立起来的和谐关系。

在这五个阶段中,每个阶段都可能产生高绩效。在某些情况下,高水平的冲突可能导致较高的群体绩效。而且这五个阶段并非总是依次进行的,有些阶段可能同时进行,比如,震荡和执行任务就可能同时发生。此外,群体也并非总是从一个阶段向前发展到另一个阶段,而是有可能退回到前一阶段。

三、群体凝聚力

所谓群体凝聚力是指群体成员之间相互吸引并愿意留在群体中的程度。在现实中,一般来讲,每个人都有一种归属于某一个群体的情感需要,希望成为其中的一员的愿望,以求得满足安全、友谊、爱和尊重的需要。如果这些需要得到满足,会导致良好的社会动机,从而转化为积极的行动。如果一个人长期生活在一个团结、友爱、互惠的群体之中,就会逐渐对群体产生一种依恋情绪。群体的每个成员都感到彼此相互吸引,并以作为群体的一员而自豪。当这种吸引力达到一定的程度,而且群体成员资格具有一定的价值时,我们就说这是一个具有高凝聚力的群体。

群体凝聚力与群体团结性既有相似之处,又有严格的区别:群体凝聚力主要是指群体内部的团结,而且可能出现排斥其他群体的倾向;群体团结则既包括群体内部的团结,也包括与其他群体的相互支持、相互协调。

个案 3-2　惠普公司的凝聚力

创建于1939年的惠普公司不但以其卓越的业绩跨入全球百家大公司的行列，更以其重视、尊重与信任员工的企业精神而闻名于世。到惠普的任何机构，你都能感觉到惠普人对他们的工作是如何满足。

惠普公司对员工有着极强的凝聚力，这是一种友善、随和而很少压力的公司氛围。该公司在组织目标的引言部分明确指出："惠普不应采用严密的军事组织方式，而应赋以全体员工以充分的自由，使每个人按其本人认为最有利于完成本职工作的方式，为公司的目标做出各自的贡献。"惠普的创建人比尔•休利特说："惠普的这些政策和措施都是来自于一种信念，就是相信惠普员工想把工作干好，有所创造。只要给他们提供适当的环境，他们就能做得更好。"

惠普公司对职工的信任表现得最为清楚，实验室备品库就是存放电气和机械零件的地方。工程师们不但在工作中可以随意取用各种备品，而且实际上公司还鼓励他们拿回自己家里去供个人使用！这是因为惠普公司认为，不管工程师用这些备品所做的事是否与他们手头在研的项目有关，他们摆弄这些玩意儿总能学到一些东西，这种学习对公司是有益的。这种对员工高度信任的精神理念，使员工感到自己是惠普这个集体的一部分。

惠普公司采用终生雇佣制。早在19世纪40年代，公司就决定惠普不能办成"要用人时就雇，不用时就辞"的企业。在那个时候，这可是一项要颇具胆识的决策，因为当时电子业几乎是全靠政府订货的。后来，惠普的勇气又在1970年的经济衰退中经受到了一次严峻考验。公司没有裁员一个人，而是全体人员（包括公司领导在内）一律减薪20%，每人的工作时数也减少了20%。结果，惠普保持了全员就业，顺利地熬过了衰退期。

（一）影响群体凝聚力的因素

1. **群体成员在一起的时间**　人们在一起的时间的长短，会影响相互之间的凝聚力。如果成员们在一起的时间比较多，他们就会自然而然地相互交谈，做出反应，并进行其他交往活动，从而使他们发现大家共同的兴趣，增强相互之间的吸引力。

2. **加入群体的难度**　加入一个群体越困难，这个群体的凝聚力就越强。进入这个群体的成员在进入过程中都经历了激烈的竞争，使他们具有一些共同的经历：申请、考试、面试、等待最后的收获。正是这些共同的经历增强了他们之间的凝聚力。

3. **群体的规模**　如果群体的凝聚力随着群体成员在一起的时间的增多而增强，那么群体规模越大，群体凝聚力就应越小，因为群体规模越大，群体成员之间相互作用也就越小、群体成员之间的互动变得更加困难，群体保持共同目标的

第三章 组织中的群体

能力相应减弱，整体凝聚力降低。

4. 群体成员的性别构成　最近的研究发现，女性的凝聚力量高于男性。

5. 外部威胁　大多数研究表明，外部威胁会促使群体成员同舟共济，相依为命，从而提高群体的凝聚力，而群体成员内部的不正当竞争则使凝聚力下降。

6. 以前成功的经验　如果群体历史上一贯有成功的表现，它就容易建立起群体合作精神来吸引和团结全体成员。一般来说，成功的组织比不成功的组织更容易吸引和招聘到新员工。

7. 有效情绪认同　如果群体成员对受挫者抱有强烈的同情，就会自然而然地采取必要的行动来与受挫者共渡难关。

8. 群体内部的奖励方式　研究表明，个体与群体相结合的奖励方式有利于增强群体的凝聚力。

9. 群体的领导方式　不同的领导方式对群体的凝聚力有不同的影响。比如，民主型领导方式的小组成员之间，比专制型和放任型的小组成员之间更友爱、更活跃、更积极，凝聚力更强。

（二）凝聚力对群体绩效的影响

通常，人们认为有效的工作群体凝聚力高，那么，群体凝聚力高有助于提高群体的绩效吗？研究表明，一般情况下高凝聚力的群体确实比低凝聚力的群体更有效，但群体凝聚力与群体绩效的关系比较复杂，还有其他种种因素，如态度、目标一致性等在起作用。

比如说，凝聚力与群体生产率的关系可取决于群体的绩效考核标准，即绩效规范。群体的凝聚力越强，群体成员就越容易追随其目标。如果群体的绩效规范比较高（比如高产出、高质量、积极与群外员工合作），那么凝聚力高的群体就比凝聚力低的群体生产率高。但如果一个群体的凝聚力很高，绩效规范却很低，这个群体的生产率通常比较低。群体凝聚力低，但绩效规范高，群体生产率比较高，不过比不上凝聚力和绩效规范都高的群体。如果凝聚力和绩效规范都低，群体生产率肯定低于一般水平。

 **3-3　向蚂蚁学习群体智慧**

在自然界里，蚂蚁是随处可见的。如果你去观察一只蚂蚁工作的样子，它的笨拙会让你印象深刻；但当蚂蚁聚成蚁群时就变得聪明了，蚁群可以解决对单个蚂蚁来说不可思议的问题。

一窝蚂蚁有时多达几万只，每一个蚁窝由一只蚁后、若干工蚁、雄蚁及兵蚁共同组成，它们各司其职、分工明细：蚁后的任务是产卵、繁殖，同时受到工蚁的服侍；工蚁负责建造蚁窝、觅食、运粮、育幼等；雄蚁负责与蚁后繁殖后代；兵蚁则负责抵御外侵、保护家园。大家各尽所长、团结合作、配合默契，共赴成功。蚁群能对环境做出快速有效的反应，比如寻找通往食物源的最短路径、分派工蚁做不同的工作、保卫领土不受邻居侵袭。这是因为蚁群拥有一种被称做"群体智慧"的东西。

现在"蚂蚁搬家及运食"的故事，经常被人们用于诠释齐心协力、团队合作的意义，因为它们这种群策群力和高效率的团队协作方法，是值得人类反思与借鉴的。

四、群体和团队的关系

（一）团队的基本概念

1. 团队的定义　团队与群体相似，但却是两个不同的概念。团队主要是一个业绩的执行单位，是一个不同于个体或整个组织的业绩单位。业绩既是一个团队存在的原因，又是其存在的结果。团队的整体绩效要大于团队各成员个体绩效之和，这是团队的基本特征，也是团队与一般工作群体的本质区别所在。团队作为一种结构形式在正式组织中的地位比较独特，一般不会在组织的正式结构中被明确标示出来，但它却作为一个业绩单位在运作，其存在可能是临时的，也可能是长期的。所以我们可以把团队定义为：由一些知识技能互补、彼此承诺协作完成一项共同目标或一系列绩效目标的成员组成的特殊群体，每个成员都负有共同的责任。

团队的规模以 10 人左右居多。一般的团队通常包括以下几个基本要素：一是互补的技能；二是共同的目标；三是共同的方法；四是成员的承诺；五是相互承担责任。

现代组织采用团队形式的主要原因在于：形成团队有利于创造团结精神；形成团队有利于管理层进行战略思考；形成团队有利于提高决策速度和决策质量；形成团队有利于提高工作绩效。

2. 常见的团队的类型

（1）问题解决型团队。20 世纪 80 年代，团队工作方式刚刚产生，大多数团队的形式都很相似，一般由来自同一个部门的 5～12 个员工组成，他们每周聚会几个小时，讨论如何提高产品质量、生产效率和改善工作环境等问题，并提出建议。但他们没有权力根据这些建议单方面采取行动，因此，在调动员工参与决策的积极性方面，尚有不足。这种团队称为解决问题型团队（problem-solving team），如图 3-2 所示。问题解决型团队应用最广的是质量小组。

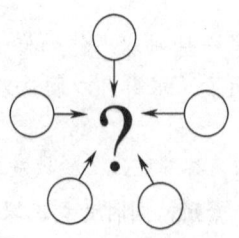

图 3-2　解决问题型团队

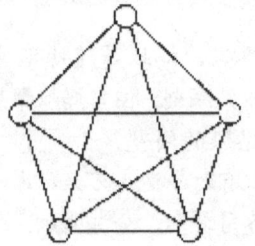

图 3-3　自我管理型团队

第三章　组织中的群体

（2）自我管理型团队。自我管理型团队（self-managed team）也称依靠自我或自我指导的团队。如图3-3所示。

自我管理型团队不仅制订解决问题的方案，而且执行解决问题的方案，并对工作结果承担责任，被赋予相当的自主权，它通常由10～15人组成。每个成员都不构成正式组织中的岗位或职务，他们仅在团队中各自扮演一定的"角色"，这个角色不是组织在聘用员工时由工作合同、职务说明书、岗位规范明确规定的，而是团队根据各人的天赋、特长、爱好、技能自觉地经过整合形成的。一般而言，其成员责任范围包括控制工作节奏和进度、决定任务的分配、安排工间休息等。完全自我管理型团队甚至可以挑选自己的成员，并让成员相互进行绩效评估。这样，主管人员的重要性就下降了，甚至可以被取消。

有研究显示，自我管理型团队能够很好地提高员工的工作满意度，但团队中的离职率和流动率偏高。作为组织正式运作的一种合作和参与方式，自我管理型团队能得到来自于组织的强有力的支持。但是，个人主义的文化价值观、受劳动合同保护的固定工作分工、经理们对失去权力和工作威胁的意识等也在一定程度上对这种团队的形成会产生阻碍作用。

个案 3-4　SOHO 的工作方式

李嘉实是一家小型软件公司的老板，他的公司仅有10名员工，但这10个人全部都是程序设计高手。公司唯一缺乏的是正式的组织结构和相应的管理人员，而李嘉实不愿建立起庞大的组织结构，因为在他的概念里，所谓正式的组织结构只是浪费公司资源的代名词，而SOHO才是更有效的工作方式。

SOHO就是指在家或是任何你愿意的地方工作，并利用各种通信技术进行沟通。李嘉实有一间他的工作室，在这里他通过电话、传真或E-mail与系统分析员、程序员们（他们各自有自己的工作地点）联系，了解他们工作的进展情况，布置下一步的工作计划；他也利用这种方式与客户谈生意。员工的工作成果会及时以E-mail的形式提交给公司，并得到相应的报酬。当然，李嘉实定期与员工单独见面，大致一月一次，面对面地交流看法。虽然见面的机会不多，但他们利用这不多的机会解决最紧要的问题，例如程序的协调。

虽然SOHO既节省开支又节省时间，而且提高给员工们更加自由的工作空间，但也有不少缺点。例如：不见面的交流总让人觉得不真实；SOHO模糊了工作与生活的界限，使那些"工作狂"有机会不分昼夜地工作；而且SOHO并不适合那些传统的行业。

如果你真想尝试SOHO的工作方式，李嘉实的建议是：买一部好的手机以利于沟通；对那种"不真实的感觉"做好思想准备；与你的员工保持密切的联络。

(3) 多功能型团队。多功能型团队（cross functional team）是为了完成某项任务，由来自同一等级、不同工作领域的员工组成的跨职能团队。如图3-4所示。多功能型团队能促使组织内不同领域的员工之间交换信息，激发新的观点，解决新的问题，协调复杂的项目。

多功能型团队在形成的早期阶段往往需要消耗大量的时间，团队成员，尤其在不同背景、经历和观点的成员之间，需要不断地沟通，需要学会处理复杂多样的工作任务，所以多功能型团队的形成不是一蹴而就的。

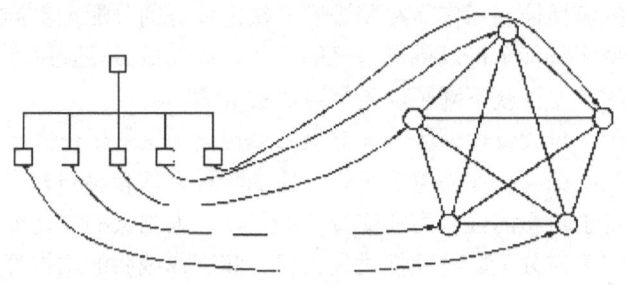

图3-4 多功能型团队

个案 3-5 麦当劳的多功能型危机管理团队

麦当劳有一个危机管理队伍，责任就是应对重大的危机，由来自于麦当劳营运部、训练部、采购部、政府关系部等部门的一些资深人员组成，他们平时共同接受关于危机管理的训练，甚至模拟当危机到来时怎样快速应对。比如广告牌被风吹倒砸伤了行人，这时该怎么处理？一些人员考虑是否把被砸伤的人送到医院，如何回答新闻媒体的采访，当家属询问或提出质疑时如何对待；另外一些人要考虑的是如何对这个受伤者负责，保险谁来出，怎样确定保险。所有这些都要求团队成员能够在复杂问题面前做出快速行动，并且进行一些专业化的处理。

在面临危机的时候，如果做出快速而且专业的反应，危机会变成生机，问题会得到解决，而且还会给顾客及周围的人留下很专业的印象。

(4) 学习型团队。在信息技术和知识经济不断发展，经济全球化迅猛推进的背景下，组织如果要生存、要发展，它的学习速度就不能慢于外界环境变化的速度，也就是说，有比它的竞争对手学得更快、更好的能力，才是该组织唯一属于自己的优势。

学习型团队作为学习型组织（learning organization）中的细胞，是20世纪90年代产生的一种新概念。学习型团队也可以说是"进化式团队"，它要求团队对巨变的外部环境具有很强的学习能力、适应能力和进化能力。

第三章 组织中的群体

学习型团队是符合人性的。以往有一个现象,即在一个群体中,大家都认真参与,每个人的智商都在120以上,但是集体的智商却只有62。团队学习的修炼即针对这一现象并企图使之摆脱这种困境。当团队真正在学习的时候,不仅团队整体产生出色的成果,个别成员成长的速度也比其他的学习方式快。团队学习之所以非常重要,是因为在现代组织中,学习的基本单位是团队而不是个体。

 **3-6 提倡"团队即学习"的微软公司**

比尔·盖茨认为越是拥有大量聪明人的公司,越容易退化成一个由傲慢的、极端独立的个人和小组组成的混乱集体。为了使创新成为公司生存发展的内在动力,必须首先解决学习型组织的问题。微软创建的学习型组织遵循三大理念:"自我批评"、"信息反馈"和"交流共享"。同时,微软大力提倡在各种非正式场合下的学习,如相同职能部门的经理层人员把每天的午餐会作为学习交流的场所。一本新书、一篇好的文章或是一种灵感创意,都能成为微软员工在电子邮件中频繁交流的内容,这种形式被他们形象地称为"东走西瞧"。学习即财富,学习即成功。正是因为勤于学习、善于学习,所以微软总能敏锐地把握到电脑行业的发展命脉,总能持续不断地推陈出新。

(二)团队与群体的区别

可以毫不犹豫地讲,群体和团队不是一回事。在工作群体中,成员通过相互作用来共享信息,做出决策,帮助每个成员更好地承担自己的责任。工作团队则是一种为了实现某一目标由相互协作的个体组成的正式群体。可以说,所有的工作团队都是群体,但只有正式群体才有可能成为工作团队。团队和群体的主要区别在以下几方面:

(1)在绩效方面,群体的绩效是每一个个体成员的贡献之和,而团队的绩效不仅依赖于个体的绩效,而且更依赖于集体的协作成果。

(2)从管理角度看,群体是对单个个体的管理,而团队则是将所有个体看作一个整体来管理的。

(3)在目标层面分析,群体成员一般具有共同的兴趣目标,而团队的成员组合在一起,不仅仅是为了兴趣,还会为了共同的承诺。

(4)在联系方式上,群体通常由管理者按照严格标准进行监控,而团队侧重于自我管理。

(5)在技能组合上,团队成员的技能是互补的,而群体对成员就没有这样的要求。

由此可见,团队是一种特殊的群体,其广泛使用为组织创造了一种潜力,能够使组织在不增加投入的情况下，提高产出水平。当然问题的关键在于如何识别并强化这种"潜力"。图 3-5 表明了团队与群体的区别。

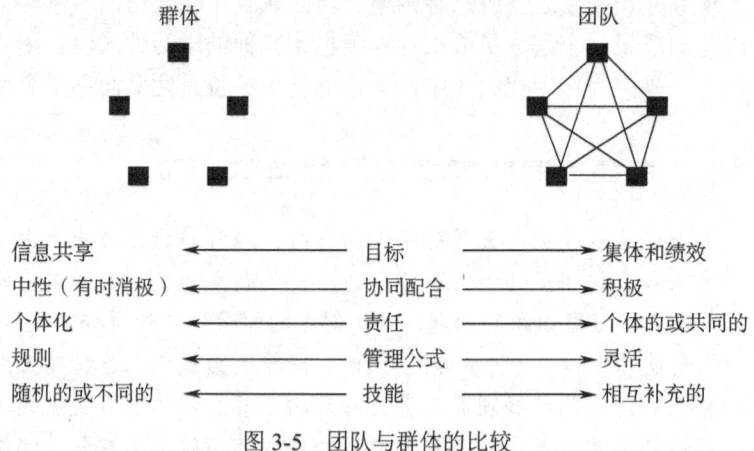

图 3-5　团队与群体的比较

龙舟队、旅行团、足球队和候机室的乘客这四个类型中，哪些是群体，哪些是团队？

第二节　群体决策

一、群体决策概述

由于个体的社会背景、知识结构、认知能力是有限的，因此一个人对客观世界的认识和理解是有局限性的。为了克服个体认识上的盲区对决策可能造成的不利影响，可以由多个人参加决策过程。群体决策就是由多人组成的群体共同参与和做出的决策。

（一）群体决策与个体决策的比较

一般而言，群体能比个体做出更好的决策。这是指群体决策优于平均的个体所做的决策，但不包括杰出个体所做的决策。在选择采用群体决策还是个体决策时，需要考虑待决策问题的类型、成员认同感的重要程度、对决策质量的要求、个体的特点、组织文化与氛围以及决策时间限制等诸多因素。换言之，要具体确定何种决策方式更有效，取决于衡量决策效果的不同标准。表 3-1 从速度、正确

第三章 组织中的群体

性、创造性和冒险性等不同角度对这两种决策方式进行了比较。

表 3-1 群体决策与个体决策的比较

衡量指标	个体决策	群体决策
速度性	快	慢
正确性	较差	较好
创造性	相对于任务结构不明确或需要创新的工作而言较大	相对于任务结构明确、有固定执行程序的工作而言较小
冒险性	因个体的个性、经历而异	若群体成员，特别是领导者富有冒险性，则趋于冒险性

3-7 巴巴拉零售联盟组织的集体决策

近几年来，北京的高、中、低各档商场以多种不同经营形式与风格出现在首都人的面前。由于商业网络密布，致使许多零售企业的盈利下降，而此时的巴巴拉零售联盟组织的利润却大幅度上升，据专家分析，这是因为它采用了以群体决策为中心的管理方式。

董事长王生主张在公司内部推行协商一致的管理方法，使管理人员有足够的机会参与企业的主要决策，这个想法得到绝大多数成员的认同。他们认为群体决策打破了部门壁垒，促进了部门协调，能有效地帮助管理人员了解公司各层次的工作状况。通过集体参与，许多年轻的管理人员逐渐熟悉了公司所面临的关键问题。他们承认集体制订决策可能是费时的，但决策和计划的实施却很迅速。

但也有少数人对群体决策持反对态度，马生就是其中态度最坚决者，他认为这种方法是妥协的产物，而且最终产生的可能不是最佳决策。马生同时指出群体决策之所以行得通，只是由于现任董事长的管理风格在很大程度上影响着大家。一旦他退休了，新的董事长则不一定会保持这种管理风格。到那时，管理人员之间的合作也就结束了。

看来，并非所有的人都认为群体决策优于个体决策，巴巴拉零售联盟组织内部出现了意见分歧，为解决这一难题，他们首先必须弄清楚群体决策这一方法的优缺点是什么。

（二）群体决策的优缺点

1. 优点

（1）决策质量高。群体决策可以通过综合多个个体的资源，汇集更多的信息和更为广泛的知识、经验与创造性，增加观点的多样性，可以对问题进行更精确的诊断并提出更丰富的备选方案，从而给决策带来更多的异质性。这样可以使决策时考虑得更全面，减少了产生漏洞的可能性，因此决策质量相对较高。

（2）决策一贯性强。尽管群体中每个个体的目标取向是动态的，但多元目标综合起来就会稳定得多，而且，群体决策一般采用比较合理的决策程序，相对理性，所以决策的一贯性也较强。

（3）决策可接受性高。由于那些会受到决策影响的个体和将来要执行决策的个体能够参与到决策过程当中，他们就会获得较多的信息与信任，增强对决策的认同感和责任感，也就更愿意接受决策，并会自觉鼓励他人也接受决策，这样，决策就能获得更多的支持，执行决策的员工满意感也会增强。

（4）决策合法性强。群体决策过程与人们的民主理想是一致的，因此，被认为比个体决策更合乎法律要求，既避免了独断专行的可能，也增强了决策的执行力。

> 美国有句谚语说："马如果经过委员会的安排就会变成骆驼。"你认为应当如何扬长避短，充分发挥群体决策的作用呢？

2. 缺点　由于群体决策中，参与决策的成员倾向于把保持群体和谐一致作为目的，所以往往不能理智地分析各种备选方案，而表现出群体空想症，使群体决策的缺点主要表现在以下几个方面。

（1）责任不清。群体决策常常会造成责任分散，在决策过程中个体喜欢分析情况、提出方案，但倾向于规避决策责任。有时会滥用表决权，将责任推给大家，造成决策结果无人承担的局面，特别是当决策失误或决策失败时。

（2）决策成本高。组织一个群体需要时间。群体产生以后，成员之间还需要磨合，意见不一致时，还需要协调。因此，不仅限制了管理者在必要时做出快速反应的能力，而且使群体决策所需的费用增多。

（3）从众压力大。群体成员希望被群体接受和重视的愿望可能会导致不同意见被压制，在决策时使群体成员都追求观点的统一。特别是在由不同层级的人员组成的群体中，下级往往不能真正参与决策，甚至会表现出为迎合上级意图而不提出自己真正意见的倾向。

（4）少数人控制。群体讨论可能会被一两个人所控制，如果这种控制是由低水平的成员所致，群体的运行效率就会受到不利影响。

 3-8　关于群体空想症

美国学者詹尼斯在分析了大量美国政府决策层的政治和军事决策后发现，由

第三章 组织中的群体

于参与决策的群体成员自觉不自觉地把保持群体一致和创造和谐气氛作为目的,所以往往不能理智地分析各种备选方案,结果造成决策的失误。这种现象在面对面讨论问题的时候表现得更为明显。詹尼斯称这种行为趋向为心理传染病,或叫群体空想症。

从个体角度看,每个人都可能犯错误,犯错误是正常的,不犯错误才是不正常的。个体不仅观察问题的角度和信息处理能力极为有限,而且从心理因素来看,自满、失望、恐惧、愤怒等情绪波动都会导致决策的盲目性。现代决策往往强调依赖集体的智慧和力量,在群体中大家可以沟通情况、交换看法、分享知识、经验互补。然而,群体的决定有时却比个体的决定还差劲许多。尼采曾说:"疯狂对个人而言只是一种例外,但对有些小组来讲,却成为一种规律。"当危机到来的时候,恐慌的情绪会相互感染,使人失去冷静,难以理智。在俱乐部式的轻松场合,闲散的气氛有着很大的感染力,往往使一些重大的问题被一笑置之,难以引起足够的重视。有这样一个例子,在美国的一个矿山小镇,出现了一些塌方的细微迹象。矿山工程师认为情况很危险,希望市民能尽快撤离。但市民委员会在俱乐部里举行的讨论中,大家谈笑风生,认为没有必要大惊小怪,过去曾有过一些类似迹象,但多少年相安无事,工程师的警告不过是小题大做。没想到后来果然发生了大范围塌方,造成了惨重的人员伤亡和财产损失。

许多人认为,群体决策之所以有时不能优于个体决策,主要原因还是在于群体首脑总想使其他成员成为自己的橡皮图章。如果他指鹿为马,大家应点头称是。安徒生的童话《皇帝的新衣》是一个最好的例证。其他的原因还在于群体成员的潜意识里存在着一种微妙的压力,使大家都在努力去寻求一致。群体凝聚力强是好事还是坏事,应该辩证地分析,因为凡事总有个度。

二、群体决策中的问题

(一)风险心理

决策本身是有风险的。个体决策对决策方案的风险性偏好主要取决于个体的冒险精神。然而在群体决策中,由于受群体动力的影响,其风险心理主要表现为"冒险转移"现象。

冒险转移是美国学者在该国背景下研究发现的,即群体决策往往比个体决策有较大的冒险倾向。许多学者认为,产生冒险转移现象,是以下原因造成的:

1. **风险分摊** 群体决策后果的责任由群体中全体成员分担,万一决策失败,追究责任时不致单独承担过错,这样就减轻了个体的心理负担。

2. **领袖影响** 群体中的领袖人物为了显示自己的才能和胆识,一般较为进取,敢冒风险。以他们在群体中的威望,能对其他成员产生较大影响,因而他们的大胆决策会被群体接受,变成群体的决策。

3. **文化的放大效应** 群体决策反映了社会主导文化的价值观。如美国人崇尚冒险,所以其决策较具攻击进取性。反之,在社会价值观倡导慎重、中庸、较趋于保守时,群体决策比平均的个体决策可能反而更慎重些。

4. 社会比较作用　在许多群体中,提出有根据的冒险决策会得到好评。因此,群体中的个体提出自己的决策意见时,往往要与别人的意见相比较,希望自己的意见在冒险水平上高于群体其他成员的平均水平。

群体决策中可能会有冒险转移现象,但不能认为群体决策向冒险方向转移是必然的规律。实际上,如果群体成员有较高的水平,团结一致,掌握充分的信息等,一般会做出适当的决策。

你是否完全赞同以上对群体决策中冒险转移的原因分析?查查资料,提出你的看法。

(二)创造心理

创造力不是艺术家和发明家特有的特性,任何领域,商业、政府和教育机关都能对问题做出创造性的反应。群体活动具有复杂性,主要就表现在群体决策中的创造性上面。在顺利的情况下,一群人在一起劳动,不但能发挥群体效能在力量上的"一加一大于二"的品质,而且使这种品质也能在激发群体创造性上得以发挥。

有创造性组织的许多特征和有创造性个体的特征是相似的,比如:被组织成员所信任的管理阶层不会过分地控制成员行为;在组织成员之间,沟通渠道是公开的,极少保密;与组织的外部环境经常保持接触和交往;成员性格有许多不同类型;组织愿意接受变革;乐于用新的想法进行实验;容忍错误的发生并能正视错误的后果;有良好的成员晋升制度;鼓励成员参与决策,出谋划策;有足够的财力、管理力量、人力资源及时间来达到目标。

三、优化群体决策的方法

群体决策的最常见形式是发生在面对面的互动群体中。但互动群体会对群体成员个人形成压力,迫使他们达成从众的意见。因此,在群体决策中应采用能够减少传统的互动群体固有问题的有效方法。这些方法中具有代表性的有:头脑风暴法、德尔斐法、名义群体法和电子会议法。对这四种方法的决策效果的总体评价,如表3-2所示。

(一)头脑风暴法

头脑风暴法(brainstorming technique)是让成员开动脑筋、敞开思想、畅所

第三章　组织中的群体

欲言的一种群体决策方法，能够克服由于群体成员心理的相互作用与影响，而屈从于权威或大多数人的意见的压力。从这一点上看，与其说头脑风暴法是一种决策技术，不如说是一种鼓励人们构想出尽可能多的主意和方案以供下一步估量、权衡用的方法。

表 3-2　决策方法的效果评价

比 较 项 目	头脑风暴法	德尔斐法	名义群体法	电子会议法
观点的数量	中等	高	高	高
观点的质量	中等	高	高	高
社会压力	低	低	中等	低
财务成本	低	低	低	高
决策速度	中等	低	中等	高
任务导向	高	高	高	高
潜在的人际冲突	低	低	低	中等
成就感	高	中等	高	高
对决策结果的承诺	不适用	低	中等	中等
群体凝聚力	高	低	中等	低

1. 头脑风暴法应遵守的原则　采用头脑风暴法组织群体决策时，要集中有关成员召开专题会议，主持者明确向所有参与者阐明问题，说明会议的规则：无批评，不评价，不做结论；鼓励各抒己见，自由发言；追求尽可能多的方案；取长补短，鼓励补充、改进和综合。

2. 头脑风暴小组的成员选取　经验证明，小组规模以 10~15 人为宜，会议时间一般以 20~60 分钟效果最佳。同时，选择和组织合适的参加者也是关键。

（1）所有参加者都应具备较高的联想思维和综合设想能力。

（2）参加者如果相互认识，应从同一职位（职称或级别）的人员中选取，领导人员不应参加，否则可能对参加者造成某种压力。

（3）参加者如果互不认识，可从不同职位（职称或级别）的人员中选取。这时不应宣布参加者的职称，不论成员的职称或级别高低，都应同等对待。

（4）参加者的专业能力应与所论及的决策问题相一致，也可适当包括一些学识渊博、对所论及问题有较深理解的其他领域的专家。

（5）头脑风暴法的主持工作，应由对决策问题的背景比较了解并熟悉头脑风暴法的处理程序和方法的人担任。

头脑风暴法产生的观点或设想，是参加成员集体创造的成果，也是每个成员的智慧相互作用的总体效应。头脑风暴法作为方案或意见产生的过程，发言量越大，意见越多样化，讨论问题越广越深，产生有价值设想的概率就越大。头脑风暴小组提出的设想都要由专人简要记载或记录在磁带上，便于下一阶段的讨论与分析。通常，对头脑风暴法产生的设想需要进行系统化处理。系统化处理程序主要包括：对所有提出的设想编制名称一览表；有常用术语说明和设想摘要；找出重复的和互为补充的设想，并在此基础上形成综合设想。

 3-9　头脑风暴座谈会上诞生的"直升机扇雪"方案

　　某地的冬季格外严寒，风雪交加，线缆上积满冰雪，严重影响输电和通信。为了解决这一问题，有关方面组织不同专业的技术人员召开了一次头脑风暴座谈会。与会人员按照头脑风暴法"自由思考"的原则，七嘴八舌地议论开来：有人提出设计线缆清雪机器人；有人想到焚烧稻草生热化解冰雪；有人建议用振荡技术清除积雪；有人设想乘坐直升飞机去扫雪……尽管有些提法和设想难免让人觉得滑稽可笑，但在会上大家遵守"延迟评判"的原则，并无人提出批评或驳斥。相反，围绕用飞机扫雪的想法，有的技术员联想到可以依靠调整旋转的螺旋桨将积雪扇落。于是，关于用飞机扫雪的主意一下子又多了七八条。不到一小时，与会的12名技术人员共提出80多条新设想。会后，有关方面组织专家对设想进行分类论证，并经过现场试验，终于确定了"直升机扇雪"的方案。

（二）德尔斐法

　　德尔斐法（Delphi technique）又称专家意见法，是一种定性预测的、背对背的群体决策咨询方法。当专家组成员是战略决策者时，德尔斐法成为群体的预测工具，确保在界定环境和资源限制下得出最理性的战略。德尔斐法包含的理念是群体的整合力量大于各部分力量的总和，因而鼓励团队合作和群体决策。

　　德尔斐法的主要目的是通过一系列精心设计的问卷获取专家成员的一致意见。德尔斐法最大的特点是匿名、反复的知识启发、去除差异、提倡群体反馈，这些都是有效的群体决策所必需的要素。与其他计划和预测方法不同的是，德尔斐法的目标不是获得唯一的答案或者形成共识，而是从专家组中获取尽可能多的高质量方案以提高决策水平。德尔斐法的主要操作步骤如下：

　　（1）建立特别小组作为主持机构，选定征询意见对象的群体成员名单，一般是专家名单。

　　（2）就判断或预测内容拟出若干征询的问题。

　　（3）将征询的问题邮寄给各成员，让他们对征询的问题发表书面意见。

　　（4）将这些意见集中到主持机构，进行统计、归纳和分析。

　　（5）将统计结果反馈给各成员。

第三章　组织中的群体

（6）主持机构再请成员提出意见或方案。

（7）重复上述第（4）～（6）三个步骤，直到获得大体一致的意见。

德尔斐法通过结构化的、非直接的方法，能够快速有效地获得与群体学习相关的回应，以及拥有知识、权威及洞察力的专家对未来的预测。相对其他方法而言，德尔斐法的组织和管理成本较低。它避免了召集主管人的费用，又获得了来自各方面的主要信息。

（三）名义群体法

名义群体法（nominal-group technique，简称 NGT）在决策制定过程中限制群体成员的讨论，故称为"名义群体"。一方面像传统会议一样，群体成员必须出席，另一方面成员又是独立思考，充分发表各自观点。名义群体法遵循以下步骤：

（1）成员组成一个群体，主持人向成员公布需要决策的问题，并要求每个成员花 10～20 分钟独立地将自己对决策问题的看法或意见写在纸条上。

（2）10～20 分钟以后，每个成员将自己的想法告诉群体，然后一个接一个地向大家说明自己的想法，直到每个人的想法都表达完并记录下来为止。通常记在一张活动挂图或黑板上。

（3）待所有的意见记录下来以后，对每一条意见进行讨论，并做出评价。

（4）每个成员再独立地对各种想法或意见排出次序。

（5）根据成员对意见的排列次序的投票情况，予以集中统计，排在第一位的意见，一般被定为决策意见。

这种方法的主要优点在于，使群体成员正式聚集在一起，但又不限制每一个人的独立思考，而传统的会议方式往往做不到这一点。

（四）电子会议法

电子会议法（electronic meetings）是将传统会议与尖端信息技术相结合的一种最新的群体决策方法。它是利用软件环境和互联网，使身处世界各地的会议参加者得以在虚拟的空间中共享信息，浏览会议文件，讨论议题。

电子会议的成员参与方便，避免了不必要的空间转移带来的成本与时间消耗，同时，可支持多任务同时进行，并可与其他计划兼容；会议的组织与实施井然有序，讨论及决策结果清晰，并可以借助丰富的表达工具准确传达出与会者的信息。随着软硬设施的进一步完善，电子会议将日趋便利、高效。但是，相对群体决策的其他方法，电子会议的成本也较高。

 3-10　合适的营销方案的决策

一年来，赵厂长和同事们通过努力，使一个将要倒闭的食品厂停止了滑坡。

今天,他请来了一位大学管理系教授陆先生作为顾问,列席该厂在厂办会议室召开的讨论产品是否提价的业务会议。出席会议的有负责财务的副厂长老黄,厂财务科长老周,他俩都是会计师;还有销售科长小杨,他没有专业学历,但工作经验丰富,手下有一批销售员,还负责与一批独立的销售代理人联系。会议开始后,首先由赵厂长提议请大家讨论产品要不要提价,老黄说应马上提价16%,现在是干一笔订货赔一笔,不提价是不行了;老周完全同意老黄的观点,估计从现在起提价16%,到年底可盈利30万元;小杨一直没吭声,当赵厂长征求他的意见时,他表示突然提价无法向一个多月来好不容易争取到的客户们进行解释;可老黄坚持要提价。在冷场后,赵厂长请陆教授发言。陆教授既分析了销售中期提价带来的一些问题,又提出几种备选方案,考虑怎样才能让提价起作用,使工厂马上赚到钱。于是气氛活跃起来,大家商定马上把提价一事以打电话和发传真方式通知主要客户,同时做好销售员的思想工作,并打电话通知销售代理们;对订货低于8 000元的客户就发信给他们,并要求在五天内答复。最后由赵厂长宣布会议到此结束,会后大家分头行动。

在群体中进行群体决策方法时,应吸收专家的意见,这样才能避免群体决策的弊端。赵厂长利用群体决策法,召开产品是否应提价的业务会议,应该说陆教授的参与和建议,对决策起了重要的影响,他以学者的身份参与,不带成见,发挥了专家在决策中的作用。

第三节 群体内的沟通

群体沟通好像人体的血液循环,对群体和组织的工作效果都是十分重要的。研究表明,沟通不良可能是人际冲突的最主要的原因。除了睡眠时间之外,人们用70%的时间进行沟通,包括听、说、读、写。因此甚至有人认为,影响群体工作绩效的最大障碍在于缺乏有效沟通。

 3-11　思想交流的作用

英国大作家萧伯纳曾经说过:"你有一个苹果,我有一个苹果,彼此交换后,各人手中仍然还是一个苹果。你有一种思想,我有一种思想,彼此交流思想,那么我们每个人便有了两种思想。"萧伯纳的话形象地说明了人们思想沟通和交流的意义。这句话同样说明了在组织管理中,促进组织成员的思想沟通可以提高组织的整体竞争力。

第三章 组织中的群体

一、沟通的过程

沟通（communication）是人与人之间传达思想感情和交流情报信息的过程。信息沟通一般包含以下四个要素：信息的发送者、信息的内容、传递的媒介和信息的接受者。图 3-6 描述了一个完整的沟通过程。这一模型包括七个部分：信息源、编码、信息、通道、解码、接受者、反馈。

从模型中可以看出，一个完整的沟通过程，一般由以下几个阶段构成：

（1）创造有价值的信息。信息发送者有某种想法准备传送出去，这种信息应是其认真思考的产物，是相对完整的信息。

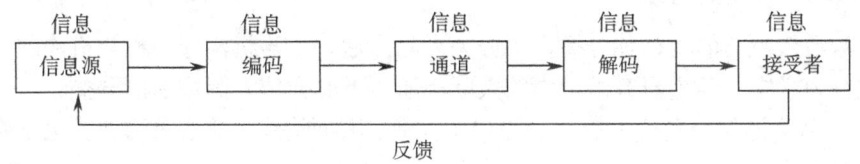

图 3-6 沟通过程模型

（2）对信息进行编码。信息发送者将要发送的信息通过适当的方式，例如语言、动作、行为等表达出来。被编码的信息受到个体的技能、态度、知识及其所处的社会文化环境的影响。

（3）选择信息传送渠道。信息传送渠道由信息发送者选择，不同的渠道适于传递不同的信息。正式渠道由组织结构决定，它传递那些与工作相关的活动信息，并遵循组织中的权力网络；另一种信息形式，如个人或社会的信息，在组织中通过非正式渠道传送。

（4）信息接受者理解或阐释信息。接受者是信息指向的客体。但在信息被接收之前，接受者必须先将通道中加载的信息翻译成他理解的形式，即对信息进行解码。解码的过程同编码一样，也受到解码者的技能、态度、知识及其所处的社会文化环境的影响。

（5）信息接受者做出反应。接受者对所接受的信息加以理解和判断后，会有不同的行为反应。例如，同意或不同意，执行或不执行。这些反应对于发送者来说，就是信息反馈；对接受者来说则是在发送又一个信息。于是，新的一轮信息沟通又开始了。

 3-12　三位幸存者的求救

有一条船在海上遇难了，留下三位幸存者。这三个人分别游到三个相隔很远的孤岛上。第一个人没有无线电，他只有高声呼喊，但在他所处的小岛上，除他之外，根本就没有第二个人。第一个人因无法联络到外界，他的求救失败了。

第二个人有无线电通信设备,可惜设备受潮了,救援飞机从他的小岛上空经过时,只收听到既不清楚,也不明显的微弱杂音,飞行员以为是自己的无线电系统受到磁场干扰,所以未加理会就飞离了该岛。这第二个人虽然进行了联络,但发出的信息不清晰,对方无法辨认,信息的传递也告失败。

第三个人有一台完好的无线电通信设备,他通过无线电向外报告自己遇难的情况和当前所处的方位,救援人员收到他发出的呼救信号后,迅速前往搭救。第三个人终于实现了有效的沟通。

二、沟通的分类

沟通依参与的主客体分类,可分为人际沟通、人与机沟通、机与机沟通。在组织行为学中,着重研究组织中的人际沟通。下面介绍人际沟通的分类。

1. 从沟通媒介角度分类　分为口头沟通、书面沟通、非言语沟通及电子媒介沟通等方式。

(1) 口头沟通。口头沟通指运用口头表达的方式来进行信息交流和传递,它是信息传递的主要方式之一。发言、讨论和小道消息等都是口头沟通的常见方式。口头沟通灵活、直接、简便、便于双向沟通,但受时空限制,当信息经过多人传递时,信息失真的潜在可能性就大。另外,口头沟通的信息难以保留和核实。通常用于传递一般性的、暂时性的有关例行工作的信息。

(2) 书面沟通。书面沟通是指用书面形式进行的信息传递和交流,它使口头商定的内容成为正式的文本形式,如备忘录、纪要、合同、传真等利用文字或符号传达信息的方式。书面沟通具体而直观,信息持久且可以随时核实,不易出现信息失真的情况。此外,因为准备较充分而更具逻辑性及条理性。但书面沟通的反馈不如口头方式快速而有效,不便于随时修改。通常用于传递重要的、需要长期保存的信息。

(3) 非言语沟通。非言语沟通是指借助非语言符号,如人的身体语言或装饰、着装等来传递信息,如一个人点头表示同意的信息。"体语"在非言语沟通中起着非常重要的作用,它包括手势、坐姿、走相、表情、神态及其他身体动作。在信息沟通中,"体语"一般与言语相一致,若不一致时,"体语"则能更真实地反映人的内心世界。

(4) 电子媒介沟通。在信息时代,各种电子设备成为信息传递的重要媒介。如电子会议、电子邮件交流等。电子媒介沟通方便、迅速,不受时空限制,但安全性受到影响,同时需要沟通者双方懂得计算机的基本知识,以及需要具备相关电子设备等。通常适合于远距离、不便面对面以及不想用语言沟通的场合。

2. 从沟通的组织性质角度分类　分为正式沟通和非正式沟通两种方式。

(1) 正式沟通。正式沟通指通过组织内规章制度所规定的渠道进行的与工作相关的信息传递和交流,一般要遵循组织结构的设置路径。如组织中上级的命令、

第三章　组织中的群体

组织与组织之间的公函往来、下级的情况逐级向上层汇报等。正式沟通的优点是效果较好，有较强的约束力，易于保密，重要的信息一般都采用这种沟通方式，但由于依靠组织系统层层传递，因而速度较慢，而且不够灵活。根据沟通的方向，又可分为自上而下、自下而上和水平的沟通方式。

自上而下的沟通方式又称下行沟通，是指从较高的组织层次向较低的组织层次进行的沟通。下行沟通能够协调组织内各层级之间的关系，增强各层之间的联系，但这种沟通方式易造成上下级之间距离的加大，因而影响士气，沟通反馈的情况少，所传送的信息会逐级减少或被曲解、误解、搁置。

相反地，自下而上的沟通方式又称上行沟通，则是指从较低的组织层次向较高的组织层次进行的沟通。这种沟通方式，如果信息的上传经过多个层次，往往也会使信息的许多细节在传递过程中丢失。上行沟通中存在的困难比下行沟通更大，主要是因为上下级之间的地位隔阂及其所造成的心理障碍。可以采取座谈、设立意见箱、建立定期的汇报制度等，来确保上行沟通通畅。

水平沟通指同组织体系中同一层次（机构或人员）的沟通或组织中各级不相隶属的成员之间的沟通。随着组织的发展，在大规模的组织中以及在机械化作业的组织中，直接的平行沟通很有必要，它通常能节省时间、促进合作，减少部门或成员之间的误解和冲突。

（2）非正式沟通。在组织中，除了正式沟通之外，还存在大量的非正式沟通，这种无须经管理层批准或认可，不受等级结构限制的交流往往比正式沟通更需引起关注。它不受组织监督的约束，通过人际关系的疏密程度来决定沟通的形式和内容，具有沟通方便、内容广泛、不稳定性、随机性和不负责任等特点。由于在这种沟通中比较容易表露思想、情绪和动机，因而能提供一些正式沟通中难以获得的信息。但若歪曲事实、以讹传讹，则会对组织氛围产生不良影响。非正式沟通的典型表现形式就是"小道消息"。

> 如果一个企业的一把手总觉得别人跟不上他的发展思路，你认为产生这种现象的主要原因是什么？可以采取什么措施解决？

3. 从沟通有无反馈角度分类　分为单向沟通和双向沟通两种方式。

（1）单向沟通。在信息沟通中，信息发送者与接受者的地位不变，一方只发送信息，另一方只接受信息而不给予信息反馈，称为单向沟通。如做报告、讲演、发指示等都是单向沟通。它的特点是传达信息速度较快，信息的发出者不会受到挑战，能保持其尊严，且受打搅的程度低。这种沟通适用于任务紧急、工作简单、无须反馈的情景,但准确性较低。

(2)双向沟通。在信息沟通中,信息发送者与接受者的地位不断变化,发送信息、接受信息、反馈信息,多次往复,称为双向沟通。如交谈、协商、谈判等都是双向沟通。双向沟通比单向沟通准确性高,信息接受者对自己的判断比较自信。但双向沟通比单向沟通速度要慢,并容易受到干扰,信息发送者感到有心理压力,条理性也差。

三、正式沟通的网络

在组织内,各种信息沟通途径可以组成各种结构形式,这种结构形式称为沟通网络。信息沟通网络类型对正式组织的信息沟通的有效性有很大的影响。

正式沟通网络是根据组织机构、规章制度来设计的,用以交流和传递与组织活动直接相关的信息。图 3-7 表示五种正式沟通网络结构形式。在正式组织环境中,每一种网络形式相当于一定的组织结构形式。

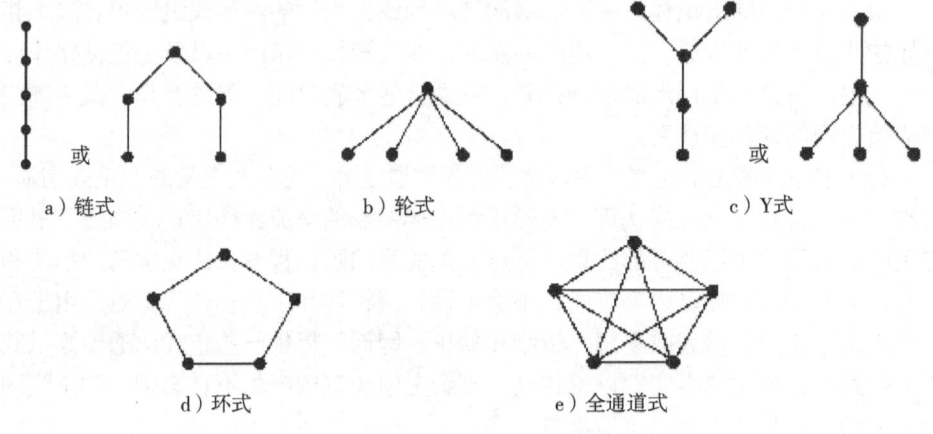

图 3-7　正式沟通的网络

1. 链式　如图 3-7a 所示,链式沟通的信息传递遵循正式的命令系统,往往以逐级传递的方式进行。在组织中,最常见的应用莫过于直线式上下级间的信息传送。这种结构传送的通路十分清晰,不存在分支通路,沟通保密性较好。但是,若组织层次较多,那么上级的指示经过各管理层的层层诠释与理解,下级的反馈经过各中层的提取和归纳,往往都易出现偏差。

2. 轮式　如图 3-7b 所示,轮式网络结构呈现一种发散式的方式,位于交汇点处的人员往往占据着举足轻重的地位,网络中所有的人员通过他才能与别人进行信息沟通。通常,该结构的核心人员由该群体中的领导者担任,所有成员都可以第一时间与领导者取得沟通,因而决策的效率较高。并且,由于信息经过的传

第三章 组织中的群体

送环节比链型要少,因此,传送的时间也大大缩短。但是这种网络方式过度强调了领导者的作用,可能会导致整个群体的士气比较低落。

3. Y式 如图 3-7c 所示,Y式结构类似于轮式与链式结构的结合,即位于节点上的成员掌握的信息量相对其他成员而言多,占有比较重要的地位,一些成员必须经由他才能与群体中的其他成员联络,另一些成员则按照类似链型的层层方式,进行沟通。

4. 环式 如图 3-7d 所示,在环式结构中,所有成员都仅与相邻的两人保持沟通。相对而言,这种结构中的每个成员所处的地位相当,成员的士气与满意度都较高。但对于非相邻成员的沟通,必须通过多级的中转,传送的速度以及信息的可靠性都会随之降低。当群体中人数较多时,这种方式的效率会变得非常低。

5. 全通道式 如图 3-7e 所示,群体中的每个成员都可以自由地与其他成员进行沟通,而不需经过任何中间环节。群体中没有中心人物,各成员地位平等,群体士气很高。并且,由于沟通的渠道选择多,成员可以在第一时间直接与目标接受方沟通信息,因而信息的传送快速而有效。这种自由充分的沟通方式特别适合于解决需要群策群力的复杂问题。

表 3-3 对五种网络进行了评价。事实上,每种沟通网络结构都有其优点与不足。对于管理者而言,关键的问题是根据不同的沟通目的来选择合适的沟通网络。

3-13 一对多的轮式沟通

在吴总经理的领导下,公司一直实行集权式管理。这天,吴总经理出差两个星期刚回到公司,许多中层干部和办公室人员,马上就围拢过来。大家站在吴总的大办公台前面,七嘴八舌一下子就开成了一个热烈的自发办公会。有人向吴总汇报近日工作进展情况,有人向吴总请求下一步工作的指示,有人向吴总反映公司内外出现的新动态。领导一回来谁都来报告,可见吴总的管理权力是高度集中的。而各人都只向这一位领导人报告,此种沟通方式属于一对多的轮式沟通。

四、沟通的功能

在一个群体或组织中,沟通有这样的一些主要功能:控制、指导、激励、决策、反馈和评价、信息交流和情绪表达。

沟通的目的如果是为了协调和统一员工的活动,它就具有了控制的功能。这种控制功能一般通过正式的沟通渠道进行。但有时,非正式沟通也控制着其行为,比如,当工作群体中的某个人工作十分勤奋,并使其他成员相形见绌时,其他人会通过非正式沟通的方式控制该成员的行为。

沟通通过明确告诉员工做什么,如何做,怎样改进等起到指导员工的作用。

管理者运用沟通可以实现具体目标的设置、实现目标过程中持续反馈以及对员工理想行为的强化等，这些过程都有激励作用。

对许多员工来说，工作群体是主要的社交场所，员工通过群体内的沟通来表达自己的挫折感和满足感。因此，沟通提供了一种释放情感的情绪表达机制，并满足了员工的社交需要。此外，沟通能为个体和群体提供决策所需要的信息，使得决策者能够确定并评估各种备选方案。

管理界有这么一种主张："如果你想表扬某个人，最好形成文字；如果你想批评某个人，那么只需要打个电话说一下就可以完事了。"你同意这种主张吗？

表3-3　沟通网络与评价维度

网络类型	沟通效率	精确度	组织效果	领导者作用	士气	其他影响
链式	快	准	较易产生组织化，组织很稳定	显著	低	任何环节都不能有误或打折扣
轮式	快	准	迅速产生组织化，并稳定下来	非常显著	很低	成员之间缺乏了解，工作难以配合、支持
Y式	快	准	较易产生组织化，组织稳定	显著	低	是由轮式与链式混合而成
环式	慢	低	不易产生组织化，组织不稳定	不存在领导作用	高	邻近的成员之间联系，有临时性
全通道式	慢	较准	不易产生组织化	不存在领导作用	高	成员之间相互了解，适合解决复杂问题

五、有效沟通的障碍

有效的沟通是指发出的信息与对方收到的信息在内容上能达到一致或基本接近。不能实现正确理解的沟通，则被认为是信息沟通中发生了障碍。

要使沟通顺畅而有效，必须克服信息沟通中的种种障碍。沟通过程的各个环节都可能给交流的信息带来歪曲和失真，从而影响组织沟通的效果。

1. 编码阶段　在编码阶段，影响有效沟通的因素主要有语言和非语言性沟通手段的选择、发送者的表达能力、双方社会环境与知识经验的局限以及发送者对接受者的知觉、价值观和信仰的了解程度等。比如，使用方言、俚语、专业性行话易被误解，使用多义双关词会造成语义理解上的分歧。非语言性沟通受到文化传统的影响，如果运用不当或对之不了解，会阻碍有效沟通的进行。发送者表达

第三章 组织中的群体

能力的强弱是能否实现有效沟通的关键,人们在沟通过程中经常会遇到这种情况:一个人讲了半天,听的人也不知道他究竟想说什么。

此外,信息沟通往往受到个体知识和经验的局限,图 3-8a 中,甲乙双方的知识经验范围有交叉区,这个交叉区就是双方的共同经验区(共通区)。这时,信息就可以容易地被传送和接受。双方彼此很熟悉时,往往有这样的情况:一方只需稍微说一点,另一方很快就能理解对方的意思,因为他们之间有很大的共通区。相反,如果双方没有共同的经验区,如图 3-8b 所示,就无法沟通信息,接受者不能译解发送过来的信息的含义。例如,小孩子听不懂成年人的话,因为他没有足够的知识和经验。又比如,同样一个〇,数学家会理解为一个圆,画家可能说它是一轮太阳,运动员则觉得是个皮球。

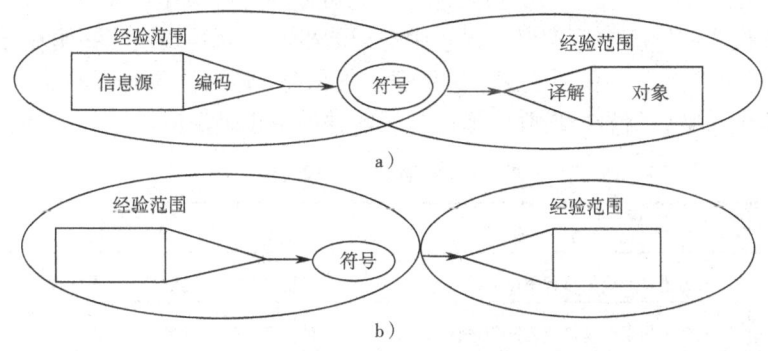

图 3-8 信息沟通所必需的经验共通区

2. 传递阶段 在传递阶段出现障碍,主要是由于渠道选择不当,或者是信息量不合适。

(1)组织中可以选择的信息沟通渠道有很多,选择时,要依据实际情况灵活应用。一般而言,沟通内容越特殊,越难表述清楚;任务越紧迫,越需选用较丰富的渠道,如面谈、会见等。反之,则可选择沟通能力较贫乏的渠道,如备忘录等。

(2)信息量及沟通渠道的负荷,将影响沟通的质量与效果。无论信息量欠载还是超载,都是不利的。沟通中的信息以适度为宜,这取决于一系列负载性、组织性及个体因素,详见图 3-9。

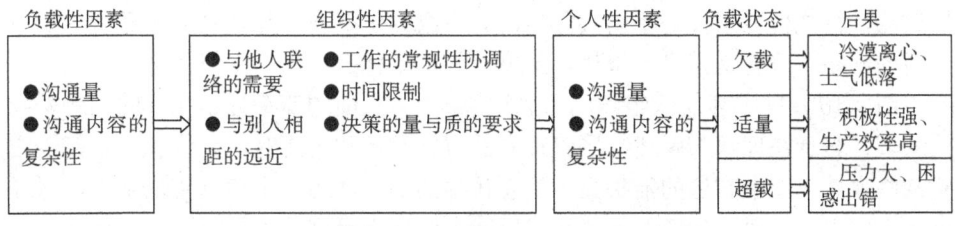

图 3-9 组织沟通中的负载

（3）在传递过程中，时机不适宜、漏失和错传、受到干扰等，都会影响信息的准确传递。

> 是否信息失真尚可接受，而欺骗则不行？"无恶意的小谎言"真的不伤害任何人吗？谈谈你的看法。

3. 解码阶段 解码阶段接受者要倾听和理解，若倾听效果不好，或对信息做了不合适的过滤，以及理解方面发生差异的话，也会造成沟通障碍。

（1）倾听的有效性。倾听按功能的不同可分为五种类型，见表3-4。有效的倾听，不仅要在倾听中理解对方语言中介绍的事实，而且要设法判明对方传达的感情、观念和观点；不仅要注意对方的语言性信息，还要注意对方的非语言沟通。这样才能全面掌握信息，增强沟通的效果，并做出正确反应。

表3-4 倾听的类型和功能

类　型	功　能	例　句
指导型倾听	为讲述者的谈话设置限度并确定方向	我要是你，对这事就干脆不予理睬
判断型倾听	把个人的观点与价值判断引进谈话中	你完全正确，跟老汤这种人根本无法相处好
探索型倾听	提出一些问题，试图抓住事情的核心	这是啥时候开始的？你想让我为这事做点啥
调解型倾听	安慰对方，大事化小	你跟老汤今天算倒霉，别担心，明天我就会全忘掉了
主动型倾听	创造支持性氛围，鼓励对方谈出心里话并解决问题，只对对方所说做中性反馈	你跟老汤关系不好，这件事使你挺烦恼咧

（2）选择性知觉。解码时，接受者还会把自己的兴趣和期望带进信息之中，会按照自己的需要对信息进行"过滤"。人们往往会根据自己的需要、动机、经验、背景及其他个人特点有选择地去搜索信息，接受某一部分信息，而忽略其他信息。实际上，人们经常是在有选择地接受信息。

美国通用汽车公司的前副总裁德洛里德曾说过："从下级报上来的情报经过层层过滤，往往使上层接触不到实际情况。下级提供资料，往往是为了获得他们所希望的回答，或者是报喜不报忧，猜度领导需要什么，然后上报什么。"

图3-10反映了多层次组织的信息过滤。图中上面的箭头显示允许的理解差异的区域，表示在理解与阐述高层管理者的方针政策和思想时，允许在一定范围内有某些弹性。图中右边的箭头显示信息传播的方向。当一个信息传送下来，每经过一个层次，都要产生新的差异，最后就会脱离出允许的差异范围。

第三章 组织中的群体

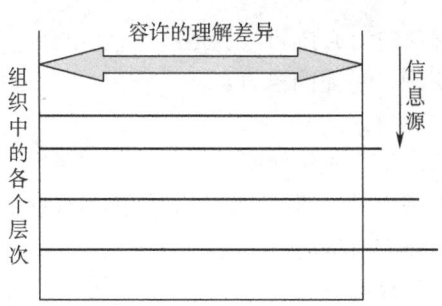

图 3-10 层级组织中的信息过滤

（3）接受者的理解差异。基于个体的社会环境、生活背景和思想理念的不同，人们对同一信息的理解将有所差异。即使是同一个人，由于在接受信息时的情绪或者场合不同，也可能对同一信息有不同解释。因此，当接受者按照个人的立场和认识来解释信息时，所采取的反应和行动也各不相同。

4. 反馈阶段　在反馈阶段，影响有效沟通的因素主要是上级对待下级的态度以及下级对待上级的态度。如果上级不给下级机会来表明他们对所接受信息的理解，这就排除了反馈的机会，降低了沟通的有效性；若下级为了不在上级心中留下不良印象，故意隐瞒对自己不利的信息，或不能向上级提出自己的需要，都会造成上、下级之间沟通的困难，比如报喜不报忧。如果上级爱摆架子，爱发号施令，或者用办公室的高级设备来有意识地显示上级的职位权威等，这些都会使下级明显感到地位差别，从而加深了沟通中的鸿沟。

 **3-14　不欢而散的电话联系**

城建公司质量管理部经理杨萍在质量管理的总体目标、步骤、措施等方面与公司主要领导人有不同看法。老杨认为，公司领导并不重视质量管理，只是做些花架子应付上级的检查。公司领导则认为他们是十分重视工程质量的，只是老杨的控制方案成本太高且程序复杂。这几个月来，矛盾呈激化状态。星期一上午，老杨接到公司刘副总的电话，通知他去上海参加一个为期10天的短训班，而老杨则认为自己主持的质量控制改进计划正在紧要关头，一时脱不开身，公司领导明明知道这个情况，却这样安排工作，似乎明摆着是不支持自己的工作。所以老杨很不耐烦地回绝了领导的安排。而刘副总也很生气，认为老杨这人很难打交道。双方在电话里不欢而散。很显然，在这次通话过程中，老杨的态度影响了他对派他去上海培训这一信息的理解，老杨对信息的译解出现了问题。

六、有效沟通的技能

如何克服存在信息沟通障碍的重重阻挠，达到有效沟通的目的，取决于信息沟通者能否运用一些有效的沟通技巧，包括：

（1）使用简洁、明确、易懂的语言。

（2）保持良好的沟通情绪。

（3）改进倾听技巧，学会积极倾听。

（4）巧妙使用非言语信号，诸如：使用积极的目光接触；展现赞许性点头和恰当的面部表情；避免分心的举动。

（5）运用有效反馈的技能。

（6）适度修饰，营造恰当的沟通氛围。

（7）注重彼此之间的空间位置关系。例如，演讲者在讲台上面的演讲和在讲台下面的发言所引起的作用是不同的，高高的讲台本身具有某种权威性。

（8）选择适合于所传递信息的沟通媒介。

（9）选择合适的沟通场合。

（10）重视自我沟通。也就是人们常说的"要说服他人，首先要说服自己"。

3-15 沟通中的跨文化问题

人际沟通在世界各地并不是以相同的方式进行的。在美国等一些重视和强调个人的国家中，沟通风格是个体取向的，人们直言不讳。美国的管理者在协商问题时，习惯于使用备忘录、布告、论文及各种正式的沟通手段表明自己的看法和观点。美国主管为了使自己获得晋升或使下属接受自己的决策，常常保留机密信息。出于自我保护的目的，下级员工也同样如此行动。

在日本等一些推崇集体主义的国家中，人际间的相互接触相当频繁，而且更多是面对面的非正式沟通。日本管理者总是先进行大量的口头磋商，然后才以文件的形式总结出决议的内容。在日本，不同等级的工作人员经常挤在一起工作，他们的工作空间是开放式的。

这些文化差异使得经营管理者在沟通过程中遇到不少困难。比如在谈判桌前，美国人一开始就切入正题，日本人则以建立关系为开始；美国人希望一开始就涉及数字和细节，日本人则从谈规则入手；美国人倾向于直截了当地表明他们的拒绝，而大多数日本人会认为这种态度是攻击和冒犯。

第四节　冲突管理

一、冲突概述

由于组织中存在着各种层次的工作交往和人际交往，人群之间存在着相互依

第三章 组织中的群体

存的关系,这种关系既可能导致合作,也可能导致分歧、争论、对抗甚至冲突。

(一)冲突的定义

冲突是指行为主体之间目标、认知或情感互不相容或相互排斥而产生的结果或由于目的、手段分歧而导致的行为对立状态。这个定义体现了三层含义:冲突是特殊的关系行为;冲突的行为主体可以是个体、群体或组织;冲突是分歧的表面化。也就是说,冲突作为一种对抗性交往过程,必须是双方都能感知的,它体现了某种意图、某种观点。

冲突与竞争是既有联系又有区别的。一般而言,冲突的双方目标不一致,而竞争的双方则具有同一个目标。若双方都能从竞争中获益,那么竞争就不会变为冲突。但当一方的行动会影响另一方目标实现时,冲突就会爆发。换言之,竞争可能引发冲突,也可能不引发冲突。

你对"冲突本身并无好坏之分,只有从群体绩效的角度,才能判断其价值"这句话如何理解?

(二)冲突的特征

1. 客观性　冲突的客观性是指冲突客观存在于现实社会中,是不可避免的一种组织现象,是组织的本质之一。任何组织只有冲突程度和性质的区别,而不可能不存在冲突。

冲突通常因组织系统的复杂性而产生,主要体现在以下几个方面:第一,因为人与人的情况各不相同,在目标、动机、性格、气质上存在各种差异,从而产生分歧,当这种分歧发展到一定程度时,就必然导致冲突;第二,个体和群体相互依存在人际社会系统范围内,他们相互依存的性质和范围经常处于限定和重新限定的动态过程之中,不可避免地要导致冲突;第三,大多数组织提供的产品或服务都很复杂,因而要求群体间的紧密合作,当众多的群体致力于多项任务时,不发生冲突实际上是不可能的;第四,个体和群体处于不断变革的外部环境之中。第五,组织在进行资源配置、权责安排、利益分配、人员调配等方面也经常发生冲突,而价值观的差异、文化匹配的不协调、沟通不畅等都会引发冲突。

冲突的客观性表明冲突不可避免,因此冲突管理就必须通过了解冲突的原因以及进行恰当处理,使冲突成为推动组织发生积极改变的力量。

2. 二重性　随着对冲突的理解不断深入,冲突的观念也发生了重大变化,传统的观点认为:冲突既然意味着分歧和对抗,就必然给组织和群体造成不和、破坏良好关系,影响组织目标的实现,极端的情况还会威胁组织的生存,因而所有的冲突都具有破坏性,是应该避免的。现代的观点认为,冲突虽非全是好事,有些属于破坏性,要避免和减少,但也有一些是建设性的。这样就根据冲突作用的形式,把冲突分为建设性冲突和破坏性冲突。因此,一个组织既要限制破坏性的冲突,也要促进建设性的冲突。冲突对于组织的利与弊如表 3-5 所示。建设性冲突与破坏性冲突的区分如表 3-6 所示。

表 3-5 冲突对于组织的利与弊

	消极影响	积极影响
对成员心理的影响	引起紧张、焦虑,使人消沉痛苦,增加人际敌意	使坚强者从幻觉中清醒,从陶醉中震惊,从不能战胜对方中看到自己的弱点所在,发愤图强
对人际关系的影响	导致人与人之间的排斥、对立、威胁、攻击,使组织涣散,凝聚力削弱	"不打不成交",使人加强对对方的注意,一旦发现对方的力量、智慧等令人敬畏的品质,就会增强相互间的吸引力;群体间的冲突还会促进群体内成员一致对外,抑制内部冲突,增强凝聚力
对工作动机的影响	使成员情绪消极,心不在焉,不愿服从与之冲突的领导的指挥,不愿与相冲突的同事配合,破坏团结愉快的心理气氛,减弱工作动机	使成员发现与对方之间的不平衡,激起竞争、优胜、取得平衡的工作动机,振奋创新精神,发挥创造力
对工作协调的影响	导致人与人之间、群体与群体之间的互不配合、互相封锁、互相拆台,破坏组织的协调统一	使人注意到以前没有注意到的不协调,发现对方的存在价值和需要,采取有利于各方的政策,并加以协调,使有利于组织的各项工作均得以开展
对组织效率的影响	互相扯皮、攻击,转移对工作的注意力,政出多门,互不同意,降低决策和工作效率,争夺资源,造成积压、浪费	反映出认识的不正确、方案的不完善,要求全面地考虑问题,使决策更为周密
对组织生存和发展的影响	冲突达到一定程度后,双方互不关心对方的利益及整体利益,有可能使组织在内乱中濒于解体	冲突本身是利益分配不平衡的表现,它迫使人通过互相妥协让步和互相制约监督,调节利益关系,使各方在可能的条件下均得到满足,维持内部的相对平衡,使组织在新的基础上取得发展

表 3-6 建设性冲突与破坏性冲突的区分

建设性冲突	破坏性冲突
关心目标	关心胜负
对事不对人	针对人(人身攻击)
促进沟通	阻碍沟通

3. 程度性 现代冲突观认为,不仅要区别冲突的性质,而且要进一步区别冲突的程度。按照现代观点,冲突程度过高或过低,任何一种极端的情景都会阻碍组织的工作绩效。当冲突达到最佳程度时,它可以阻止迟滞,解除紧张,激发创

第三章 组织中的群体

造力,培养创新的意识,使组织保持旺盛的生命力。根据伊万塞维奇(J. M. IvanSevich)和马特逊(M. T. MatteSon)所做的分析,冲突水平与组织绩效的关系有三种典型情景,如图3-11所示。

情景Ⅰ(低失调):很少冲突,一团和气。此时组织的状态是对环境变化反应迟钝,极少创新,整个组织停滞不前,所以这种低冲突水平是破坏性的,组织绩效较差。

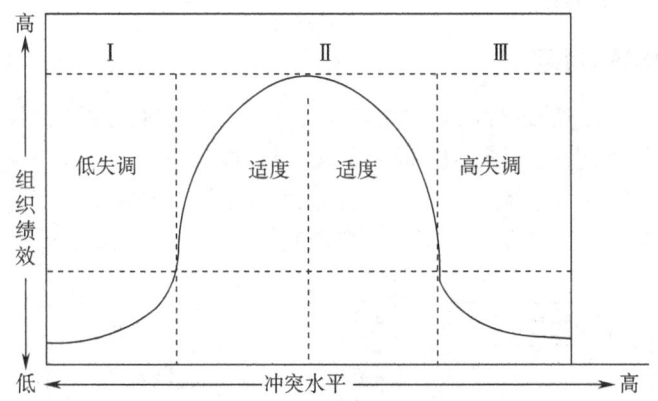

图3-11 冲突水平与组织绩效

情景Ⅱ(适度):有适度的冲突。此时组织内有思想交锋,不断创新,组织对环境变化能迅速调整适应。组织有自我批评能力,能保持旺盛的生命力。这是最佳的冲突状态,组织绩效较佳。

情景Ⅲ(高失调):冲突剧烈,分崩离析。组织受许多干扰,很难协调,一片混乱无秩序,组织内不合作,这种高冲突状态也是破坏性的,组织绩效较差。

在一个组织中,所谓"仁者见仁,智者见智",对同一事实有不同意见,由此引起争论,应属理之中。组织的管理者应该根据冲突发生的不同情况,采取不同的对策。当冲突过小时,管理者应该主动地求新求变,有目的地开展一些活动,来调动员工的创新思维。比如举办有关管理的讨论,让员工对管理中的问题各抒己见,提出合理化建议。当冲突适量时,管理者应认真做好冲突的处理工作,本着公平、求实的原则,认真妥善地处理发生的问题。当冲突过大时,管理者不应急于对冲突进行裁决,应该先缓和气氛,做一些疏导工作,切实保障员工利益,当事态趋于稳定时,再对冲突进行处理也不迟。

 3-16 激发冲突的沟通技巧

从富兰克林·罗斯福执政时期开始,白宫就常常运用沟通手段激发冲突。高级官员把可能的决策通过某种信息渠道透露给媒体。比如,把高级法院可能任命

的大法官的名字"不小心泄露出去"。若这名候选人能够经得起公众的挑剔考察，则将真的就任命他为法院院长。但是，若是发现这名候选人缺乏新闻、媒体和公众的关注，总统的新闻秘书或其他高级官员不久将发表"此人从未在考虑之列"这样的正式讲话。白宫的任职者不论属于哪个党派，都一直使用这种方法作为激发冲突的技术。它易于逃脱的特点使其十分流行。如果导致的冲突水平过高，则可以否决或消除信息源。

二、冲突的过程

冲突是一个动态的过程，一般要经历五个阶段，它们是潜伏期、认知期、感觉期、行为期和结果期，图 3-12 描述了这一过程。

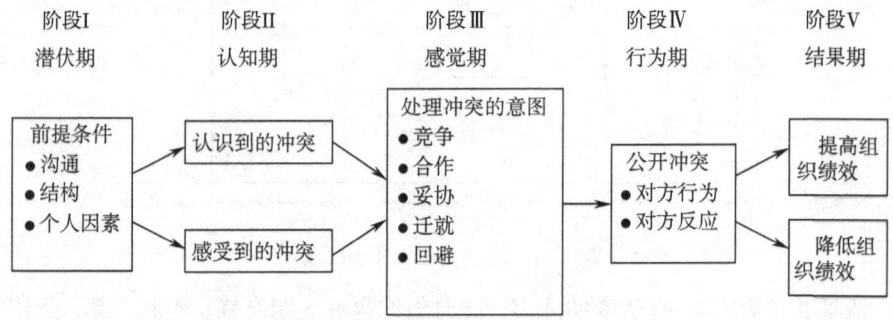

图 3-12 冲突过程

（一）潜伏期

这是冲突过程的第一步，存在可能产生冲突的潜在原因。这些原因并不必定导致冲突，但它们是冲突产生的必要条件。这些原因通常源自以下三个方面。

首先，源自沟通障碍。人们之间传递信息时会进行过滤，来自于正式的或已有的渠道中的沟通偏差都提供了冲突产生的潜在可能性。

其次，源自群体结构。群体规模越大，任务越专门化，责任越模糊，冲突出现的潜在可能性就越大；管辖范围的模糊性也增加了群体之间为控制资源和领域而产生的冲突；领导风格和报酬制度常常也会成为激发冲突的力量。

第三，源自个人因素。这包括个人的价值观和个性特征，它们构成了一个人的风格，使得他不同于其他人。那么在群体活动中，因为这些个性化的差异，也能导致冲突的产生。

 3-17 充分交换意见以减少冲突的发生

在精细化工公司的某次经理办公会上，二分厂的张厂长激烈地批评人力资

第三章 组织中的群体

源部经理许全说:"二分厂需要学分析化学和工业仪表专业的本科生或大专生,而你们却只管往公司引进了那么多搞化工设备和系统集成的研究生和MBA,人力资源部到底在做什么?!"许全反驳道:"你清楚公司的发展战略吗?我们这样做是有依据的,是按照经理办公会的要求去做的。"张厂长冷笑着说:"二分厂不发展,你那个发展战略有什么用呵。"李书记总结说:"人力资源部进什么人当然要统筹考虑公司未来发展对人才储备的需要,而二分厂的发展也无疑有其独特的用人要求。张厂长、许经理你们的主张都有道理,但是要充分地交换意见,加强协调。这样吧,你们会后商讨一下,下周开办公会时,拿个可行的方案出来。"

(二) 认知期

如果在潜伏期中提到的三个起因对某一方关心的事情有一定程度的消极影响,则潜在的对立或不一致在认知期就会表现出来。只有当一方或多方认识到冲突或感觉到冲突时,前面所说的条件才会导致冲突。

感知是冲突的必要条件。在认知期,冲突问题变得明朗化了,冲突的各方已经感知到潜在的冲突,但未必会让冲突继续发展下去,因为在认知期,情绪起着重要作用。比如,研究发现,消极情绪会导致信任感降低,以及对对方的行为做出消极的解释。相反,积极情绪则增加了在问题的各项因素中发现潜在的联系的可能性,以更开阔的眼光看待情景,所采取的解决办法也具有创新性。总之,在该阶段,双方已经感知到潜在的冲突,但未必会继续发展下去。

(三) 感觉期

当一方或双方已经体验到潜在冲突所带来的紧张或焦虑并产生了行为意向时,就进入了冲突的感觉期。在冲突感觉期,处理冲突可按两个维度来展开,其一是合作程度,其二是肯定程度。据此,可划分出五种处理冲突的行为意向:竞争(自我肯定但不合作)、合作(自我肯定且合作)、回避(不自我肯定且不合作)、迁就(不自我肯定但合作)、妥协(合作性与自我肯定性均处于中等程度)。

行为意向为冲突情境中的各方提供了总体的行为指南,它界定了各方的目标。需要注意的是,人们的行为意向不是固定不变的。在冲突过程中,由于重新认识或对对方行为的情绪性反应,可能使行为意向发生改变。不过,研究表明,人们在处理冲突时要采取何种方式总有一种基本的倾向。具体而言,在上述五种处理冲突的行为意向中,各人有各人的偏好,这种偏好是稳定而一致的,并且,如果把个人的智力特点和个性特点结合起来,可以有效地预测到人们的行为意向。因此,对某个人而言,其处理冲突的行为意向是相对稳定的,而这五种行为意向不是一个人为了适应恰当的环境而进行选择的结果。

> 当面对冲突情境时，你通常是希望不惜一切代价获胜、希望发现一种最佳的解决方式、希望逃避、希望施惠于人，还是希望共同分担？

（四）行为期

大多数人在考虑冲突情境时，倾向于强调行为期，因为在这一阶段中冲突是明显可见的。行为期包括冲突双方进行的说明、活动和态度，也就是说，一方有行为，另一方也有反应。

冲突行为的目的在于公开地试图实现冲突双方各自的愿望。但这些行为带有刺激的性质，这种刺激常常与愿望无关。由于判断错误或缺乏经验，有时外显的行为会偏离原本的意图。

行为期可以被看作是一个动态的相互作用过程。比如：你向我提出要求，我进行争辩；你威胁我，我也反过来还击你；如此下去。图 3-13 形象化地表述了冲突行为，所有的冲突都处于一个连续体的某个位置上。在连续体的下端，冲突以微妙、间接、节制为特点，表现为轻度的意见分歧或误解。学生在课堂上针对教师所讲的内容提出问题就是这方面的例子。如果冲突上升到连续体的最顶端，则具有极大的破坏性，这时双方做摧毁对方的公开努力。罢工、骚乱和战争显然都位于这一连续体的最顶端位置。大多数情况下，处于连续体顶端位置的冲突常常是功能失调的。功能正常的冲突一般来说位于冲突连续体的较低水平上。

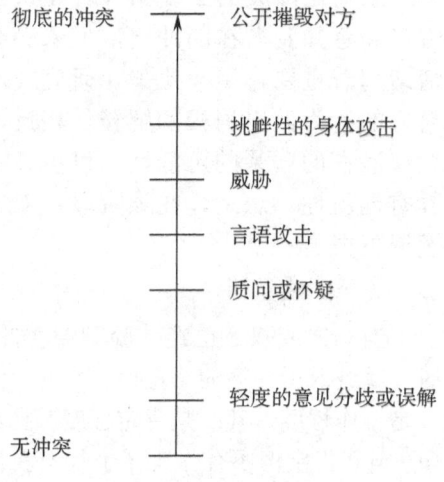

图 3-13 冲突强度图

（五）结果期

冲突发生之后，其结果可能是功能正常的，即冲突提高了群体的工作绩效；也可能是功能失调的，即冲突降低了群体的工作绩效。

如果由于冲突允许百家争鸣，使得一些不同寻常的或由少数人提出的建议会在重要决策中增加权重，并因此提高了决策质量，激发了革新与创造，调动了群体成员的兴趣与好奇，提供解决问题、消除紧张状态的渠道，培养自我评估和变

第三章 组织中的群体

革的环境，那么这种冲突就是建设性的。建设性的冲突有利于决策的完善，可以减少群体思维对决策带来的压力。冲突还是集体决议的矫正办法，它不允许群体以消极的、不加考虑的方式赞同那些建立在不堪一击的假设基础上的决策、未充分考虑其他意见的决策，以及各种有其他弊端的决策。冲突向现状提出挑战，并进一步产生了新思想，促使人们对群体目标和活动进行重新评估，提高了群体对变革的迅速反应力。研究表明，当群体成员之间存在冲突时，比他们总是意见一致时更能促进工作效率的提高。

冲突对群体绩效带来的负面结果已是广为人知的了。比较明显的如沟通的迟滞、群体凝聚力的降低、成员间的争斗对群体目标的损害。极端情况下，冲突会造成群体功能的丧失，甚至威胁到群体的存在。

大量的研究结果表明，群体活动的非常规化程度越高，内部冲突具有建设性的可能性越大，即：群体活动的类型是决定冲突功能的重要因素。换言之，冲突的存在，对于那些需要创新的群体，如从事科学研究、市场营销或其他专业技术活动的群体来说，比那些生产流水线上的从事高度常规化工作的团队更有价值。

传统的组织习惯于回避和抑制冲突，但在今天这样竞争激烈、鼓励变革的时代，组织应当认识到必要的冲突是激发创新所必需的。所以，在组织中应鼓励发表不同意见，在决策过程中引进吹毛求疵的提意见者，甚至奖励持异议者而惩罚那些冲突回避者，努力营造有利于变革与创新的文化环境。

 **3-18 新锐事件**

真没有想到，当上营销部门的经理才两个月，就发生了太多的事情。

上个月底的周末，办公室里只有我和李丹（秘书，也一直是我的好朋友）。李丹在整理一些旧文件。突然她发现一份 2 年前的报告，是设计部周经理给王总的，当时王总还是营销部经理。内容是说当时为新锐工厂生产的一批零件质量有缺陷，寿命只有正品的 3/4，重新生产肯定完不成合同，不如先把货发出去，短期内应该不会有大问题。李丹非常惊讶，一定要我下周和新锐说清楚，她认为这是基本的商业道德，也只有这样才能避免和新锐关系的破裂。

当晚我找到王总，王总对我说了当时的情况：我们厂正在加速发展，一直加班加点生产，一段时间质量有些跟不上，而新锐厂又非常信任我们，几乎从不验货，而且事后他们也并未发觉，后来与我们的关系一直也都很好。我一向非常敬重王总，决定继续保守这个秘密。

但问题还是发生了，第二周新锐不知怎么知道了这件事。他们的采购主管黄伟提出，要终止和我们的合作关系；但若我们以后的供货价格压低 20%，他们就可以替我们保密，不将此事宣扬出去。公司召开了紧急讨论，同意接受他们的条件。很快其他公司纷纷猜测,搞得我们非常被动,订单也开始减少。

三、冲突的处理

(一) 处理冲突的原则

分析冲突是为了处理冲突,处理冲突须以效果为依据,要讲究方式和方法。分析得当并且处理得法,才能获得预期的效果。否则,将会事倍功半,甚至事与愿违。得法者处理冲突不失"章法",这就要依据原则行事。

1. 西方的原则　西方处理冲突的原则是:倡导建设性冲突,并控制在适度的水平。根据西方的现代冲突理论,处理冲突时承认冲突具有二重性,避免冲突向破坏性方向发展,引导冲突向建设性方向转化。西方冲突理论认为,冲突具有程度性,冲突水平过低或过高都会降低组织绩效。因此冲突应以适度为宜,通过调整使之维持在不低不高的适当程度。对于建设性冲突,也要适当控制,太少则死水一潭,没有进步;太多则无法控制和处理。

2. 中国的原则　中国人处理冲突的原则是贵和、持中。这是中国崇尚传统的儒家思想文化的结果。

贵和,就是以和为贵,和而不同。"和"是差异的综合、多样性的统一,"和"的精髓在于对不同质的事物的兼容性。儒家主张"和为本,和为美,和为贵"。

持中,就是坚持中道,不走极端,"过犹不及"。孔子用"持中"来规定和谐界限,并作为达到与保持和谐的手段。在他看来,无过无不及,凡事去其两端而取中,便是"和"的保证,"和"的实现。

贵和、持中思想使中国人十分注重和谐局面的实现和保持。做事不走极端,着力维护集体利益,求大同存小异,有着积极意义。但是,这也有可能造成对个人创造性的束缚,抑制了竞争性观念的增强。

(二) 处理冲突的模式

1. 托马斯二维模式　托马斯(K-Thomas)提出的二维模式,以冲突双方彼此之间的得失权衡为基础,以试图使他人的关心点得到满足为横坐标,以试图使自己的关心点得到满足为纵坐标,定义冲突行为的二维空间,并组合成五种冲突处理策略。如图3-14所示。

(1) 竞争是以己得彼失为特征的赢取对方的努力,常含有权力因素。这是"我赢你输"的策略,常通过施加压力,迫使另一方放弃,所施加的压力可以

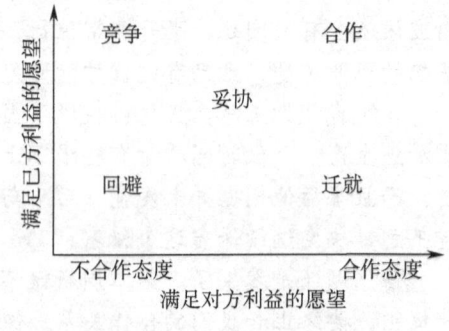

图3-14　托马斯二维模式

第三章 组织中的群体

是威吓、处罚，很少有解决冲突的最佳方法，但在应付危机或双方实力相差很大时往往有效。

（2）回避是以各无所得为特征的容忍分歧的存在或保持中立。当冲突双方依赖性很低时，回避可避免冲突，减少消极后果，但当双方相互依赖时，则会影响工作，降低绩效。

（3）迁就则以己失彼得为特征的迎合对方的努力。假设是情绪的冲突，迁就能避免冲突升级，改善双方关系；但当冲突是实质的，涉及合作、资源共享、责任共担时，迁就并不能解决问题，反而会被视为软弱。

（4）妥协实质上是一种交易，是以各有得失为特征的互惠交易的努力。为避免僵局，双方可能会做出一定让步，但不会一开始就这么做，以免给人以实力不强的印象，在讨价还价中失去主动。妥协在双方都有达成一致的愿望时会很有效，但让步的前提是在满足对方的最小期望的同时，双方都必须持灵活应变的态度、相互信任。消极影响是双方可能因妥协满足了短期利益，但牺牲了长期利益。

（5）合作是以互补共得为特征的协调各方利益的努力。合作策略能否成功，取决于冲突的具体情况及双方同样获利的可能。某些公司用该策略应付劳资谈判的做法是：资方增加工人的工资或福利，工会也要与资方合作，修改工作计划与程序逻辑，以降低成本，提高质量，提高生产率。

在上述五种策略中，竞争、迁就都是一赢一输，回避是双输，合作是双赢，妥协介于输赢之间。对于它们的运用情况见表3-7所示。

表3-7 五种冲突处理策略的运用

处理模式	适用场合
竞争	1. 至关紧要之时，需迅速、果断行动——紧急状态 2. 需实施新行动的重大问题——如费用削减、推出新的规则、法律等 3. 有关公司福利的重大问题，且知道自己是正确的时候 4. 反对与那些利用非竞争性行为的人们合作
合作	1. 当双方意愿无法达成妥协时，寻找一种整合性的解决方法 2. 当自己的目标明确之时 3. 听取不同意见者的高见 4. 将关心变成意见一致以达到齐心协力 5. 因感到不合作有损于彼此关系而精诚合作
妥协	1. 目标重要但不值得努力去做或者继续坚持己见会弊大于利 2. 彼此旗鼓相当，从而导致互相排斥他方的目标 3. 暂时化解冲突，防止问题复杂化 4. 因时间紧迫而采取的权宜之计 5. 合作或竞争未成功时采取的

(续)

处理模式	适用场合
回避	1. 当问题很平常，或者更重要的问题刻不容缓的时候 2. 当认识到满足自己的愿望无望之时 3. 当解决冲突的害大于利时 4. 为了促使人们冷静和恢复理智 5. 当收集信息比立即决定更迫切时 6. 当其他人能更加有效地解决冲突时 7. 当问题不相干或不总是出现时
迁就	1. 发现自己错了，允许更改为更好的立场，从而显示了自己的知情达理 2. 若问题对别人比对自己更加重要，满足他人从而维持合作 3. 为今后的问题建立社会信誉 4. 当自己要被战胜和失败之时使损失最小化 5. 当和谐与稳定特别重要之时

2. 布莱克与莫顿模式　布莱克与莫顿（Robert. R. Blake and Sane s. Mounton）设计出一种冲突方格模式，可以用来分析管理者在处理冲突时的态度与风格。如图 3-15 所示。

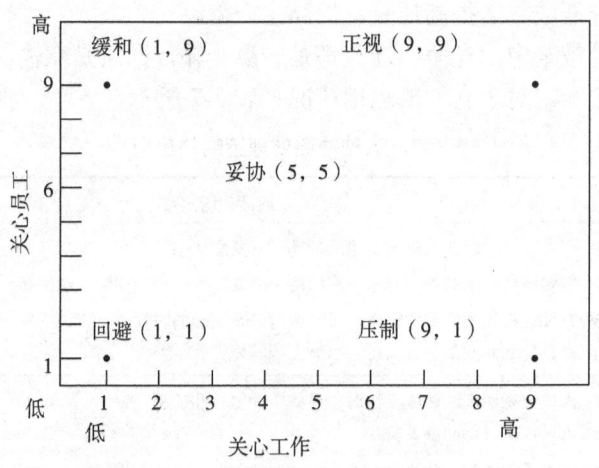

图 3-15　冲突方格模式

图 3-15 的冲突坐标显示出，当管理者面对组织的冲突问题时，大多要考虑及面对冲突事件中的人的问题及工作问题两个方面，从而寻求适当解决冲突的方法与策略。管理者在处理冲突与冲突管理体制上较常见的五种风格包括：

（1，1）方式——回避。采用此种方式，管理者需要保持中立态度，把逃避或回避冲突视为借以舒缓冲突矛盾的有效方法，但冲突的基本根源问题仍然未解决。

第三章 组织中的群体

（1,9）方式——缓和。管理者采用这种方式，是认为冲突双方的分歧可通过缓和紧张气氛，或维持表面的和谐关系来解决。同样，冲突的双方根源问题仍未彻底解决。

（9,1）方式——压制。管理者采用这种方式时，是通过权力迫使冲突双方服从。例如，由高层判决谁胜谁负，全面压制冲突行动。

（5,5）方式——妥协。管理者若采用此种方式，冲突双方需做出妥协或谈判，结果是无人赢，亦无人输。在大多数情况下，这种方式虽然不能算是最理想的解决方式，但仍可视为较为切实可行的方式。

（9,9）方式——正视。当管理者认为可通过积极面对的方式来解决冲突时，他就会采用正视的方式。例如，经过客观的讨论与分析，各方面的意见与观念都经过深入考虑，从而提出冲突双方皆同意或接受的解决问题的方法。一般而言，积极面对冲突的冲突管理方式较为积极，且能彻底解决冲突。

（三）解决冲突的一般方法

对于个体与个体之间的冲突，管理者可视具体情况，采用协商、仲裁、拖延、转移注意力和批评教育等方法来妥善处理。

在处理群体间冲突时，管理者可以运用职权法、隔离法、缓冲法和形象交换法来解决群体冲突。

职权法是指管理者运用职权控制来处理群体冲突。比如，当各部门在争夺公司经费、设备等有限的资源时，往往由总经理拍板决定资源的最终分配。隔离法是指通过分开冲突群体双方而由各自上级来协调处理冲突。当一个部门需要与其他部门合作时，通常是向自己的直接上级进行汇报，由自己的上级向对方的上级进行协调，由对方的上级安排该部门的工作。这种隔离的方式虽然减少了部门之间的冲突。但不太适合现代组织快速反应的需要，有时显得缺少团队的主动协作精神。缓冲法就是利用资源储备或成立专门的调解部门作为群体之间冲突的缓冲带（缓冲物）来缓和群体双方的冲突。形象交换法是通过冲突双方互相认识和讨论对方形象来促使加强沟通，增进了解，以达成共识。形象交换法由以下六个步骤组成，但一般不可能靠一次形象交换就把群体间的重大冲突都解决了。

（1）写出自己的形象。冲突的群体各自用句子或形容词写下自己的形象，对自己形象的任何感觉和想法都写下来。

（2）写出对方的形象。方法如上。

（3）相互交换形象。双方群体各派一名代表把第一、第二步骤中写的自己的形象和对方的形象互相交换阅读。

（4）分别开会讨论各自的形象。讨论回答以下几个问题：为什么我方会有这些形象？为什么我方会认为他方是这样的形象？他方为什么自认为是这种形象？

他方为什么会认为我方是这种形象？为什么双方之间有这些差异？

（5）双方交流讨论结果。交流时只表明己方的观点和意见，明确问题所在，提供解决问题的方法，不讨论谁是谁非。

（6）各自提出具体行动计划。双方各自提出具体的行动计划，以减少各自形象方面的差异，即我方群体的行为如何更符合对方希望的形象。

四、激发冲突的方法

为使冲突水平适度并使之成为建设性的，可以加强沟通以减少冲突；或利用模棱两可或具有威胁性的信息以提高冲突水平；或者引进新个体，在群体中补充一些在背景、价值观、态度和管理风格方面均与当前群体成员不同的个体以激发冲突；也可重新构建组织，调整工作群体，改变规章制度，提高相互依赖性，以及其他类似的结构变革以打破现状；甚至可任命吹毛求疵者，任命一名批评家，他总是有意与组织中大多数人的观点不一致，以引起冲突；还可以通过工作再设计、目标重置、人员调动、知识培训等方式，一方面提高化解冲突的能力，另一方面强化建设性冲突的产生。

3-19 总经理被免职

五年前，马腾从他的叔父那里取得了对绿洲食品公司的管理权的时候，他的初步目标之一是对加工食品联合企业实行一种财务控制制度。当时，这个公司亏损了3 000万元，他的管理在拯救这个公司方面是有一定的价值的。可是，最近他那严格的管理却导致了自己的下台。

了解内情的人说，马腾被"管理"束缚住了。在公司里，他的严格管理使公司中主要的主管人员感到泄气。他遇事坚持检查又检查，核对又核对，因而多次耽搁了决策的执行。绿洲公司的年度计划要求今年公司要花费600万元开展20项加工任务。会计年度已进入第七个月了，但在这项计划上却还没做什么工作。因为马腾坚持要对每一项计划作全面的分析，这就拖延了做出决策的时间。

如此拖延决策，对于食品加工这样的快速运转行业是特别不利的。人事主管张仁说："马腾的情况正好是教科书上所写的例子，即一位工作拙劣的总经理是如何会搞坏一个公司并最终招致自己下台的。"

马腾的管理作风已经造成极大的士气低落。

有36位业务负责人威胁着要离职，除非免去马腾的总经理职务。一个特别委员会召开了，会议决定免去马腾的总经理和业务主管的头衔，重新派他担任特别项目的副经理，并相应削减工资。

马腾对一名商业记者说，将他免职是一个阴谋。但马腾的一位密友说，实际

第三章 组织中的群体

上,马腾的对手是反对他任用两位面向市场的新负责人。曾积极促使马腾下台的策划部主管杨仕反驳说:"马腾就是不想接受下面这一点:不能靠读读电脑的输出结果和写写喊喊来管理公司,假如你不走出去到基层看看的话,员工最终就会抛弃你。"

【重要概念】

群体:为了实现某个特定的目标,由两个或更多的相互影响、相互作用、相互依赖,遵守共同行为规范的个体组成的个体集合体。

团队:由一些知识技能互补、彼此承诺协作完成一项共同目标或一系列绩效目标的成员组成的特殊群体,每个成员都负有共同的责任。

群体决策:由多人组成的群体共同参与和做出的决策。

头脑风暴法:是让成员开动脑筋、敞开思想、畅所欲言的一种群体决策方法,能够克服影响创造性方案产生的从众压力。

德尔斐法:又称专家意见法,是一种定性预测的、背对背的群体决策咨询方法。

沟通:人与人之间传达思想感情和交流情报信息的过程。

冲突:是指行为主体之间目标、认知或情感互不相容或相互排斥而产生的结果或由于目的、手段分歧而导致的行为对立状态。

【本章小结】

1. 群体是个体与组织的重要桥梁,是达成组织目标的中间环节。对群体的有效管理是所有组织取得成功的重要保证,管理者必须了解群体形成的方式、群体的主要类型,以及群体与团体的关系,进而达成有效协同的健康群体。

2. 群体并不是一下子就成为一个成熟的、能充分发挥功能的群体。一个群体要有效地发挥其功能,需要经历:形成、震荡、规范化、执行和解体五个阶段。

3. 群体和团队既有联系又有区别。团队是一种特殊的群体,所有的工作团队都是群体,但只有正式群体才有可能成为工作团队。

4. 组织中制定决策的人,可以是个体,也可能是群体。个体决策在效率性方面优于群体决策,但相对而言,由群体做出决策会使决策的准确性和可接受性得到提高。

5. 优秀的组织管理者不仅要掌握决策的科学方法,还要注意对决策的心理和行为方面的研究,其中群体决策中的风险心理和创造心理对传统的群体决策所出现的问题无疑是新的研究领域。

6. 优化群体决策的方法能够减少传统的互动群体固有的不足。这些方法中具有代表性的有:头脑风暴法、德尔斐法、名义群体法和电子会议法等。

7. 沟通在组织工作中占有重要地位,但不是所有的信息沟通都是有效的。有效的沟通是指发出的信息与对方收到的信息在内容上达到相互一致或基本接近的一种状态。信息沟通过程的各步骤、各要素都可能对有效信息沟通构成某种障碍或不利的影响。选择正确的沟通渠道、自觉做一个有效的倾听者、恰当地运用反馈等都有助于沟通有效性的提高。

8. 在不同的组织设计和领导方式下,沟通的表现形式是不一样的。把沟通放在整个组织中加以考察,那么正式组织的信息沟通网络实际上是由若干信息沟通渠道按一定的方式集结而成的,其具体集结方式有链式、轮式、Y式、环式和全通道式等。

9. 冲突具有客观性、二重性和过程性的特点。冲突对工作绩效的影响并不总是负面的,相反,有时它对群体或组织甚至是非常必要的,冲突的水平有高低之分,当冲突处于某个适当的水平时,它可以起到消除迟滞、唤醒潜力、激发变革的作用。

10. 处理冲突,须以效果为依据,要讲究方式和方法。分析得当并且处理得法,才能获得预期的效果。对冲突的管理是一项重要且颇具艺术性的工作,冲突管理方法的运用必须充分考虑当时的管理情景,另外,如何有效激发功能正常型冲突,也是冲突管理理论和实践中一个值得注意的问题。

【复习思考题】

1. 什么是群体?群体有哪些类型?
2. 结合实际谈谈群体决策的特点和优缺点。
3. 描述沟通过程并指出其关键因素。
4. 举例说明冲突的过程。
5. 试评价"冲突是不利于组织发展的,应尽量予以消除"这句话。你认为应如何正确对待冲突?

【本章测试题】

一、填空题

1. 正式群体可以大致划分为_____和_____;而非正式群体又大致可分

第三章 组织中的群体

为：_____ 和 _____。

2. 群体的发展一般可认为要经历以下几个阶段：_____、_____、_____、_____、_____。

3. 沟通是人与人之间传达思想感情和交流情报信息的过程。信息沟通一般包含以下四个要素：_____、_____、_____ 和 _____。

4. 冲突是一个动态的过程，一般要经历五个阶段：_____、_____、_____、_____、_____。

5. 托马斯二维模式以 _____ 为基础，以 _____ 为横坐标，以 _____ 为纵坐标。

二、单选题

1. 把处理冲突按两个维度展开，可划分为五种处理冲突的意向，其中，自我肯定但不合作的意向是（ ）。
   A. 协作　　　　B. 竞争　　　　C. 回避　　　　D. 迁就

2. 在处理冲突的一般方法中，通过分开冲突群体双方而由各自上级部门来协调处理冲突是（ ）的运用。
   A. 职权法　　　B. 缓冲法　　　C. 形象交换法　D. 隔离法

3. 布莱克与莫顿模式中提出，管理者在处理冲突与冲突管理体制上，较常见的五种风格中，(1，9)方式为（ ）。
   A. 回避　　　　B. 缓和　　　　C. 压制　　　　D. 妥协

4. 关于冲突观念的现代观点认为（ ）。
   A. 冲突有害无益　　　　　　　B. 冲突应当避免
   C. 冲突有利无害　　　　　　　D. 冲突保持在适度水平是有益的

5. 当情况紧急，果断的活动极其重要时，应采用的处理冲突的策略是（ ）。
   A. 竞争（强制）策略　　　　　B. 回避策略
   C. 迁就（克制）策略　　　　　D. 合作（解决问题）策略

6. 在一般情况下，当群体受到外部威胁时，其凝聚力会（ ）。
   A. 不变　　　　B. 增强　　　　C. 减弱　　　　D. 没关系

7. 由价值观的差异而导致的冲突，其冲突源属于（ ）。
   A. 沟通因素　　　　　　　　　B. 结构因素
   C. 领导因素　　　　　　　　　D. 个人因素（或个人行为因素）

三、多选题

1. 团队有多种类型，但常见的主要有（ ）。
   A. 问题解决型　B. 自我管理型　C. 多功能型　　D. 学习型

2. 优化群体决策的方法有很多，但具有代表性的有（ ）。
   A. 头脑风暴法　B. 德尔斐法　　C. 名义群体法　D. 电子会议法

3. 在正式沟通中，根据沟通的方向，可分为（　　）。
   A. 自上而下沟通　　B. 自下而上沟通　　C. 水平沟通　　D. 单向沟通
4. 冲突的来源主要有（　　）。
   A. 沟通因素　　　　B. 群体因素　　　　C. 结构因素　　D. 个人因素
5. 正式沟通网络的基本形式有（　　）。
   A. 链式　　　　　　B. 轮式　　　　　　C. Y式　　　　D. 环式和全通道式

四、判断题

（　　）1. 冲突程度高低的差异，与达成组织目标的功效和能力存在着对应的相关关系。

（　　）2. 按群体在社会上发挥作用的大小可以把群体划分为正式群体和参照群体。

（　　）3. 开放型群体适于完成长期目标。

（　　）4. 群体的发展所经历的几个阶段，不一定会依次进行，也不一定会完全经历几个过程，有时还会发生倒退现象。

（　　）5. 上行沟通用于上级向下级传达组织目标、规章制度、工作程序或向下层指派工作任务、提供下级工作绩效反馈，指出工作中需要注意的问题。

（　　）6. 环式沟通网络易产生组织化，并且组织稳定、士气高。

（　　）7. 有效的信息沟通应该是及时、充分但可以允许部分失真。

（　　）8. 非语言沟通一般具有重复、否定、替代、补充及强调五种功能。

（　　）9. 冲突和竞争既有联系也有区别，竞争可能引发冲突，也可能不引发冲突。

（　　）10. 在群体的发展阶段中，领导层形成于震荡阶段。

五、名词解释

群体行为　　冲突　　德尔斐法　　沟通

六、简答题

1. 群体的功能是什么？
2. 群体决策与个体决策相比，具有哪些优势与不足？
3. 简述提高信息沟通效果的途径有哪些。
4. 简述群体冲突的根源。
5. 群体冲突理论在管理中应如何运用？

【案例分析】

不平衡的小组

黄伟召集他的公共关系特别工作组成员开第一次会议。他兴高采烈地对小组

第三章 组织中的群体

成员说,"我们被选中来研究关于新型能源设备的一个最迫切的问题,这就是新型能源设备的形象问题,希望大家都会和我一样感到兴奋。人们对为新型设备付出多余的费用不满,部分原因是由于他们不了解情况。要告诉在他们,新型能源设备对他们的健康很重要。我们特别工作室要研究制订一些奉告公众的方针。你们的看法怎样,朱巧、周映、杨平和李颖仪?"

朱巧先说:"既然你先提到我的名字,我就谈一点不太成熟的意见吧。我认为我们要走到现场中去探索公众对我们有什么看法。在弄清公众对我们的看法以后,我们就能做出改进的行动计划。"

李颖仪说:"我没有更好的意见。但是,首先我们必须设计一种意见调查表,估计一下我们要访问的是哪些人。我们的统计部门有些专家,他们可以帮助我们选取正确的样本。"

"我有一个问题,黄伟",杨平说,"听起来好像这特别工作组挺费时间的。我们能不能从正常工作中抽出一定的时间来给这任务作适当的安排?"

"程序规定,这个特别工作组的每个成员每星期可免去20小时的正常工作,为期3个月",黄伟回答道,"我看这一点不必写出来。"

周映说:"我们甚至还没有开始,杨平就嚷着,要保证不使他过分劳累。对我来说,能被分配到这项工作,再高兴不过了。我曾学过顾客心理学课程,还进行过深入的调查访问。"

"很好,各位小组成员,现在我们就来拟订一个征求意见的提问表草稿吧。离下班时间还有两三个小时呢。"

"咳!我想出一个主意",杨平说,"你们四个人在这里研究征求意见提问表草稿吧,我到统计科那里去看看他们是否可以帮助我们拟出一个询问的样本。"

两星期以后,这个公共关系特别工作组准备开始实地访问了。每个成员有10天时间进行25个访问。访问计划进行了一个星期以后,周映接到李颖仪打来的电话:

"周映,我有些事情要告诉你。"

"什么事,你碰到困难了吗?"

"不是我,周映",李颖仪说,"可是我认为我们小组会碰到一些麻烦。我刚才已对朱巧说过,她同意我的看法。杨平从访问计划一开始就是混日子的。他有最巧妙方法避开工作。有一次我们计划要一同去进行一次群体访问。可是临行前他在我办公室留下一张条子说他有些重要业务要办。"

"对,我还记得我们会议的第一天,他到统计科去花了两个小时问了几个问题。你还发现任何其他问题没有?"

"真的,杨平不但在访问上误了期,我还认为他捏造了大多数访问结果,打算用这些来交差。我想,他一个人就把集体的成果弄糟了。"

"好,你认为接下来应该怎么做呢?我们对这个问题该怎么办?"

"这就是我要打电话给你的原因。朱巧也没有什么好意见。她认为这个问题就让它去吧。但如果我们交出的是蹩脚的报告、不完整的报告,我们特别工作组的每一个人都要出丑、丢脸。这个任务需要集体努力,就怕小组里有一个人不负责任,但我们无法摆脱他。"

据案例中提供的情况，请思考：

1. 对于朱巧、周映和李颖仪面临的情况，你认为他们还有什么其他的办法没有？
2. 如果李颖仪、周映和朱巧三个人去找杨平开个私会讨论这情况，这样做好不好？
3. 要做到使小组成员的贡献都是同等的，黄伟应起什么作用？
4. 在特别工作组的作用方面，这个案例告诉了我们些什么？

第四章 领导与组织行为

学习目标

◇ 了解领导的概念、本质、内涵；
◇ 了解权力的含义和类型；
◇ 理解权力的基础、权力的产生和运用；
◇ 掌握领导风格的各种形式；
◇ 掌握领导行为理论。

 **引导案例　三个局领导**

老李、老王和老张是20世纪70年代某名牌大学的同窗好友，毕业后各奔前程。这次，三人都被选送到管理学院学习，久别重逢，自然十分高兴。交谈中，他们得知由于工作的需要，他们都被推上了领导岗位，分别在三个局担任局长工作。他们自然而然地谈起了各自走马上任后的情况。

老李说，他上任后做的第一件事是召集机关各处室的负责人开座谈会。通过座谈会的形式让大家了解自己，也使自己熟悉各处室的负责人，同时初步了解全局的整个情况。

老王说，他做的第一件事是与局领导班子的其他成员逐个谈心，了解局里的状况，交换各自的工作设想，借以沟通，增进理解，为今后顺利开展工作打下了基础。

老张介绍道，走马上任伊始，他就通过多种渠道，采取各种形式，广泛地开展调查研究，在不到一个月的时间内，基本上掌握了该局的过去和现在，主要是明确了当前面临的主要问题，同时与上下左右沟通了思想，建立了感情，密切了联系。老张到任后的第二件事是要求全局各处室，群策群力，拿出定编定岗的责任制和本部门的工作流程、规章制度手册。对这第二件事，老张可是亲自挂帅，他与各处室负责人密切配合，督促他们在计划的时间内完成了相应的汇编任务。完成第二件事的目的，是要使大家明确，机关是为基层服务的，通过定编定岗和文件汇编，局里各部门各司其职，各尽其责，减少了扯皮现象，克服了官僚主义，提高了工作效率，做到了优胜劣汰、奖罚分明。干部队伍的政治和业务素质明显提高了。老张接着主办的第三件事是创办《局讯小报》，这是一张信息快报，主要是让编辑人员把从国内外书报杂志中看到的新技术、新知识、新信息及时传递给各位员工，涉及到经济、科技、规划、管理等新动向的信息，还要及时反映给局领导。现在，老张觉得他必须抓的事情是进行收入分配制度改革，强化激励的各项职能。

三个老同学交谈甚欢，展开了热烈的讨论。

第一节 概　　述

一、领导的本质与内涵

（一）领导的含义

为了达到组织目的而影响他人的行为就称为领导。领导的本质是一种影响力，领导者就是通过他的影响力去影响追随者的行为来达到组织目标的。领导者的影响力可以来自组织所赋予的职位；因职位而产生的影响力，在职则有，不在职则无；领导者的影响力还可以来自领导者自身的某些特殊条件，如品德高尚、经验丰富、人缘好等，这种影响力对追随者的影响是发自内心的、长远的，不随职位的消失而消失。

领导活动不仅仅是领导者的事，它是一个包括众多因素的系统活动。领导者、被领导者和客观环境，称为领导的三要素。

领导者是领导活动中最重要的主体，是全部领导活动的率领者和引导者，其发动作用和主导作用使其在组织活动中处于一个极其重要的地位。领导者不仅要有正确的领导理念和领导目标，还要能够通过领导方法和领导艺术把这些理念和目标化为群体的追求，领导者必须对群体组织中的成员具有影响力。领导者的基本特征在于借力，借助于个人的职权和他人的知识，来动员和组织群众完成工作任务。

此外，领导活动离不开被领导者，被领导者作为领导活动的主体并不是完全处于被动的地位，而是领导活动得以顺利或成功开展的重要因素。被领导者的执行功能是十分重要的。离开了领导者与被领导者的相互沟通和理解，离开了群体成员的积极参与，全部的决策、组织和控制，就会沦为空谈，就不可能有成功有效的领导活动。任何领导活动都是在一定的外在客观环境，即特定的自然环境和社会历史条件下进行的，都会受到政治、经济、文化、体制、心理、习俗等环境因素的限制。领导活动必须适应和利用环境提供的可能，才会实现成功有效。

没有影响力的领导会是一种什么样的领导。在现实中是不是存在着"不是领导的领导"和"是领导的不领导"的现象。

第四章 领导与组织行为

（二）领导的特性

相对于其他社会活动来说，领导活动具有其独特性。这种特殊性使领导具有区别于其他社会活动的特点。概括地说，领导的特性有以下几点：

1. 权威性　领导权威是一种理性权威，以理性为基础，以法律为依据。根据法律制度推举出来的领导者，被赋予职位和权力，形成一定的权威。但权力不等于权威，拥有权力的人不一定拥有强大的权威。权力的重点在于"力"，权威的重点在于"威"，由"力"生"威"要有一个过程。人们服从领导，不仅是对权力的恐惧，更重要的是对权威的认同。领导活动的成功与否最终取决于人们对权威的认同。被领导者对权威的认同，除了合法性等法理性因素外，还在于领导者的能力、学识、品德等个人魅力因素。

2. 全局性　整体发展、全局利益，是最基本的领导理念。只见树木，不见森林，最容易使领导工作陷入歧途。

3. 战略性　领导工作的全局性在一定的意义上也就规定了其战略性。战略是有关整体运作的思想，是指导全局的计划和决定全局的策略。离开了战略性，亦即离开了根本性和方向性，领导就会犯错误。

4. 综合性　现代社会是一个高度专业化的社会，社会分工十分复杂。而且现代社会中存在各种不同利益的阶层、群体和集团，就是一个群体内部也存在着不同利益的若干小群体。在这纷繁复杂的客观环境中，领导者不仅要综合各方面情况，还要抓住根本问题，平衡各种利益，才能统一思想，实现群体目标。

5. 超前性　领导者应具有超前性思维方式，在确定方向、制订战略、进行决策之前，通过预见或预测增强领导工作的正确性和准确性。

6. 超脱性　超脱性既是领导工作中的一种间接性，又是一种超然性。它意味着领导工作应该超脱于具体工作之上，同时又意味着领导工作应超脱于各种利益群体之上。

7. 服务性　领导就是服务，为组织目标服务，为群体的成员服务。服务是领导活动的价值取向和精神归宿，是领导活动的本质。

 4-1　张瑞敏、柳传志和李东生个人素养的共性

海尔、联想和TCL在各自领域都具有良好的业绩和口碑，它们的领导人张瑞敏、柳传志和李东生，在个人素养方面也有许多共性可以分享。

首先，他们都有远大的志向。海尔是从亏损147万元起步的，联想是20万元起家的，TCL是5 000元起步的。能够在激烈的市场竞争中脱颖而出，把传统的大企业和外企甩在身后，是一件非常不容易的事。张瑞敏、柳传志和李东生不断地为自己和企业提出新的目标和方向，从单一产品到多元化经营，从国内名牌到

国际名牌,从一个落后的国有企业逐渐发展成为上市公司,他们前进的脚步没有丝毫的迟疑和退却。

其次,他们都具有充足的自信心和深厚的责任感。1989年,张瑞敏面对冰箱市场普遍降价的局面,决定海尔不降价反而提价12%;柳传志在国际品牌大军压境时不甘心只做代理,决定建立自有PC品牌,最终将"惠普"打败;李东生总是后发制人,异军突起。海尔响亮地打出"海尔,中国造"的口号,联想提出"世界的联想",TCL要做"世界级的企业",强烈的爱国主义精神,使企业的凝聚力得到增强。

第三,他们都非常重视学习、实践和总结。张瑞敏不仅对孙子兵法、易经、道德经等传统文化了如指掌,还委托在海外工作的同事帮助收集最新的管理书籍,使他能掌握世界最新的管理动向;李东生和TCL的高层养成了互相赠送管理书籍的习惯,有时同一种书会收到两三本;柳传志特别喜欢读企业家传记,并结合自己的体会细细捉摸,梳理自己的管理思路。

第四,这三位企业家都能以身作则。张瑞敏要求员工上班打考勤卡,他自己也坚持打卡上班,没有专车,没有专用食堂;李东生要求员工上班穿西装,他自己在上班和公众场合永远西服革履,出差轻车简从;柳传志至今还像个中科院的学者。三位企业家的办公室不约而同地都不大也相当俭朴。

二、领导与管理的关系

1. 领导与管理具有许多相关性、相容性、相似性和相交性

(1)相关性体现在领导是从管理中分化出来的,与管理之间有着千丝万缕的联系。任何领导都离不开管理,否则,领导目标的实现就是一句空话。任何管理也离不开领导,否则,管理就会失去目标而陷入盲目性。

(2)相容性表现为,有些管理理论将领导看作管理的一部分、一个重要方面,领导就是高层次的管理。

(3)相似性表现在有些行为或活动很难区分为领导还是管理,它们既像领导行为也像管理行为。在社会实践中,我们有时很难将领导者或管理者进行绝对划分。

(4)相交性表现为有些行为或活动既是领导行为又是管理行为,二者发生了重叠。任何一位领导者都同时承担着领导和管理双重职能,只是领导层次越高,领导职能越突出而管理职能相对减弱。

2. 领导与管理是有区别的 领导活动是为组织的整体发展指引方向、确定目标、创造条件,以促进组织全面发展的创造性社会行为;管理的主要职能是为社会的具体活动确定目标、选择方法、建立秩序、维持运转。领导是一种创新变革的力量,而管理是一种程序化的控制工作,这是领导与管理的最大区别。管理是

第四章 领导与组织行为

建立在合法的、有报酬的、强制性权力基础上的对下属发布命令的行为；而领导则是可以建立在合法的、有报酬的、强制性权力基础上的，也可能更多是建立在个人影响和专长权以及模范作用的基础上。

因此，一般地说，领导偏重于决策与用人，而管理侧重于执行决策，组织力量完成组织目标。从范围上看，管理者的范围大于领导者的范围，而管理的范围则小于领导的范围。因为管理者包括了领导者，但不等同于领导者。

 **4-2　强有力的领导者是激励和促动他人**

海尔领导人张瑞敏善于把他对中国儒家和道家等传统文化的理解融入于管理之中，他实行的是一种强有力的领导。这种领导始于1985年的"砸冰箱"行动。

为员工们树立远景目标，可以说是领导者的第一要务。砸了不合格的冰箱，张瑞敏就向员工们传达了"要么不干，要干就要争第一"的远景目标。因为张瑞敏知道，如果做不到最好，就不能获得有利的竞争优势。"砸冰箱"表明了海尔追求卓越的决心，张瑞敏从此成为带有神话色彩的企业文化超人，使得张瑞敏能够有效地联合其他人，为实现远景目标而奋斗。

联合众人是张瑞敏的第二项关键工作。他十分清楚，优秀的领导者应当善于挑选赞成、支持、笃信他们所确定的方向而又能发挥作用的伙伴，促使追随者就企业的远景目标达成共识并愿意努力将其变成现实。

海尔有个著名的"8号会"，即每月8号举行中层干部会议，对他们当月的工作进行考评，并提出下个月的工作目标。这一天对海尔的各级管理人员来说是一个不轻松的日子。他们要当着张瑞敏和所有同级管理人员的面，总结过去一个月的工作，若过去定下的目标没有实现，他们除了挨批还要接受罚款。

但"8号会"并不仅仅是考评的场合，也是张瑞敏不厌其烦地向下属传达远景目标的机会。张瑞敏的许多重要思想都是首先在"8号会"上散播的，比如源头论，目的是让员工的活力像源泉一样喷涌出来，为实现远景目标焕发出热情和干劲。

领导者的第三项工作是创造一种精神，这种精神赋予人们力量、鼓励他们实干。张瑞敏说："什么样的领导者是最佳领导者呢？超级领导者！就是你的领导水平达到了能够让下属在没有领导者的时候仍然正常地工作。"

张瑞敏进一步解释说，领导对员工存在两种情况：一种情况是靠个人权威。领导者有了权力，以为可以随意发号施令，但这个发号施令可能根本与员工的要求、与实际情况不符。权力不等于权威，发号施令后，员工可能口服心不服。第二种情况是靠个人的以身作则。这是很重要的，但光靠以身作则，只能带动一部分人。仅仅做到这一点不行，最重要的是要创造有活力的氛围。权力要不要？肯定要。如果员工连基本的规章都不遵守，肯定要严格处理。

张瑞敏认为，领导的艺术就是为组织中所有成员定位，让他们去完成职责内的任务。领导意味着能够发现、培养、稳定和激励人才，影响其他管理人员，并使他们承担相应的责任。作为最高层领导者，他下面的员工可以不知道有他的存在，这并不是说领导什么都不管，而是说员工需要感受到的是企业存在一种氛围，使他们能够在其中发挥作用。

三、领导和信任

信任就是对他人的一种肯定的预期，是一个依据有限的相关经验的，受过去事实影响的过程，它需要时间积累方能形成。

在任何的信任关系中都存在着风险和脆弱之处。信任会导致自身的脆弱。比如，当向你认为是信得过的人透露机密时或依赖你认为是你信得过的人做出的承诺时，信任本质上就有可能造成你的失望或被利用。信任本身就是风险，并且愿意承担风险。"我信任这个人，就认为这个人不会利用我。"承担风险的意愿是所有信任的共同之处。在相互关系中，只有彼此做到忠诚坦白而非奸诈隐瞒、沟通顺畅而非曲解误会、言行一致而非表里不一、行事一贯而非朝令夕改，才能构成信任。

信任是与领导紧密相联系的一个基本要素。因为领导的过程就是与人合作，发现并解决问题的过程。要想获得解决问题所需要的见解和创造性思路，取决于别人对你的信任，令下属信任的领导更容易得到其所需的见解与合作。

员工信任领导，意味着他愿意受控于领导，相信权利和利益不会被领导者滥用。没有人愿意去相信、去服从一个被认为是不诚实或自己有可能被他利用的人。所以诚实是大多数人认为是他们所敬佩的领导者的最重要的品质。

作为一名员工，当你进入一个新的组织中时，你会不会自然而然地表现出非常信任你的老板呢？为什么？你认为管理者应当怎样在组织中构建自己的信任系统？

第二节　领导的权力基础

一、权力的含义

在汉语里将权力看作是一种力量，在西方的词语里却把权力视为一种关系。

第四章　领导与组织行为

当甲方因其自身资源因素，导致乙方去做了在其他情景下不会去做的事时，甲乙双方构成的关系即为权力。

由于认为权力是一种力量，更是一种关系，那么权力就既隐含有冲突对抗的假设，也具有互惠的关系。例如：甲以他作为上司的身份向乙传递信息，要乙给他送礼。乙尽管心里不愿意，但还是按照信息所传递的内容给甲送礼，这意味着乙为了满足上司的要求而牺牲了自己的利益。这种关系隐含有冲突和对抗在里面，现在没有暴发是因为各有所需。上司可以预见到，只要自己向某个下属提出送礼的要求就会得到满足。因为这个下属也知道，只要自己向上司送了礼，就可以得到期待已久的好处。所以这种关系也存在着互惠的可能性。

此外，权力也是一种依赖的关系。乙越依赖甲，那么甲对乙就拥有越大的权力。例如，老板拥有安排职位的权力，但他只能对十分想得到这份工作的人拥有这个权力。而对不愿拥有这份工作的人，就失去了对他的控制，因而对他也就没有了权力。

二、权力的类型

根据权力的来源不同，可以将权力分为强制权、奖赏权、法定权、专家权和参照权、信息权等。

（一）强制权

在日常生活中可能会有好心人告诉你，某个人会为难别人，你应小心谨慎，千万别惹他生气。这就是强制权力，它是建立在畏惧基础上的，别人如果不服从的话，就可能没有好果子吃。出于对这种后果的畏惧，强制性权力就起作用了。这种权力取决于使用或威胁使用生理的处罚。例如，肉体的痛苦、精神上的打击、对基本生理及安全需要的控制。

在人们可利用的所有权力的基础当中，伤害他人的权力也许是最常用的，也是最受谴责和最难控制的。从个体角度讲，强制性权力依赖于强健的体魄、蛊惑人心的言辞、激发或抑制他人情感支持的能力等，具备了这些条件，就能对别人进行人身伤害或恐吓，使别人蒙受耻辱或拒绝给别人以爱。从组织角度来讲，给予扣发工资奖金、降职、批评乃至开除等惩罚性措施的权力，就是强制权力。如果甲能解雇乙或使其停职、降职，并且乙又很在乎他的工作，那么甲就对乙拥有了强制性权力。

 4-3　希特勒的炸弹工厂

第二次世界大战中，希特勒利用奴隶工在炸弹工厂里进行工作，怠工和装错引信事件层出不穷。为了使奴工认真工作，希特勒要卫兵站在奴工后面监视。不

久，整个工厂奴工与卫兵的比例几乎是 1:1，而效果仍然比较差。奴工们没有积极性，经常引起反感、阻力和抗拒。

（二）奖赏权

人们服从一个人的愿望或指示，是因为这种服从会给自己带来好处。那么，那些能给人们带来他所期待的报酬的人，就拥有了奖赏权。这种报酬可以是人们认为有价值的任何东西。在组织背景中，人们考虑的有金钱、良好的绩效、晋升、赞扬、理想的工作安排、友好的同事关系、重要的信息和其他任何令人愉快的东西。可以说，领导者所控制的奖赏手段越多，而且这些奖赏对下属越显得重要，那么他拥有的影响力就越大。

强制权与奖赏权实际上是一对相对的权力，如果你能剥夺他人有价值的东西或给他造成了消极的影响，那你就对他拥有并使用了强制权。如果你能给他以某种积极的利益或帮助他免除消极的影响，那你对他就拥有了奖赏权。

（三）法定权

组织内各级领导职位所固有的合法的、正式的权力，就是法定权，也称之为制度权。这种权力可以通过领导者利用职权向直属人员发布命令、下达指示来直接体现，有时也可借助于组织内的政策、程序和规则等而得到间接体现。组织中的各级管理人员对其下属也拥有法定权力，这种权力是组织的等级指挥链所固有的。

在正式组织中，由职位而获得的权力就是法定权。职位的权威包括了强制权和奖赏权。在正式组织中，有了职位权才有可能获得强制权和奖赏权，这是由法律赋予的，在职权范围内，下属就必须服从上司的指令。如果他不在职位了，法定权没有了，他的强制权和奖赏权也跟着没有了。个人的领导风格常常影响领导者实施法定权。

（四）专家权

专家权也称作专长权，是建立在领导者所具有的特殊知识、技能和专业知识基础上的权力。专家权的本质根据领导者在组织中的层次不同而有所不同，一线和中层的管理者通常具有与他们的下属所执行任务相关的专业知识，对下属具有很大的影响力。律师、医生、大学教授和企业中的高级工程师可能拥有相当大的影响力。与之相反，一个身居领导职位的人，因为缺少某种专门知识，因而可能缺乏相应的专家权力。

改革开放以来，我们一直提倡"内行当家"的道理是什么？

第四章 领导与组织行为

（五）参照权

参照权也称为感召和参考权力，这是与个人的品质、魅力、经历和背景等相关的权力。它是领导者个人特征作用的结果，由于它源于一个人的影响力和感染力，能获得下属和同事的尊重、欣赏和忠诚，因此也称之为人格魅力。这种权力与其他权力相比是不正式的。如果我崇拜并认同你，那么你就可以对我施加参照权，因为我想取悦于你。我们在日常生活中可以见到很多这样的事例，你喜欢这个人，就会心甘情愿地为他做事。

参照性权力的形成是由于对他人的崇拜以及希望自己也成为那样的人。如果你景仰一个人到了要模仿他的行为和态度的地步，那么这个人对你就有了参照权力。在组织中，一个能言善辩、极富主见、形象良好、极具魅力的人，就具备了这种有影响力的个人特点，他就可以影响别人去做他想做的事情。受欢迎的领导者和下属希望作为榜样的领导者尤其具有这种影响力。领导者可以采用诸如花点时间熟悉下属、关心他们等办法来提高自己的参照权力。

 **4-4 正确用权对员工的影响力**

曾先生受命前往一家多年亏损的企业担任经理。到任之后，他待人热情，每天早早地站在单位的门口迎候大家。如果有的员工迟到了，他并不是批评和指责，而是和蔼地询问原因，主动帮助员工解决实际困难。一个星期下来，大家看到曾经理每天都提前到单位，而且对人真诚和气，原来习惯于迟到的员工也能按时上班了。曾经理的职权和他个人的所作所为，共同对其他人的行为起了影响作用，单位里的精神面貌焕然一新，劳动纪律得到了遵守。

（六）信息权

信息权是指领导者有机会得到机构内部活动的信息，有机会得到机构与外界有关联的信息的权力。比如机构内的秘书、古代皇帝的贴身太监，他们可以通过收集和利用某些信息，使得自己能够享受到比应享受的高得多的权力。

连队士兵听从连长指挥向敌军阵营发起猛攻、交警对违反交通规则的驾驶员发出罚款单、马丁•路德•金在黑人群体中有号召力，都是运用了哪种权力？

三、权力的运用

现代组织理论认为，领导者是权力的拥有者，是权力的化身，只要你是领导者,不论职位高低都有相应的法定权力。领导功能发挥得怎么样,主要取决于权力运用水平的高低。

(一)树立正确的权力观

权力观就是人们在对待权力问题上的基本看法和基本态度。对于各级领导者来说,权力观是其自身的世界观、人生观、价值观的集中体现。由于掌权者的阶级背景、社会阅历、价值取向的不同,对权力的看法和态度必然会存在着差异甚至是尖锐的对立。权力观的正确与否不仅关系到个人的成长进步,而且还关系到组织事业的兴衰成败。我们应该旗帜鲜明地反对腐朽没落的权力观,抵制错误的权力观,树立高尚的、正确的权力观。

当权力的持有者为一己之利谋私时,他所持有的权力也就相应地发生了变异。这种权力的变异是以权力腐败为核心的。具体表现为:以权代法、以权谋私、权钱交易、徇私枉法、滥用职权等。由于权力具有自我膨胀性,极易腐败变异,所以需要制约,需要以权力制约权力,更需要领导者提高自身的免疫力,自觉抵制权力的膨胀和腐败变异。

(二)正确用权的原则

1. **谨慎使用权力** 每一位领导者都握有一定的权力,但一定要谨慎使用。权力宁可备而不用,也不要轻易炫耀自己的权力,更不可滥用自己的权力。所以,作为一位领导者,在运用权力时要做到三戒:一戒以权谋私,二戒以权徇私,三戒义气用权。

2. **依法使用权力** 作为一位领导者,在运用权力时,一定要熟知相关法规,强化法纪观念。没有法纪作保证是很难正常开展领导工作的。如果我们只要求被领导者懂法守法,领导者自己却置法纪于不顾,以权代法,那么只能失去自己的尊严,失掉自己的威信,最终失去自己的领导权力。

3. **有效使用权力** 要掌握权力发挥效力的最好时机。一般来说,强制性权力发挥效能的最好时机是在使用权力之前。因此,应采取事前诱导,宣传教育或事先警告的手段,让下属知道提倡什么,反对什么,什么是对的,什么是错的。这样可促进人们自觉行动和预防越轨,比发生了问题以后行使惩治权效果更好。

要善于使用影响力,千万不要炫耀权势,玩弄权术。高明的领导者,是十分善于利用影响力去推动工作的。他大权在握却备而不用,这样会增强下级的主人翁感,减少甚至没有被驱使奴役的感觉,从而心悦诚服地按决定行事,有利于调动下级的积极性。

4. **巧用奖赏权** 领导者要恰当地运用奖赏权去激励下级或群众的进取心和创造精神。要根据贡献大小的不同拉开奖励的档次,对做出重大贡献者应给予重奖,并采取公开的形式进行奖励。奖励一定要适当,防止随意乱奖。该奖则奖,

第四章 领导与组织行为

不该奖的一定不能奖。

（三）运用权力的技巧与艺术

1. 建立良好的人际关系　人际关系良好，一呼百应能充分发挥权力的影响力。人际关系不好，就会遇到阻力、挑战，使权力运用受到影响。若权力运用不当，更会成为对方攻击的把柄。

2. 相宜授权巧妙分身　向自己的直接下属适当授权，可以使领导者从琐碎的事务中解脱出来，并且能发挥部下的专长和智慧，弥补领导者的缺欠和不足。领导者向下属授权有利于激发下属的工作热情，增强下属的责任心，使他们感到既有职又有权，还有人撑腰，在勇挑重担中又能得到锻炼。所以适当地向下属授权不仅不会削弱领导者的权力还会增加自己的威信。

 4-5　王平的转变

王平"事必躬亲"的管理方式差点毁灭他的电脑王国。幸运的是，他及时发现了这一问题，并认识到授权的重要性。

王平22岁时开始经营电脑配件，该公司的年销售额在10年间由15万元跃至近9 000万元。但是他一直奉行的管理方式毁灭过许多发展中的公司——他没有授权。王平说："我总是询问主管们需要什么，然后我为他们来做，由我来解决它。如果我看到什么令人不满意的事情，我就亲自动手改正它，处处如此。"

当他只经营一两个店铺时，这种微观的管理方式还能运作。但当他拥有50家分店时，则无法正常运行了。然而王平仍坚持自己做每一件事情，而没有将精力放在设计公司发展的蓝图上。公司的发展战略都需要他的时间，而他太忙了，根本不可能做出所有决策。下属感觉到事事没有决定权，工作热情不高，责任心不强。王平未实施授权所产生的失败很快使公司利润大幅跌落，入不敷出，上年度公司不得不关闭了15家分店。

终于，王平吸取了教训，将公司重组，增加了一层新的管理层。他将真正的决策权力授予下一级管理者。他现在有更多的机会处理那些紧急的事情，能够有精力做出决策。由于花在监督活动上的时间减少了，他还有时间参观分店、会见员工以及参与员工的培训和发展项目。而下属们由于有了责任和权力，他们的热情和忠诚程度都提高了。

3. 原则坚定策略灵活　任何事物的产生与发展都存在着必然性和偶然性。因此，一个优秀的领导者，不仅要有坚定的原则性而且还必须具有机智灵活、随机应变的能力。不坚持原则不能服众，用权策略不灵活，则自己没有退路，易造成攻防退守都难成的被动局面。

4. 练就无懈可击的沟通技巧 在与对方进行沟通时能做到时刻掌握主动权，能操纵对话的方向，能让对话有助于达成自己的目标。

第三节 领 导 理 论

领导工作能否产生预期的效果，取决于领导者自身的素质、领导者对被领导者的领导方式或风格、领导工作所面临的情境这三大因素，据此可以将有关领导工作及其效能的研究划分为领导特质理论、领导行为理论和权变领导理论三类。

一、领导者和领导特质理论

领导者的特质理论着重研究领导者的人格特征，以便发现、培养和使用合格的领导者。自20世纪40年代中期以后陆续出现了各种各样的特质理论。经过许多学者的研究分析和对比，认为以下的个人品质和特性在领导者的造就上具有作用：生理因素、能力因素、兴趣因素、文化水平、知识技能、性格特质等。

但是，随着研究的深入使不少学者得出了这样的结论：具备某些特质确实能够提高领导者成功的可能性，但是没有一种特质是成功的保证。因为这些特质研究，忽略了下属的需要；它没有指明各种特质之间的相对重要性；没有对因果进行区分，比如是自信导致了领导者的成功，还是成功使领导者建立了自信；它忽略了情境因素，同一个领导者，在甲地他获得成功和好的绩效，在乙地就可能会获得相反的结果。这些研究过分强调领导者天生的品质特征，是遗传决定论的观点。它忽视了社会因素在培养、造就、发展领导者品质中所起到的作用。实践证明，没有领导者的所谓特殊个性，更没有天生的领导者！为此，到了20世纪60年代中期以后，有关领导的理论研究则着重于对领导者偏爱的行为风格的考察。比如，保守激进的取向、独立性、依存性以及对人的感受性等等。比如，可以认为敢于冒进和带有赌博性的行动是好的品格吗？因为风险很大，一般人是不会贸然行动的。一般人去做了，会被别人认为是不成熟的表现。但是作为一名领导者，在关键时刻是需要这种品质的。这样做可能会使事物出现转机，绝处重生，反败为胜。

个案 4-6　奇人泰德·特纳

泰德·特纳的座右铭是"要么领导，要么服务，别无它途"。他显然选择了领导，他把一生的精力投入到一次次的大胆冒险中，在所有"权威"都认为他必败无疑时，他却获得了一个又一个的成功。

泰德·特纳在他24岁时中止了大学的学业，开始经营家中濒临倒闭的广告

第四章 领导与组织行为

牌企业。仅短短几年，泰德·特纳就使企业有了转机。随后，他购买了亚特兰大的一家独立的小型电视台，并为它取名为"超级电视台"。一年后，他又买下亚特兰大的勇敢者棒球队，这支当时屡战屡败的球队，使特纳的电视台有了一些可以实况播出的节目。此后，他把最新的卫星转播技术与尚未开发的有线电视市场相结合，从而使超级电视台获得了极大的成功。而勇敢者棒球队也于1992年跻身于世界强手之列。

1981年，泰德·特纳认定24小时新闻直播必有市场，尽管当时没有一个人赞同他的看法，他还是倾其全部财力创立了有线电视新闻网，获得了令人难以置信的效益，并且由于对1991年海湾战争的报道而赢得了无数赞誉。1986年，在一片批评声中，特纳又一次冒险买下了联合艺术家电影图书馆，他的有线电视台因为上演经典影片而获得了巨大的成功。

发现别人看不到的机遇和大胆追求成功的能力，使泰德·特纳明显地与一般的企业经理不同。正是这个人，希望自己像水手一样证实自己的价值，驾驶一叶扁舟在1979年美国世界杯赛上取得成功；正是这个人，在20世纪80年代为了促进世界和平创办了友好协会，使美国和前苏联运动员进行奥林匹克风格的竞赛；正是这个人，得知简·方达打算离婚时决心与她通话——两年后他俩结为夫妇；正是这个人，被1993年1月的《时代》周刊授予"本年度先生"的称号。

二、领导风格和领导行为理论

（一）领导风格

1. 以权力定位划分的领导风格　美国依阿华大学的研究者、著名心理学家勒温（Kurt Lewin）和他的同事们研究发现，面对群体的任务，不同的领导者并不是以同样的方式去表现他们的领导角色，领导者们通常使用不同的领导风格。这些不同的领导风格，对群体成员的工作绩效和工作满意度有着不同的影响。

（1）专制型的领导者把权力定位于个人手中。他只注重工作的目标，仅仅关心工作的任务和工作的效率，对群体的成员不够关心。被领导者与领导者之间的社会心理距离比较大，领导者对被领导者缺乏敏感性，被领导者对领导者存有戒心和敌意。专制型的领导风格容易使群体成员产生挫折感和机械化的行为倾向。

（2）民主型的领导者把权力定位于群体。他注重群体的成员，满足成员的需要，对他们的工作加以鼓励和协助，努力营造一种民主与平等的氛围，领导者与被领导者之间的社会心理距离比较近。在民主型的领导风格下，群体成员有较强的工作动机，责任心也比较强，群体成员自己决定工作的方式和进度，工作效率比较高。

（3）放任型的领导者把权力定位于成员。他极少行使职权，留给下属很大的自由度，采取的是无政府主义的领导方式，对工作和群体成员的需要都不重视。放任型的领导者听凭下属自己设定工作目标和决定实现目标的手段，很少或基本上不参与下属的活动，只是偶尔与他们有些联系，且常处于被动地位。无规章、无要求、无评估，工作效率低，人际关系淡薄。

个案 4-7　堆雪人实验

有学者做了一项实验，将一群青少年分成三组从事堆雪人活动，各组的组长是成年人，被事先分别训练成按专制型、民主型和放任型进行领导。实验结果表明：放任型领导下的第一小组工作效果最差，所制作的雪人在数量和质量上都不如另外两个小组；采取专制型领导下的第二小组，堆的雪人数量最多，说明工作效率最高，但质量不如民主型领导下的小组；最后一个小组是采用民主型领导风格，由于孩子们积极主动发表意见，显示出很高的工作热情和创造性思维，小组长又在旁引导、协助和鼓励，结果堆出的雪人质量最高，但工作效率不及第二小组，因为孩子们在商量如何堆出最像样、最好看的雪人时花了大量时间进行讨论才达成一致意见。这次实验验证了专制型和民主型领导是利弊并存的，而放任型领导在通常情况下弊多利少，不宜采用。

实际上，在现实的组织管理中，很少有极端型的领导，大多数领导者都是界于专制型、民主型和放任型之间的混合型。领导者的行为是否有效，不仅仅取决于其自身的领导风格，还受到被领导者和周边环境因素的影响。

2. 以授权程度划分的领导风格　坦南鲍姆和施密特的领导行为连续统一体理论，就是为了解决勒温等人的研究所存在的不足而提出的理论。领导行为连续统一体以授权程度和决策方式划分领导风格，随着领导职权逐渐减少，下属的自由度逐渐加大，从以工作为重逐渐变为以关系为重。因此，可供选择的领导方式就不只是独裁或民主，而是多种。他们提出的领导风格类型分别是强制型、权威型、合作型、民主型、方向制定型和教练型六种。

（1）强制型领导风格。强制型领导采用极端的、完全服从的决策方式，使组织中的新思想不能发挥作用，组织缺乏灵活性。组织成员普遍感到没有受到重视，即使有想法也不愿说出来，成员的责任感逐渐丧失，有些人会变得愤愤不平，进而采取不合作的态度。

但当组织处于转型期、面临敌意收购或在经历像地震、火灾等灾难的危急关头，这种风格往往可以起到意想不到的作用。它能够改变组织的一些不良习惯，并使人们意识到应该采用一种全新的工作方式，但在危机过后仍继续使用这种风格，甚至仅仅只依靠这一种风格，而不关心员工的士气和感受，它的长期影响将是毁灭性的。

（2）权威型领导风格。权威型领导是一个理想主义者，他通过在组织目标蓝图中构筑各个人的任务，围绕蓝图明确定义工作标准和报酬标准，并根据员工对

第四章 领导与组织行为

实现组织目标的贡献程度进行绩效反馈,最大化地实现员工对组织目标和战略的认同。权威型领导鼓励员工敢于创新和冒险,他能提升组织工作氛围的各个方面,从而使组织能保持一定的灵活性。

在各种领导风格中,权威型领导风格也许是最有效率的。但当权威型领导与一个专家或比他更有经验的同龄人工作时,这种领导风格可能会导致失败。同时,如果一个领导者过于想成为权威,他必然会削弱一个高绩效团队所需要的人人平等的精神。

 **4-8 被罢免的刀具厂厂长**

金华是某合金刀具制造有限公司二厂的厂长,他20世纪90年代从某机械工程学院毕业后分配到公司工作,一直从事产品研发、生产和销售工作,曾参与了几项新品开发课题,成绩显著。1995年晋升为工程师,先被任命为二厂副总工程师,后任二厂副厂长,2000年起任厂长至今,2003年被聘为高级工程师。金华属技术专家型领导,对二厂的生产情况极为熟悉,工作勤恳。刚上任的时候,金华主持开发了几款新刀具,市场反响不错,二厂的效益有了较大的提高。但近来群众普遍反映,金厂长一贯不苟言笑,从不和下属谈工作以外的任何事情,他到哪个科室谈工作,那个科室就"一鸟入林,百鸟无声",大家都不愿意和他接近。对他自己特别熟悉的业务,有时甚至不事先征求二厂总工程师的意见,直接找人布置工作。总工对此习以为常了。二厂几个技术干将都没有发挥多大作用。他们向公司领导反映说,在金厂长手下工作,从来没受过什么激励,二厂职工生活上的困难,金厂长是不会过问的。二厂职工都说金厂长缺乏人情味。久而久之,金华手下的骨干都没有什么积极性了,只是等着金厂长巡视工作时,安排任务罢了。而金华则觉得心力交瘁,疲惫不堪。二厂的经济效益也逐年下降。公司研究决定改任金华为公司副总工程师,主管公司的研发工作,而二厂厂长则另选他人。

(3)合作型领导风格。如果说强制型领导要求"按我的要求做",权威型领导鼓励"跟我来"的话,合作型领导提倡"员工先行"。合作型领导是建立组织归属感的专家,这种领导风格更重视个体及其情感,而不是任务和目标。合作型领导会给予下属大量积极的评价,努力使员工受到激励,心情舒畅,并在员工之间创造和谐的气氛。他能给予员工最合适的工作方式和工作的自由,这都有助于形成灵活的组织风格。

但是,合作型领导风格不应该单独使用。因为它比较强调表扬,有可能使不好的业绩没有被及时改正,员工也可能认为做一个平庸的人在组织中是被允许的。实际上,许多成功的合作型领导常使用权威型风格,运用权威型风格来构建蓝图,建立标准,同时运用合作型风格关心人、培养人从而形成比较理想的领导风格。

(4)民主型领导风格。民主型风格的领导者,善于听取员工的意见和建议,从而建立起信任、尊敬和忠诚。员工处于民主的氛围之中,他们在决定自己的目标及衡量成功的标准方面享有发言权,从而保持高昂的士气,这种领导风格能集思广益,增进组织的灵活性,增强员工的责任感。

然而民主型领导风格也有自己的缺点,那就是它对工作氛围的影响没有其他类型领导风格的影响大。为了达成一致的意见,民主型风格的领导者通常采用"会海战术",并倾向于将一些关键问题推后讨论。这种风格在某些情况下甚至有可能导致冲突,而在员工不胜任工作时,这种领导风格就会失效。

(5)方向制定型领导风格。方向制定型风格的领导者通常制定相当高的绩效标准,他以身作则,希望把事情做得又快又好,他对周围其他人的要求也一样。如果员工不能很好地完成任务,就会遭到方向制定型风格的领导者毫不留情的撤换,因此这种风格常常会破坏工作氛围。方向制定型领导一般不对员工的工作情况进行反馈,员工也感到领导并不相信他们的能力,不允许他们以自己的方式工作。结果是工作的灵活性和责任心下降了,工作成了集中性的任务,并以一成不变的形式进行下去。

与其他类型的领导风格一样,方向制定型的领导风格也有它的长处,但这种领导风格不能单独使用。这种领导风格在所有员工自我激励、高度竞争的情况下,只需要进行一定的指导和协助就能起到良好的作用。如果带领的是一个非常有能力的小组,这种类型的领导风格就能保证工作按时完成甚至是提前完成。

(6)教练型领导风格。教练型风格的领导者能帮助员工发现自身的优势和弱点,并能将这些优势与员工个人的职业发展联系在一起。他不但鼓励员工制定长期的发展目标,并会帮助员工制定实现目标的具体计划,并给予员工大量的指导和反馈。他擅长指派工作任务,愿意承受短期的失败,只要这种短期的失败能为今后的工作取得经验,有利于促进今后长期的学习。因此,教练型领导风格在改善工作氛围及组织绩效方面有显著的正面作用。

但是,如果员工不愿意学习或不愿意改变自己的工作方式,则教练型领导风格没有任何意义。如果领导者缺少帮助员工的经验,这种方法也会失败。实际上,一些组织已意识到这种领导风格的作用,并试图运用这种方法为员工提供持续的绩效反馈来激励员工,但他们往往缺乏对员工进行有效指导的能力。因此,在六种领导风格中,教练型风格是最少被采用的一种。

一个领导者在实施领导的过程中,越能展现出多种领导风格,他将会越成功。成功的领导者还要学会根据情境的需要灵活选用合适的领导风格。实际上,能同时具备这些领导风格的领导者是很少的,能在特定的时间和场合内,恰当地运用这些领导风格的人就更少了。但可以通过让这些领导者与具备这些领导风格的人共同组建团队的方式来进行补救,或者是领导者自己学习扩展自己的领导风格。

第四章 领导与组织行为

人们普遍认为，搞好国有企业必须解决好企业的"一把手"问题。你认为改革中的国有企业的"一把手"应当运用怎样的领导风格呢？

（二）领导行为理论

领导行为理论主张评判领导好坏的标准应该是其领导行为，而不是领导者的内在素质。由于有效与否取决于领导者表现出来的实际行动，这样就可以通过培训来塑造领导者。领导行为理论是基于权力运用的领导风格理论，集中研究领导者的工作作风和行为对领导有效性的影响。

1. 领导行为四分图　这种理论认为，领导行为就是关心人和抓组织这两种行为的具体组合。"抓组织"是指领导者进行组织设计，明确职责关系，制定沟通途径，确定工作目标和工作程序等；"关心人"主要包括建立互相信任、互相尊重的气氛，注意到下属的感情和问题等。领导者的行为可以用两维度的"四分图"来表示，如图4-1所示。

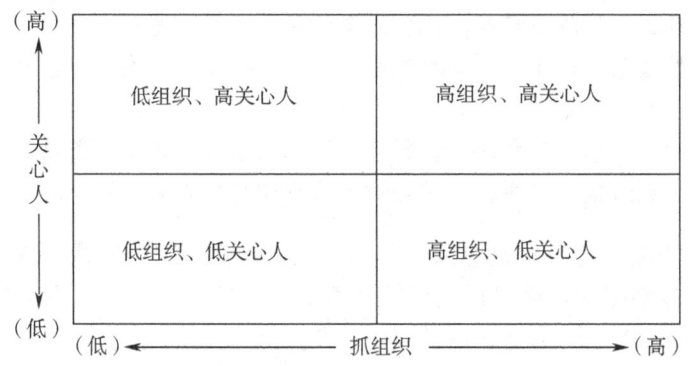

图4-1　领导行为四分图

（1）高组织、低关心人（右下）——最关心的是岗位工作，例如计划作业、信息沟通等。

（2）低组织、高关心人（左上）——不大关心工作进展，只关心员工间的人际关系，在处世方面多能保持一种互尊互信的气氛。

（3）低组织、低关心人（左下）——既不关心工作也不关心人。

（4）高组织、高关心人（右上）——既关心工作也关心人。

该理论认为，两方面都高的领导者，比其他三种类型的领导者更能使下属取得高工作绩效和高满意度。但是，双高行为并不总能产生积极效果。比如，当下属从事简易的常规性工作时,高组织行为的领导者就会导致高抱怨、高缺勤或者高离职,员工的工作满意度也低。一般来说,"高—高"行为能够产生积极效果,但同时也有很多特例表明这一理论还需加入情景因素。

 **4-9 建造"大家庭"**

企业家们常常号召员工"以企业为家",试图以此来增加企业的凝聚力,提高经济效益。但真正能让员工感到企业是自己的"家",却没有那么容易。这要求企业家真正在企业营造出"大家庭"的环境。

1969年由冯景禧创办的香港新鸿基证券有限公司,在日成交数亿港元的香港证券市场上占有30%的份额。冯景禧在新鸿基集团的管理哲学和用人艺术,既有西方的管理原则和求实精神,又有东方的和谐情趣。为了实施"大家庭式"的经营哲学,冯景禧十分强调团结的力量,在经营业务的大政方针决定之前,他总是广开言路,尤其是重视反面意见,然后加以集中,再向全体员工解释宣传。冯景禧注重以身作则,平易近人。为了使员工心情愉快,他还刻意创造一种"大家庭式"的生活气氛,如组织业余球赛,在周末用公司的游艇组织员工观赏海景,亲自参加员工们的"国语"学习等等。对待下属,冯景禧俨然是一个宽厚的长者。如果有哪个职工向他提出辞职,他首先会询问对方公司是否有亏待过他的地方?如有,就诚恳道歉、改正,并全力挽留。因为他知道,失去一个人容易,但培养一个人难。

冯景禧的"大家庭"式的经济哲学,不但使本地员工感到气氛和谐,而且也使外籍员工感到温暖。这样,一种奇妙的力量就自然在公司形成。

2. 管理方格理论 这是在四分图的基础上,就组织中的领导方式提出的一种理论。在方格图中,横坐标表示管理者对生产的关心程度,纵坐标表示管理者对人的关心程度。两条坐标轴各划分为从1到9的九个小格作为标尺。整个方格图共有81个小方格,每个小方格表示"关心生产"和"关心人"这两个基本倾向相结合的一种领导方式。如图4-2所示。

(1·1)型:贫乏型。领导者对员工和生产几乎都不关心,他只以最小的努力来完成必须做的工作,以维持组织中的身份。

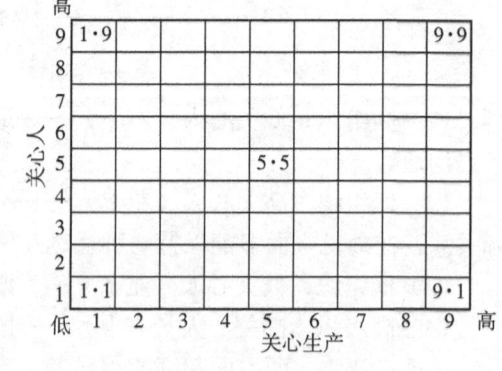

图4-2 管理方格图

第四章 领导与组织行为

 **4-10 "贫乏型"管理者老葛**

上午9时,永靖公司常务副总、董事老葛接到市府办公室电话,通知企业开展秋季消防大检查,老葛马上打电话给保卫处,要求他们组织经办这件事。9时30分,老葛从电话里得知油料品仓库的后墙再次被人敲开了个洞,三桶柴油被盗。老葛觉得事情严重了,不到二十天的时间里,这已是第二次油料品仓库被盗。他打电话给市公安局请他们协助调查取证,并请市公安局改善本地治安状况……整个上午老葛接电话、打电话,全是为了工作,忙得分不开身。

作为公司常务副总、董事的老葛竟然为这些小事忙成这样,职工们评论说,他可真是一个"贫乏型"的管理者啊。

(9·1)型:任务型。领导者只注重任务,而根本不关心员工的发展和他们的感受,对人的因素基本上采取漠视的态度。

(1·9)型:俱乐部型。领导者只注重支持和关怀下属,根本不关心任务和效率。认为只要职工心情舒畅,生产就一定能好,努力创建一种舒适友好的工作氛围。但对规章制度、指挥监督和任务、效率等很少关心。

(5·5)型:中庸型。领导者维持足够的工作效率和令人满意的士气,以保证必要的绩效。在关心人上比较适度,在关心工作上也比较适度。但是,这种领导方式缺乏创新精神,只追求正常的效率和可以满意的士气。

(9·9)型:团队管理型。领导者既关心工作也关心人,在组织内部形成一种相互信任和依赖的氛围,员工关系协调,士气旺盛,会进行自我控制,生产工作效率高。

管理方格理论认为,(9·9)型的领导方式是最有效的领导方式。组织的领导者应该客观地分析组织内外的各种情况,分析自己的领导方式,将自己的领导方式转化为(9·9)型,以求得最高的效率。

 **4-11 战斗集体型的管理风格**

自动化学院信息系的系主任李教授对新进入本系工作的刘博士说:"下周一上午我们谈谈,我想请你介绍一下你的硕士论文的选题和博士论文的研究情况,还有你的研究专长和学术兴趣。这样我们可以为你安排合适的教学和科研工作。"李教授注重根据个人的具体情况来安排合适的工作,体现了关心人与关心工作并重的9·9型领导方式,也叫作战斗集体型的管理风格。

3. PM 理论　这一理论认为，任何一个组织、群体都具有两种职能，一种是群体的目标达成职能，另外一种是维持、强化群体的职能。据此，可把领导行为确定为 P 和 M 两个维度。P 维度是代表工作绩效的维度，是群体目标达成的职能，它包括计划性和压力等内容。为完成一个目标，领导者必须有计划能力和组织能力，要为下级制定严格的规章制度和各级职责范围，并对执行情况进行检查。M 维度是代表群体维系的维度，是维系、强化群体的职能。M 职能的作用是通过对下级的关怀体贴，消除人际关系中不必要的紧张，缓和工作中所产生的对立与抗争，对下级进行激励支持，给他们发表意见的机会，刺激自主性，增强成员之间的友好和相互依存性，满足个人需求等。

P、M 两个因素包含在领导的总行为之中，一个领导者的 P 因素再强，也会有 M 因素存在其中，反之亦然。

由 P、M 强度的不同组合，可以得出四种类型的领导者：即 PM、Pm（或 P）、pM（或 M）和 pm，强用大写字母表示，弱用小写字母表示。PM 维度组合图如图 4-3 所示。

通过 15 万件案例的调查分析发现，PM 型管理的效果最好，因为这种领导方式可以导致最高的生产效率，下属对领导者的信赖度最高，领导与下属的亲和力也最高。P 型领导和 M 型

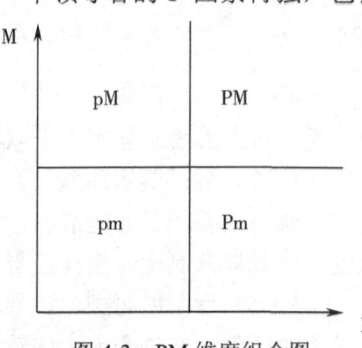

图 4-3　PM 维度组合图

领导都只能取得中等的生产效率，对组织的信赖度和亲和力各占第二或第三位。pm 型领导方式的效果最差。因为用这种方式领导只能导致最低的生产效率，下属对领导者的信赖度最低，领导者对下属的亲和力也最低。从长期角度看，人际关系稳定，M 型比 P 型好。当从事单调无意义的工作时，M 型的领导行为导致的效果最差。

三、领导工作的情景和权变领导理论

总体上看来，行为理论总结出的规律十分典型，而且也有一定的指导意义。但是行为理论不可避免地遇到了一个问题，那就是在确定领导类型和工作绩效之间的一致关系上，总是拿不出可靠依据。比如说，理论上都这样认为，既关心工作又关心人是最好的，但从实际观察发现，有时候关心工作绩效比较好。而且更加让人困惑的是，在有些情况下只关心工作不关心人或只关心人不关心工作比两者都关心效果要好。对于这些问题的思索，引发了一个新的理论的产生，这就是权变理论。

权变理论认为，没有万能的和固定不变的领导方式。有效的领导方式应是根据工作的不同而不断变化，不同的工作环境需要不同的领导方式。

第四章　领导与组织行为

 4-12　刘邦和韩信论将

刘邦因怀疑韩信谋反而将韩信捕获之后，君臣之间有一段精彩的对话——论将。刘邦问："像我这样的人，你看能领兵多少？"韩信答道："陛下可领兵十万。"刘邦问："那你能领兵多少？"韩信答曰："我是多多益善啊！"刘邦不高兴，对韩信说："既是如此，为何你始终为我效劳又被我擒获？"韩信说："那是因为我们两人不一样啊。陛下虽不能领兵，却善将将（"用将"之意），而我则善于将兵。"在这段对话里，韩信关于他与刘邦之间不同点的描述就很符合领导权变理论的基本观点。不同管理层次的领导者需要不同类型的领导能力，是领导权变理论的主要贡献。

（一）菲德勒的权变领导模型

第一个权变的领导模型是菲德勒提出的。权变理论认为不存在普遍适应的领导方式。有效的群体绩效取决于，同下属相互作用的领导者的风格与环境对领导者控制和影响程度之间的匹配。菲德勒开发了一种叫做最难共事者的问卷。他分离出了三项关键的环境因素，包括领导者与成员的关系、任务结构和职位权力。通过这三项环境因素高、中、低的组合产生出哪一种情况与领导者行为相互匹配，从而研究出哪种环境下、哪种领导行为是比较有效的。

对于三种环境因素，每种有高、低两种状态，一共组合出 8 种类型。研究者对 1 200 个工作群体进行了对比式的研究，研究出的结论是：任务型的领导取向在非常有利和非常不利的情况下工作得更好；而关系型的领导风格是在某些中间状况下工作得更好。由于上述三种情境都有"有利"和"不利"两种状态，所以，共可组成 8 种情境因素，见表 4-1。

表 4-1　菲德勒归纳的 8 种情境因素

情　境	1	2	3	4	5	6	7	8
领导者与被领导者的关系	好	好	好	好	差	差	差	差
工作任务结构	明确		不明确		明确		不明确	
领导者所处职位的固有权力	强	弱	强	弱	强	弱	强	弱

（1）情境 1 的三个因素齐备，是最有利的情境；适合采用"以任务为中心"的领导方式。

（2）情境 2、3 的三个因素基本齐备，也属于有利情境；适合采用"以任务为中心"的领导方式。

（3）情境 8 的三个因素都不具备，是最不利的情境；适合采用"以任务为中心"的领导方式。

（4）其余 4 种属于中间状态，适合采用"以人为中心"的领导方式。

按照菲德勒的观点，一个人的领导风格是不会轻易改变的。因此，要提高领导者的有效性，实际上有两种途径：一是根据环境选择合适的领导，在非常有利或非常不利的情况下都选择任务型领导。二是改变环境以适应领导者，比如可以改变领导者的职位权力，使他的职位权力增加，一旦职位权力增加，他的风格就有可能从不利转化为有利。

菲德勒模式表明，不存在单一的最佳领导方式，而是在一定的情境下某种领导方式可能起到最好的效果。同时，也不能只根据领导者以前的领导工作成绩来预测他现在能否领导得好，还应了解他以前的工作类型同现在的工作类型是否相同。

（二）领导生命周期理论

保罗·赫塞和肯尼斯·布兰查德联合提出的领导生命周期理论，是一个重视下属的权变理论。赫塞和布兰查德认为，根据下属的成熟水平选择正确的领导风格才会使领导取得成功。这一理论常被作为重要的培训手段运用。

下属的成熟度是指个体对自己的直接行为负责任的能力和愿望。它包括两个因素：工作成熟和心理成熟。工作成熟包括一个人的知识和技能。工作成熟度高的个体拥有足够的知觉能力和经验去完成他的工作而不需要他人的指导。而心理成熟是指一个人做事的愿望和动机。心理成熟的个体也不需要太多的外部激励，靠内部的动机激励就能够自己完成工作。

领导生命周期理论也把领导分为任务导向型和关系导向型，如图4-4所示。

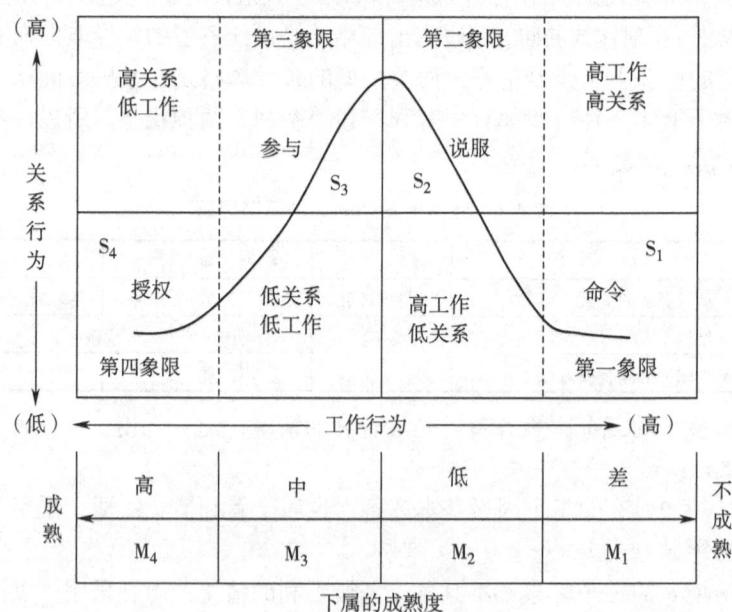

图4-4　领导生命周期理论曲线图

第四章　领导与组织行为

在领导生命周期理论中，将下属的成熟度划分为下列四个等级：

M_1：是处于低成熟阶段的下属，这些人对于工作任务既无能力又不情愿，既不胜任又不能被信任。

M_2：是处于成熟发展阶段的下属，这些人缺乏足够的技能，但有积极性，愿意从事必要的工作任务。

M_3：是处于中等成熟阶段的下属，这些人有能力却不愿意干领导者希望他们做的工作。

M_4：这是已经成熟的下属们，这些人有能力又愿意干让他们做的工作。

领导生命周期理论认为，随着下属由不成熟而走向成熟，领导行为应按下列程序逐步推进：高工作与低关系→高工作与高关系→低工作与高关系→低工作与低关系。也就是说，取决于下属的成熟程度，相应的基本的领导方式因而可分为4种：

（1）命令型（S_1）——高工作与低关系，领导者告诉下属应该怎么做以及何时何地去做。适用于低成熟度的情况。

（2）说服型（S_2）——高工作与高关系，领导者既告诉下属何时何地该怎么做，同时也注重下属的个人感受，关心下属的态度。适用于较不成熟的情况。

（3）参与型（S_3）——低工作与高关系，领导者与下属共同决策，为下属提供便利的条件，同下属充分沟通，关心下属的感受。适用于比较成熟的情况。

（4）授权型（S_4）——低工作与低关系，领导者提供极少的支持和指导，完全交给下属去做。适用于高度成熟的情况。

领导生命周期理论告诉人们，下属的成熟程度是可以不断提高的。在下属成熟程度低的阶段，领导者需要给予下属明确的指导，手把手地教他如何去做。在下属中等成熟阶段就要采取高工作、高关系相结合的领导方式，高工作能够弥补下属工作能力的不足，高关系则试图让下属从内心领会领导者的意图，变不能做为能做。随着下属成熟程度的不断提高，领导者可以不断地减少对下属活动的控制，同时还可以不断地减少同下属维持关系的行为，逐步实施参与型的领导方式，运用支持性的而非指导性的领导风格进行激励，解决下属能干而不想干的问题。当下属完全成熟以后，领导者不需要管太多的事情，因为此时下属既有意愿去干也有能力去承担了。

按照领导生命周期理论，对于已经比较成熟的中年骨干职工，领导者是否应通过双向沟通方式与下属进行充分交流，对下属工作给予更多的支持而不是直接指示？

（三）途径—目标理论

它是由加拿大多伦多大学教授罗伯特·豪斯开发的一种领导理论。这个理论现在已经受到人们的广泛关注。该理论认为，领导者的工作是帮助下属达到他们的目标，并提供必要的指导和支持以确保各自的目标与群体或组织的总体目标相一致。按照途径—目标理论的观点，领导者不但要给下属指明目标，而且要帮助下属找到实现目标的最佳路径，并为下属清理各种障碍，使得下属能够沿着这个路径朝着目标更为轻松、更为容易地前进。如图4-5所示。

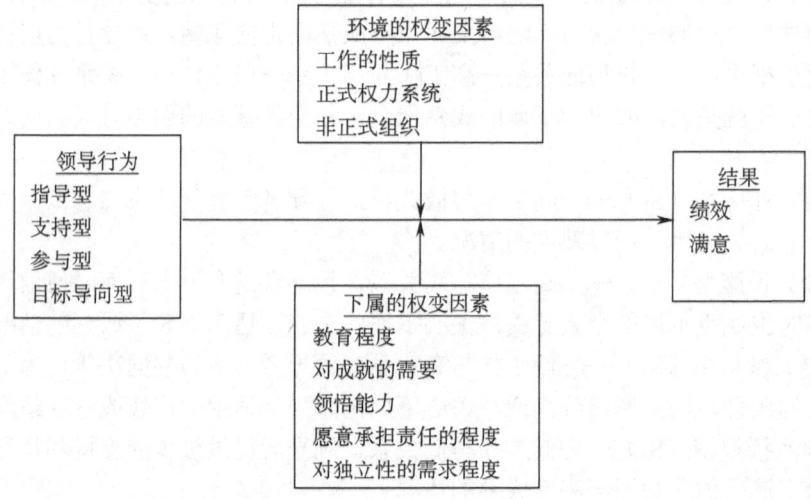

图4-5　途径—目标理论

途径—目标理论认为，对于一个领导者来说，没有什么固定不变的领导方式，要根据不同的环境选用适当的领导方式。领导者的行为被下属接受的程度取决于下属对这种行为的认同。领导者行为的激励作用表现在，一方面他对下属的需要和满足取决于有效的工作绩效；另一方面，他对下属进行辅导，帮助他们取得相应的绩效以实现自己的目的。在途径—目标理论中，领导方式可分为四种。

（1）指导型领导方式。由领导者给下属明确的任务目标，明确职责，严密监督，通过奖惩控制下属的行为。

（2）支持型领导方式。领导者对下属友好，平等对待，关心下属的生活福利。

（3）参与型领导方式。领导者鼓励下属参与任务目标决策和解决具体问题。

（4）目标导向型领导方式。这是参与型领导方式的一种特殊类型，它主要强调目标设置的重要性，领导者通过为下属设置富有挑战性的目标和鼓励下属完成这些任务来管理。

与菲德勒的行为理论相反，豪斯认为领导者是灵活的。同一领导者根据不同

第四章 领导与组织行为

的情况可以任意变换自己的领导风格。途径—目标理论提出了两方面的影响因素：一是环境的因素，包括任务结构、正式权力系统和工作群体。二是下属的因素，包括控制点、经验和知觉能力。

具体来说，当任务本身比较清晰明确，工作高度程序化，易让人感到枯燥乏味的时候，支持型的领导导致较高的满意度和绩效；而工作任务不明或压力过大，下属对工作感到无所适从的时候，指导型的领导导致较高的满意度。对工作熟悉、能力强和经验丰富的下属，指导型的领导就被认为是多余的，这时支持型的领导就会受欢迎。相反，对那些能力不够和经验不足的下属，指导型的领导就会受欢迎。对于组织中的正式权力系统来讲，越是分工明确、等级清晰，领导者就越应该表现出支持型的行为，降低指导型的行为。当任务相当复杂，需要组织成员间高度的相互协作，或当下属拥有完成任务的足够能力并希望得到尊重和自我控制时，采取参与型领导方式是合适的。而当任务结构不清时，目标导向型的领导就会提高下属的努力水平而达到更高的绩效。

总的来说，若领导者弥补了员工或工作条件方面的不足，就会对员工的满意度起到积极的影响。但是当工作任务本身十分明确，员工有能力去完成它时，若领导者还花时间解释那些任务，下属就会把这些行为视为多余。

从上述三种理论我们看到，权变理论从适应变化的原则出发，从领导自身行为特征和下属行为特征以及周围环境三个方面来考虑领导方式的实际效果。所以，这些理论是相对较完整的理论，核心就是"权"和"变"两个方面。所谓的"权"就是选择相应的因素，"变"就是对变化进行适应。有效的权变需要积极主动，未雨绸缪，掌握信息，推动变革。

 **4-13　丽人化妆品公司的年轻人**

安同是丽人化妆品公司的经理，近几年来，她在销售部的业绩极佳，于是前年被提拔起来任公司经理。为了扩充公司的推销力量，去年，安同组织人员招聘了一批刚毕业的大学生，其中有一名学化学的夏雪，被认为很有培养前途。公司指定夏雪负责华东片区的销售工作，并给予了小夏很有吸引力的薪金。一年下来，夏雪尽管工作十分努力，但所辖区域的销售业绩就是上不去。她也承认华东片区销售潜力不小，但似乎推销方法不得法。在年度考核时，各位主管面对各片区的销售业绩，特别是小夏负责的片区，议论纷纷。为了鼓励大家来年把工作做好，大家出谋划策人力资源部的张主任建议在办公室张榜公布各地区的销售业绩，让大家都知道谁干得好，谁干得差，以鞭策年轻人不断上进；策划部赵主任说，公司应当实行末位淘汰制，明年仍达不到销售指标的，公司就要请其另谋高就；流通部的陈主管，年纪较长，他倒是认为，年轻人嘛，顺其

自然，反正通过实践摸索与经验积累，他们会成熟起来的。安同知道，小夏的工作积极性很高，经常主动打电话联系客户，对顾客提出的疑问，总是不厌其烦地解释，很有耐心。安同决定亲自带小夏去走访几家新客户，给她示范一下销售老手的做法。安同想，只要能培养小夏的工作能力，发挥她的专业特长，小夏的工作成绩会提高得很快的。

四、领导理论的新观点

（一）性别与领导

近些年来，在性别与领导风格方面进行了大量的研究，总体的结论是：男性与女性确实采用不同的领导风格。

女性相对于男性更倾向于采用民主型或参与型的领导风格，女性更善于鼓励参与，共享权力与信息，更善于鼓励下属努力提高自我价值。她们通过包容而进行领导，并依赖她们的领袖魅力、专业知识和人际交往技能来影响员工。此外，女性也倾向于运用变革型的领导方式，通过将员工的自身利益转化为组织目标而激励他们。

男性则更乐于使用指导型、命令加控制型的领导风格。他们以自己岗位所赋予的正式权力作为影响基础。此外，男性也运用事务型的领导方式，通过奖励优异工作和惩罚不良工作来进行领导。

研究者通过实际的观察，还发现了十分有趣的现象。在男性主导的工作中，女性领导者更为民主的倾向性减弱了。显然，此时群体规范和男性角色的刻板印象大大超过了个人偏好。因而女性在这些工作中放弃了她们本质的风格，而以更为专制的风格采取行动。

由于男性在传统中一直处于组织中的主要领导岗位，因此人们可能会认为男性与女性的差异必定对男性更为有利，事实并非如此。性别并不意味着必然地天生就存在着差异。并非所有的女性领导者都偏好民主型风格，也有不少女性领导者采用变革型的领导方式。因此，当我们以性别来标识领导风格时，应十分慎重。

一些人比其他人在调整领导风格适应不同情景方面更为灵活。比如，一个人可能是偏向于参与型的领导风格的，实际上却运用了专制型的领导风格。因为情境需要如此。

请列举一些描述女性领导者特质的词，再列举一些由男性领导者联想到的词。看看这些词语的描述有什么偏向性的差异吗？你是否认为"男性"和"女性"因素皆应包含在对高效领导者的素质的定义之中呢？

第四章　领导与组织行为

（二）领导与冲突

有人的地方就会有冲突。对冲突历来有着多种不同的看法。目前，对冲突的最新观点是相互作用的冲突观，它不仅接纳冲突还鼓励冲突。

适度的冲突有利于绩效的提高。竞争其实就是一种冲突，引入适度的竞争就是引入适度的冲突，对提高绩效有利。

有效领导在选择解决冲突的方法时，应根据特定的情景采取不同的领导风格。各种方式都有其缺点，各有各的适用面。

 **个案 4-14　裁人计划引起的冲突**

得林是广大电子元件制造有限公司的总经理。该公司上半年出现严重亏损，年底须还清一大笔银行贷款，得林向下属各部门经理发出了紧急备忘录，要求在公司全面推行开源节流计划。计划中有一条是要求各部门严格控制经费支出，暂停加薪，并于当年裁减10%的员工，裁员名单要求在一周内交总经理办公室。继电器事业部的经理董真看到备忘录后，急忙找到得林，表达了自己不同意公司"一刀切"的做法。因为继电器事业部上一年的销售额超过计划的6%，今年订单量仍很大，需要增加生产工人和业务员。但得林固执地说："公司的决定哪个部门都不能例外，不然各个部门都强调自己的理由，做'老好人'，开源节流计划如何实施得下去呢？况且你们部门的业绩不错，那也是和全公司的支持配合分不开的，你不要以为就是你们自己的功劳！"董真生气地说："我不想裁去任何人，要裁，你就先裁我好了！"

事情被董事长洪玉知道了，他知道得林、董真是公司的两名干将，他们都在为公司的发展着想，争执的起因主要是两人对开源节流计划的操作方式想法不一致。洪玉找到董真，告诉他公司这次推行开源节流计划的决心，要求董真配合得总的工作，并从公司的角度提出在继电器事业部实施计划的安排建议。洪玉又和得林见面，要求得林收集在开源节流计划实施过程中遇到的问题和意见，注意在实施方法上不断改进。

（三）交换型领导与变革型领导

交换型领导就是用下属所希望的报酬，来换取自己所希望的下属的努力和绩效。所谓变革型领导就是指领导通过改变下属的动机和价值观来提高绩效。从领导的风格与下属要求的对应关系来看，交换型领导对应的是下属的外部需要，包括生理需要、安全需要、社会需要，还有受他人尊重的需要，这些都是来自外部因素支持的需要。而变革型的领导对应的是下属自尊的需要，还有自我实现的需要，这些都是来自被领导者内心的体验。

人们通常认为，交换型领导更适合市场在持续扩大和较少竞争的年代，这些管理人员基本上管理他们自己创办的组织，并且很少做出改变。变革型的领导往往出现在动荡、困难重重和快速变革的时代。但是，变革型领导并不是交换型领导的替代物。变革型领导是交换型领导的进一步发展，他们通常更能激励员工做出超过预期的绩效来。

变革型领导通常具有高度自信、远见卓识、身体力行和锐意进取等个人品质，能公平而有差别地体贴每一位下属，能鼓励下属用创造性办法解决难题。作为变革型的领导者其行为模式通常表现为：首先，开发一种高度吸引追随者的愿景；其次，清晰地表达愿景；第三，对愿景表现出高度自信和乐观；第四，制定能够实现愿景的战略；第五，对下属完成战略表示信任；第六，通过每一次的小任务来树立信心；第七，用各种正式的或非正式的成功来培养乐观主义精神；第八，把组织的核心价值观符号化；第九，以身作则，遵循"行胜于言"的准则。

事实上，领导是没有定式的，不变是暂时的，变是绝对的，所以一定要因时、因地、因人而异地选择适当的方式。

第四节　领导集体的优化

一、领导者的素质

领导者是权力的拥有者，是领导活动的组织者和实施者。因此，领导者必须是一个人才，是一个有才识学问的人，是一个德才兼备的人。组织应该在一定社会条件下和一定范围的社会群体中，培养选拔出最具有创造能力的人作为领导者。

（一）人才的基本素质

人的知识与智慧是人的创造性劳动的基础条件，不同的人有不同的智力，不同的岗位也要求具有不同智力的人担任。对人的素质要求有着不同的看法，一般认为：德、识、才、学、体五个方面是必备的条件。

1. 德　德是指人的政治素质，也就是人们常说的品德、德行、道德等。它包括政治观、道德观、人生观、价值观。一种品德的形成都包含有知、情、意、行四个要素。缺少其中的任何一个要素都不能形成完美的品德。这几种心理成分都得到相应发展时，思想品德才会形成。这里的"知"是指道德观念，它是对是与非、善与恶的认识与评价。它侧重于认识人与人、个体与集体、个体与社会之间的关系，用来分清是非，区别善恶，明辨美丑，识别荣辱，以使个体确定对客观事物应采取的态度和行为准则。所谓的"情"，也就是俗话说的情意、情感，是人们对事物的兴趣、愿望和爱憎的情感态度，它是随着人们对道德的认识而产生和

第四章 领导与组织行为

发展的。"意"即意志。它是为实现一定的道德行为所做出的自觉努力。"行"则是指道德行为。它是在人们认可的道德规范的调节下,在行动上对他人、对集体、对社会做出的实际行动。所以,行是衡量人们思想品德和社会觉悟高低的重要标志。

知、情、意、行以知为首,这是德育的基本规律。但是,关键是要做到知行统一,才可能逐步形成良好的世界观、人生观和道德观。

2. 识　识是指见识,它是知识与智力统一的表现,它包括科学预见能力。见识,一般来自亲自的经历和实践。社会环境客观条件是获得见识的重要来源,一个人要做有心人,要多干、多看、多听、多思,才能做到增长见识,做到见多识广,深谋远虑。"识"是可以通过培养来提高的。一是学习丰富的知识;二是深入实际,在深入实际当中提高认识和理解客观事物以及运用经验和知识解决问题的能力。一个有远见卓识的领导者,必须有知识,更应该有见识。

3. 才　才是指人的才能,它包括技能和技巧,可以统称为能力。知识不等同于能力,但它可以促进能力的形成。能力需要在实际中检验,也需要在实践中锻炼才能得以提高。每一个人只有具备相应的能力,才可以胜任本职工作。

4. 学　学是指一个人的学习习惯和学习能力。有爱学习的好习惯就可以不断学习吸收新的知识,做到与时俱进,不被时代所淘汰。有好的学习方法,学习能力强,在当今知识爆炸的时代,就能学到更多的高新知识,快速地对知识进行更新。

5. 体　体是指身体,它是一个人的物质基础。

（二）领导者的素质优化

领导者的素质,是由领导者所担任的领导工作的性质和职能所决定的。不同部门和不同层次的领导者,对其素质要求也不尽相同。但不管怎么样,都有着共性,一般的基本素质都应该具备。

1. **政治素质**　主要是指应该具有的政治方向、政治立场、政治品质、思想作风和政治纪律性等方面的要求。在领导者的诸多素质当中,政治素质是第一位的素质。平时常说"德才兼备、又红又专"的"德"与"红"指的就是政治素质。领导者具备了一定的政治素质,才能使其他素质得以正确的发挥。否则,其他素质再好也难以充分发挥积极作用。

2. **知识素质**　在信息化、高科技的经济时代,一个国家,一个民族,要想在世界之林立得稳,走在前,主要不是依靠体力和自然资源而是靠知识,靠智力资源。知识将成为社会和经济发展的主要动力。谁能够掌握世界最先进的科学技术,谁就可以跑在最前头。所以,领导者应该刻苦努力学习科学知识。知识素质应该包括专业知识、相关知识和实践知识。

3. **能力素质**　领导能力所含的内容十分广泛。重要的能力素质体现在以下几方面：系统思维能力、信息和科学预见能力、决策与指挥能力、组织协调能力。

二、领导班子的结构优化

结构是事物内部各个部分、各个要素,在一定时间内和一定条件下的配合与联系方式。不同的事物有不同的结构,不同的结构产生不同的功能。优化,就是使各结构要素做到最佳的配比组合。领导班子的结构是指为了实现领导班子的预定目标,把不同类型的领导者按照一定的程序和比例进行有机的组合。领导集体的优化就是使班子的领导功能实现最大化。科学合理的领导班子结构是充分发挥组织系统功能,实现领导集体优化的重要保证。

要实现领导集体的优化,就必须形成一个多序列、多层次、多要素的动态平衡的领导班子结构,它由知识结构、专业结构、智能结构、年龄结构和心理结构等亚结构组成。

(一)知识结构

领导班子的知识结构是指班子成员不同知识水平的配比组合。一个科学合理的领导班子的知识结构,应该是立体形式的,应该是由不同知识水平的人,按照一定的比例组合而成的。一个人的知识水平是有限的,对开展组织领导工作会受到一定的限制。同样,如果一个领导班子成员的知识水平层次、专业结构等,比较趋于一致也是不利于组织领导工作的。所以,将不同知识水平的领导成员组合成一个立体形式的结构,才有利于开展组织领导工作。

(二)专业结构

专业结构是领导班子中,具有各类专长成员的配比组合。任何组织或团体都有其社会功能,要实现其功能,各成员必须具有一定的科学知识。领导班子的专业结构,不只是自然科学方面的知识、技能,还包括社会科学方面各种专业知识,管理科学知识和组织管理才能。比如对于中国的国有企业来说,领导班子应由以下专业人员组成:有懂领导和懂市场的经理;有推动技术管理和科技进步的总工程师;有精打细算和严守纪律的总会计师;有能改善经营管理水平,提高经济效益的总经济师;有坚持方向,团结职工群众的党委书记。

(三)智能结构

智能就是运用知识的能力。智能结构是把具有不同知识程度以及掌握和运用知识能力的领导成员按一定的比例和程序组成一个有机整体。据美国通用汽车公司等单位的调查结果表明,以董事长为首的领导集团,主要由下列四种类型的人构成:善于思考的人——从事深谋远虑的工作;善于活动的人——从事各种难题的调解;善于出头露面的人——做打头阵的工作;善于判断的人——做综合分析工作。

(四)年龄结构

年龄结构是指领导班子中的各个成员按年龄分布组合的状况。每一个人的能

第四章 领导与组织行为

力,都会受到生理规律性的制约,不同年龄层次的人,其能力特点及强弱是不一样的。老年人有丰富的阅历和深邃的观察力,他们经验丰富,视野宽阔,思虑周密,处事稳重,可以起到"老马识途"、指引方向的作用;中年人年富力强,锐意求新,有开拓精神,创造活力大,可以作为领导班子的中流砥柱,发挥核心中坚作用;青年人思想敏锐,竞争心强,敢作敢为,可以充任攻坚性工作的突击队。因此,一个领导班子的年龄结构应以老、中、青的梯队形结构为好。其比例应是两头小中间大的"橄形"结构,即老、青各占20%～30%,中年占50%～60%左右为好。

(五)心理结构

领导班子的心理结构,是指由若干个不同心理特征的领导者,按一定的序列进行组合。

一个领导班子成员的性格既要有热情开朗、豪放活跃、善于交际的人,也需要老练沉稳、善于自制的人;在志趣上,既需要博学多才的人,也需要专攻精深的人;在行事作风上,既需要大胆泼辣、敏捷明快的人,也需要慎言慎行、柔中有刚的人。

一个人的个性心理特征,往往有好的一面,同时也会有不好的一面。所以,作为一个领导班子,应当把不同气质、性格、志趣、风度的人科学地组合起来,使之互相补充、扬长避短。如果一个领导班子成员之间的性格不合、志趣不相投、风格迥异,结果将是思路不一、内耗丛生,这样就会削弱领导班子的效能。

领导集体优化的问题,是一个综合的大课题,它不但涉及面广,而且还带有时代发展的动态性。

【重要概念】

领导: 为了达到组织目的而影响他人的行为就称为领导。领导的本质是一种影响力,领导者就是通过他的影响力去影响追随者的行为来达到组织目标的。

权力: 权力既是一种力量,更是一种关系。当甲方因其自身资源因素,导致乙方去做了在其他情景下不会去做的事时,甲乙双方构成的关系即为权力。

专制式领导风格: 领导者主要凭借发号施令和实施奖惩的权力进行领导。

民主式领导风格: 领导者在采取行动方案或做出决策之前听取下属意见,或者吸收下属参与决策的制定。

放任式领导风格: 领导者极少行使职权,而留给下属很大的自由度,让其自行处理事情。

管理方格理论: 认为领导风格的分类有多种多样,最理想的领导风格是一种将关心任务与关心人员紧密结合起来的团队式领导方式或风格。

领导生命周期理论：将被领导者的成熟度作为一个情境因素，考察能取得最好效能的领导方式是如何因情境不同而发生变化的一种权变领导理论。

菲德勒模型：从职位权力、任务结构、领导者同下属关系三个方面的情境条件来考察领导行为的有效性是如何受环境条件强烈影响的一种权变领导理论。

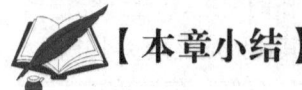

1. 领导是组织管理中的一项重要而独特的活动。领导工作具有人与人互动的性质，领导者正是通过他与被领导者的双向互动过程，促使组织成员更有效地实现组织的目标。

2. 领导的本质就是通过人与人之间的相互作用，通过权力的运用、激励、沟通和营造组织气氛，使被领导者能义无反顾地追随他前进，自觉自愿且充满信心地把自己的力量贡献给组织。

3. 权力是领导者对他人施加影响力的基础。按来源不同，可以将权力分为强制权、奖赏权、法定权、专家权、参照权和信息权等。

4. 领导工作能否产生预期的效果，取决于领导者自身的素质、领导者对被领导者的领导方式或风格、领导工作所面临的情境这三大因素，据此可以将有关领导工作及其效能的研究划分为领导特质理论、领导行为理论和权变领导理论三类。

5. 领导特质理论主要研究领导者与非领导者，以及有效的领导者与无效的领导者之间的素质或特质的差别。

6. 领导行为理论则将研究重点从领导者可能具有哪些特质转向了领导者应当如何行为的方面，并对领导方式或风格做了各种角度的区分。

7. 权变领导理论认为，有效的领导方式是因不同情境而权变的，只有与特定情境相适合的领导方式才可以成为有效的，而与特定情境不适合的领导方式则通常是无效的。

8. 领导者是权力的拥有者，是领导活动的组织者和实施者。因此，领导者必须是一个人才，必须具有相应的领导素质。在领导班子中，应着力使班子成员的各种结构要素做到最佳的配比组合，使班子结构优化，实现领导集体的领导功能最大化。

【复习思考题】

1. 你认为领导的实质是什么？领导者对组织行为有哪些影响？
2. 你认为在实际工作中运用哪种领导作风更有效？为什么？
3. 试谈谈你对领导特质理论的内容的认识与评价。
4. 试述领导行为的代表性理论及主要观点。

第四章 领导与组织行为

【本章测试题】

一、填空题

1. 领导的特性包括_____、_____、_____、_____、_____、_____。
2. 根据权力的来源不同,可以将权力分为:_____、_____、_____、_____、_____、_____等。
3. 坦南鲍姆和施密特的领导行为连续统一体理论,将领导风格划分为_____、_____、_____、_____、_____、_____六种。

二、单选题

1. 途径—目标理论是( )提出来的。
   A. 菲德勒　　　　B. 豪斯　　　　C. 布莱克　　　　D. 耶顿
2. 领导生命周期理论指出,有效的领导行为除了应该考虑工作行为、关系行为以外,还应考虑被领导者的( )。
   A. 素质　　　　B. 业务水平　　　　C. 成熟程度　　　　D. 培训提高
3. 在领导方格模式中,(9·1)型领导又称( )。
   A. 贫乏型　　　　B. 俱乐部型　　　　C. 任务型　　　　D. 中庸型
4. 权力就其来源可分为强制权、奖赏权、法定权、参照权、专家权,还有( )。
   A. 资历权　　　　B. 代表权　　　　C. 信息权　　　　D. 合法权
5. 根据领导生命周期理论,参与型领导方式适用于( )。
   A. 高工作低关系的情况　　　　B. 高工作高关系的情况
   C. 低工作低关系的情况　　　　D. 低工作高关系的情况
6. 民主式领导方式的主要优点是( )。
   A. 纪律严明,管理规范,赏罚分明
   B. 成员有高度的独立自主性
   C. 按规章管理,领导者不运用权力
   D. 员工关系融洽,工作积极,富有创造性
7. 管理和领导是有区别的,其实,领导是指( )。
   A. 对下属进行授权以实现组织目标的过程
   B. 对组织资源进行计划、组织、指挥和控制的过程
   C. 通过沟通,影响组织成员,使他们追随其所指引的方向,实现组织目标的过程
   D. 通过行政性职权的运用,指挥成员按既定方案行动,以实现组织目标的过程

三、多选题

1. 领导行为连续统一体理论是（　　）提出来的。
   A. 勒温　　　　B. 坦南鲍姆　　　C. 利克特　　　D. 施密特
2. 管理方格图中，典型的领导方式有（　　）。
   A. 贫乏型　　　B. 中庸型　　　　C. 俱乐部型　　D. 团队管理型
3. 概括起来，我国优秀的领导者的素质应当包括（　　）。
   A. 政治素质　　B. 知识素质　　　C. 协调素质　　D. 能力素质
4. 以权力定位划分的领导风格主要有（　　）。
   A. 专制型　　　B. 民主型　　　　C. 放任型　　　D. 权威型
5. 就其来源划分的权力类型有（　　）。
   A. 强制权和奖赏权　　　　　　　B. 信息权
   C. 法定权　　　　　　　　　　　D. 专家权和参照权
6. 按照菲德勒模型，影响领导风格的有效性的因素是（　　）。
   A. 职位权力　　B. 任务结构　　　C. 上下级间关系　D. 组织结构

四、判断题

（　）1. 一般地说，管理偏重于决策与用人；而领导侧重于执行决策，组织力量完成组织目标。

（　）2. 从范围上看，管理者的范围小于领导者的范围，而管理的范围则大于领导的范围。

（　）3. 管理者包括了领导者，但不等同于领导者。

（　）4. 奖赏权是建立在畏惧基础上的。

（　）5. 强制权和奖赏权一样，都是与法定权密切相关的，这些权力的行使都是与其所担负的工作和职务相关的。

（　）6. 有效的领导者采取措施保证他们的各种权力都有足够的水平，保证他们所拥有权力的实施对组织有益。

五、名词解释

领导　　权力　　管理方格论　　民主式领导风格

六、简答题

1. 勒温的领导方式理论中有哪些领导方式？
2. 管理方格中列出了哪几种典型的领导方式？
3. 菲德勒提出对一个领导者的工作影响作用较大的有哪些方面？
4. 途径—目标理论认为有哪几种领导方式可供同一领导者在不同环境下选择使用？
5. 现代权变组织理论的主要观点是什么？
6. 领导生命周期理论的主要思想是什么？

第四章　领导与组织行为

【案例分析】
忙碌的总经理

鼎力密封实业公司是一家拥有二百多人的密封件生产企业，为一些名牌汽车制造厂商生产配套的密封元件。除了四个生产车间外，公司还设有技术部、采购部、营销部、财务部、人事部和质量管理部等部门。总经理司马林任现职近五年了，此外还有一个副总经理王波，分管技术、采购和营销。公司的生产经营状况稳定，公司正着手收购另一家大型橡塑制品公司。

年底的一天，司总经理翻阅秘书送来的月度报告和报表，上个月的质量情况令他感到不安，不合格品率上升了1个百分点，引起了几家用户的投诉。他立即告诉秘书明天召开质量例会，重点解决这个问题，并要求质量管理部收集"6西格玛精益管理"的资料，准备在公司推行六西格玛管理。在司总经理处理这些事情的时候，不断地有人进来找司总签字，哪怕是王波分管的技术部和采购部。由于公司实行的是"一支笔"政策，所以若没有司总的亲笔签字，事情就无法继续下去。

处理完报告和报表后，司总经理决定到车间巡视一下。在硫化车间，他发现青工木子未按安全规程的要求操作，他当即批评了木子。随后他来到了刚成立的技术攻关小组，鼓励他们早日攻克影响产品质量和生产进度的难题，并告诉技术员小贾，他已和区政府幼儿园联系了，将尽快解决她的孩子入托问题。

中午，根据事先的约定，司总经理和一个重要的客户共进了午餐。在宴席当中，司总接到了王波打来的电话。王波告诉司总在那家橡塑制品公司现场看到的一些情况。司总对王波说，到时候他本人会亲自去看看现场的。

下午，司总主持了公司年终总结会，评选出了年度先进个人和先进集体。散会后，司总与一名外商进行了谈判，签下了一份金额大、时间紧、难度高的合同。等王波从外面赶回来，谈判已经结束。王波看了合同后，对司总表示合同中产品的生产技术难度高，精度要求高，需要一定时间改造公司的旧设备，所以工期可能无法保证，若购买新设备则公司会增加经济负担。司总点点头说："情况都清楚了，大家想办法，无论如何要保质保量完成这个合同！"

据案例中提供的情况，请思考：
1. 司马林总经理的领导风格是什么？
2. 你能对司马林总经理提出什么好的建议？

第五章 非正式组织的行为

学习目标

◇ 了解非正式组织、非正式权力、非正式沟通的概念；
◇ 了解正式组织与非正式组织的关系；
◇ 理解非正式组织产生的原因及其利弊；
◇ 掌握非正式组织的类型及其行为基础；
◇ 掌握积极发挥非正式组织作用的方法。

引导案例　SL 有限公司的集体离职

广州滘口工业区的 SL 有限公司是一家生产皮鞋的中型企业，产品绝大部分是按照出口订单生产，然后外销。公司一直都保持着稳定的发展，但自从公司的前任厂长两年前离职自己创业后，公司的情况就开始慢慢地变化。老总佟生一直在物色具有丰富皮鞋生产和出口经验的管理者，但是前后来了几任厂长都没能改变公司管理混乱的局面，成品皮鞋几乎每批都有近一半因质量不达标而被外贸公司退回返工。这一方面让公司大幅度亏损，资金周转出现危机；另一方面由于公司采取的是计件工资制，也导致员工的收入锐减。近几个月来，公司内部流传着各种消息，如：又要换厂长了；刚做的一批订单又要返工；这个月的工资佟总会压着不发；老板准备申请破产，等等。

此时，佟总正在上海和一家外贸易公司谈判，希望能获得一个 200 万元的出口订单。他也知道公司里人心不稳，但他认为只要能签到大额的订单就可以稳定军心，一切都会好起来。所以在离开公司前，他给员工发了了拖欠的工资。但等他结束谈判返回公司，却发现已经有 43%的员工在领到工资后就辞职离去。他发现这些一起离开的员工大多是来自同一个省份，或者以前在同一家公司工作过。

对非正式组织的广泛兴趣源于 20 世纪 30 年代梅奥教授的霍桑实验研究的结果。这一结果认为：非正式组织是工作环境里的重要组成部分，会对组织运行的各个层面产生影响。有研究表明，一般成员自我组织的群体能够比专家更好地解决复杂问题。美国劳动部门对一些大公司的员工的调查结果显示，员工工作中所需要的知识的 70%不是从公司的培训资料或操作手册和说明书中获得，而是来自于非正式渠道。因此了解和引导非正式组织是每一位管理者所必须面对的问题。

第五章　非正式组织的行为

第一节　正式组织与非正式组织

在第一章中，我们已经了解到，组织是为了达到特定的目标，经过分工与协作以及不同层次的权力和责任制度，而构成的人的集合体。组织按是否自发形成，可以分成正式组织和非正式组织。

一、正式组织

正式组织是经由管理者通过正式筹划并借助组织图和职务说明书等文件予以明确规定的组织。正式组织是组织设计工作的结果和表现。正式组织具有组织存在的目的以及组织工作程序等一系列组织规则：设立的程序化、解散的程序化、运作的程序化。同时组织内部存在着正式分工和职能结构，有明确的成员间的责权关系，具有固定的信息传递渠道，具有相当程度的强制力。正式组织的基本特征有：

（1）目的性。正式组织是为了实现组织目标而有意识建立的，因此，正式组织要采取什么样的结构形态，从本质上说应该服从于实现组织目标、落实战略计划的需要。这种目的性决定了组织工作通常是紧随于计划工作之后进行的。同时，为了更好地实现组织的目标，正式组织往往需要随着内外环境条件的变化而做出相应的调整。

（2）正规性。正式组织中所有成员的职责范围和相互关系通常都在书面文件中加以明文的、正式的规定，以确保行为的合法性、准确性、纪律性和可靠性。

（3）稳定性。正式组织一经建立，通常都会维持一段时间相对不变，以充分发挥组织的效能。过于频繁的变动对于正式组织来说，不仅不可能，因为组织运行的惯性及各种人为阻力都会抑制这种变动，而且也不利于提高组织工作的效率。只有在内外环境条件发生了较大变化而使原有组织形式显露出不适应时，才提出进行组织重组和变革的要求。正式组织必须解决好稳定性与适应性的结合、持续性与变动性的平衡。

（4）强制性。正式组织的权力具有强制性服从的特点，并且还有正统性和合法性等特点。这是由于正式组织的权力来源于组织规章和制度。

查找一个你较熟悉的正式组织，比如某个知名企业或机关、团体，分析一下该组织的基本特征是什么。

二、非正式组织

（一）非正式组织的产生

在正式组织中，可能存在若干非正式组织。非正式组织是伴随着正式组织的运转而形成的。在正式组织中，某些成员由于工作性质相近、社会地位相当，对某些具体问题的认识基本一致、观点基本相同，或者由于性格、爱好和志趣、感情比较相投，大家觉得彼此"合得来"，于是在平时相处中会形成一些被小群体成员所共同接受并遵守的行为规则，从而使原来松散、随机形成的群体逐渐成为趋向固定的非正式组织。此外，当人们面临共同压力或危机时，就会组织起来共渡难关，就容易产生非正式组织。比如，当闻言公司要裁员时，员工们就会组织起来同公司理论。

管理学家发现其中有一个定则：即人们有互相结合的需要，倘若不能从正式组织或领导措施上获得需要的满足，则非正式的结合就会增多。因此，非正式组织是一种未经正式筹划而由人们在交往中自发形成的一种个人关系和社会关系的网络。由于不是经过程序化而成立的，因此非正式组织通常也被称为组织中的小团体，是组织成员在共同工作的过程中，由于抱有共同的社会感情而形成的非正式团体。

任何组织，不论规模多大，都可能存在非正式组织。非正式组织与正式组织相互交错地同时并存于一个单位、机构或组织之中，这是组织生活的一个现实。

（二）非正式组织的特点

非正式组织的作用在于维护其成员的共同利益，使之免受由于其内部个别成员的疏忽或外部人员的干涉所造成的损失。为此非正式组织中有自己的核心人物和领袖，有大家共同遵循的观念、价值标准、行为准则和道德规范等。与正式组织的特征相对应，非正式组织有其自身鲜明的特点，主要表现在：

（1）自发性。非正式组织中共同的个体行动虽然有时也能形成某种结果，但人们并非是本着有意识的共同目的参与活动的。他们只是由于自然的人际关系而自发地发生交互行为，由此形成一种未经刻意安排的组织状态。

（2）内聚性。在非正式组织里，共同的情感是维系群体的纽带，人们彼此的情感较密切，互相依赖，互相信任，有时甚至出现不讲原则的现象。非正式组织的凝聚力往往超过正式组织的凝聚力。

（3）行为一致性。由于有自愿结合的基础，非正式组织成员对某些问题的看法基本是一致的，因而情绪共振，感情融洽，行为协调，行动一致，归属感强。组织成员具有高度的行为一致性以及很强的群体意识，比如自卫性、排他性等。

（4）沟通顺畅性。非正式组织成员之间感情密切，交往频繁，知无不言，信息传播迅速，成员对信息反应往往具有很大的相似性。

第五章 非正式组织的行为

（5）不稳定性。非正式组织没有正式的组织结构，一般比较松散，人员不固定，容易受偶然因素的影响。它可以随着人员的变动或新的人际关系的出现而发生变动，因而非正式组织的结构会表现出动态的特征。

（6）非强制性。非正式组织内的"领导者"是自然涌现出来的，成员对他的拥戴程度高，他的号召力强。但是，非正式组织的权力来自于组织内成员的认可，而不是上级部门的授予，因而非正式组织的"领导者"权力的实施不具有强制性和稳定性。

 **5-1 社会人假设的实证分析**

社会人的假设，被英国塔维斯托克研究所的煤矿试验所证实。该煤矿原来用短墙法工作，工作面很窄，2~8人一组，小组承包，负责挖掘、装载、运送，成员自愿组合，自行分工，生死与共，感情深厚。后来随着技术的发展，采用传送带和其他机械设备挖煤，工作面长至200英尺，40~50人一组，三班作业，分工很细，工人们互相很少见面，工作不能自主，沟通减少，隔阂加深，工人失去与别人的连带感，觉得工作毫无意义，从而使生产率大为下降。通过研究，管理层不得不对班组重新调整，让工人自由组合，允许交往，采取组织分配工资的办法，才使生产率得到恢复。

（三）非正式组织的类型

1. 按非正式组织的成因分类　按成因划分，非正式组织可以分为：利益型、信仰型、兴趣型、情感型、亲缘型等类型。

（1）利益型。这是各成员由于某种共同的利害关系而结合在一起形成的非正式组织，具有明确的满足其成员利益要求的倾向，并为成员满足其利益要求提供一定的机会，这种非正式组织的凝聚性比较强。例如，为了办事方便而结合，为了对抗其他群体而结合。

（2）信仰型。这是各成员由于共同的理想、信仰而结合在一起所形成的非正式组织。例如，为了帮弱扶困而结合在一起的公益、志愿者服务队等。

（3）兴趣型。这种非正式组织是在成员强烈的兴趣爱好下形成的，成员具有共同的兴趣爱好，例如，打球、下棋、钓鱼、技术攻关等，是以共同感兴趣的问题为基础的结合。

（4）情感型。这是各成员由于有较多的社会交往，在交往中相互感情融洽，思想共鸣，以亲密的情感为基础的组合所形成的非正式组织。例如，校友、师兄弟等。

（5）亲缘型。这种非正式组织中的各成员是由社会亲属关系而形成的，具有比较稳定、凝聚性强的特点。例如，父子、兄弟、表亲等。

2. 按非正式组织的作用和性质分类　　按作用和性质，非正式组织可分为积极型、消极型、中立型、破坏型等类型。

（1）积极型。这类非正式组织的目标以及活动对正式组织的目标和任务的完成起到积极的作用。

（2）消极型。这类非正式组织的存在对于正式组织目标的实现具有消极的影响，但是其活动还未超过法律或规章许可的范围。

（3）中立型。这种非正式组织的行为同正式组织的目标及行为没有明显的相关关系，既没有促进作用，也没有阻碍作用，或者说，看不出其积极或消极的影响。

（4）破坏型。这类非正式组织对于组织目标的实现具有明显的破坏和干扰作用。

三、正式组织与非正式组织的关系

与正式组织相比，非正式组织是未经正式筹划而由人们在交往中自发形成的一种个人关系和社会关系的网络。机关里午休时间的扑克会、业余时间的球友会等，都是非正式组织的例子。在非正式组织中，成员之间的关系是一种自然的人际关系，他们不是经由刻意的安排，而是由于日常接触、感情交融、情趣相投或价值取向相近而发生联系。

> 张如和赵平两人合伙注册经营一家投资咨询公司，目前暂未招聘员工，两个人既当经理又当员工。你认为这个公司内部是否可能存在非正式组织？

正式组织和非正式组织在组织目标、组织结构以及职位、职责和职权对应程度上都是不同的。两者相比较，正式组织的活动以成本和效率为主要标准，要求正式组织的成员为了提高活动效率和降低成本而确保形式上的合作，并通过对他们在活动过程中的表现予以正式的物质和精神的奖惩以引导他们的行为。因此，维系正式组织的主要是理性的原则。而非正式组织则主要以感情和融洽的关系为标准，它要求其成员遵守共同的、不成文的行为规则。不论这些行为规则是如何形成的，非正式组织都有能力迫使其成员自觉或不自觉地遵守。对于那些自觉遵守和维护规则的成员，非正式组织会给予赞许和鼓励，而那些不愿意就范或犯规的成员，非正式组织则会通过嘲笑、孤立等手段予以惩罚。因此，维系非正式组织的，主要是接受与欢迎或孤立与排斥等感情上的因素。

第五章 非正式组织的行为

本质上来讲，非正式组织是为了满足人们的社会交往需要，通常是在友谊和共同爱好的基础上产生的，具有较强的亲和力。由于个体的需求是无止境的，在许多情况下，人们感情的影响要甚于理性的作用，而正式组织很难满足成员所有的需求，因此，非正式组织便常常伴随着正式组织相促而生、相伴而存，非正式组织的存在必然会对正式组织的活动及其效率产生影响。

非正式组织的存在及其活动，既可对正式组织目标的实现起到积极促进的作用，也可能产生消极的作用。非正式组织的积极作用主要表现在，它可以为员工提供在正式组织中很难得到的心理需要的满足，有表达思想的机会，能提高士气，可以促进人员的稳定，有利于沟通，有利于提高人员的自信心；可以创造一种更加和谐、融洽的人际关系，提高员工的相互合作精神，最终改变正式组织的工作情况。

非正式组织的消极作用主要在于，如果非正式组织的目标与正式组织目标发生冲突，则可能对正式组织的工作产生极为不利的影响。非正式组织要求成员行为一致性的压力，可能会束缚其成员的个人发展。此外，非正式组织的压力还会影响到正式组织的变革进程，造成组织创新的惰性。

 5-2 华帝经销商网络的非正式组织效力

中山华帝燃具股份有限公司在网站上的组织结构图十分平常，上有股东大会、董事会，下设总裁、副总裁及各事业部等。虽然在通常情况下，华帝的经销商网络并不是华帝正式组织架构的一部分，但因为与华帝关系紧密，一直发挥着外围辐射式的非正式组织效力。这是一种以人情和互利关系夯实的、忠诚而庞大的外围非正式组织，它构成了对华帝的稳固支撑和竞争优势。

华帝运用连续竞标的方式来挑选经销商，全方位考察和评价加盟者的品格、能力和资本实力。华帝的经销商队伍并不是一成不变的，但对经销商的淘汰机制，不是在利的基础上淘汰，而是在义的角度上淘汰。2001年，珠海市有位经销商身体欠佳，请人代为管理，当年的业绩下降很大，华帝并不因此向他施压，反而传递正面的信息，让他不必因为暂时的业绩下滑而背负包袱，华帝会给他调整的时间。此后，该经销商在合作中对华帝更为忠诚，他明白：品牌做好了是华帝的，但市场还是自己的，实际上，作为经销商是分享了华帝的无形资产带来的利润。华帝给经销商一份心理上的保障。

华帝打造整个经销商网络，帮助经销商成长，实际上也就是帮助自己发展，经销商的实力越强，对华帝体系的贡献越大，这是一种共生关系。对于非正式组织来说，由于其相比正式组织更开放和自由，经销商之间、经销商与华帝员工之间更容易在平等的基础上产生友谊，满足了经销商的归属感和寻求保护的需要，从而带来工作上的热情。因此，华帝不遗余力地把自己的终端服务、人员培训、内部管理、

品牌传播等模式都输出到经销商中，通过整个"非正式组织"的通道，全盘考虑对等、互补、目标一致、文化认同等四个合作要素，把"利益共同体"变成了"义利共同体"，其中："利"是显性的，可以模仿的；"义"是隐性的，无法复制的。

由于日久生情，许多经销商被内化为华帝的一部分，华帝也把经销商当作自己的一部分。

第二节　非正式组织的行为

一、非正式权力

权力是指对他人的影响或控制。在第四章中，我们已了解到管理者有因职位而授予的法定权；有给予下属奖励、提升的奖赏权；有惩罚或建议惩罚的强制权；有因丰富的专业技术知识而具备的专家权；有获得内外活动消息的信息权等。组织中的权力常常可以分为正式权力和非正式权力。但是严格区分二者是不必要的，很多情况下具有正式权力的人，兼具有非正式权力。正式权力由正式的等级管理和报告关系确定，常常表现为法定权，而非正式权力则更多地来源于另外几种权力。

（一）正式权力

组织内的正式权力来自于上级管理部门的委任，具有上级委任、强制实施、等级式、合法性和稳定性等特点。正式权力是固定的，有着明确的边界限制，它的执行主要依靠组织的规章制度或组织共有行为来强制实施。正式权力具有多级性，由各种不同层次的职权相互联系、相互作用，形成完整的正式组织的权力体系。同时，正式权力的设置与实施都合于理性规则，且由于组织结构和组织规则的相对稳定而具有稳定性的特点。

（二）非正式权力的产生与特点

非正式组织内的权力由群体成员而并非由正式领导授予，因此它并不依照正式指令链传递。它是来自同僚而不是正式级别中的上司，它能够跨越组织职能分界到达另一部门。由于非正式组织受人们的情感支配，因此这种权威相对就不够稳定。由于其主观性，非正式组织无法像正式组织那样被管理层控制。典型的情况是，正式领导既拥有正式的、职位上的权力，又拥有非正式的、个人魅力的权力，但他往往不比组织中其他人拥有更多个人权力，这意味着在组织中正式领导和非正式领导者通常是两个不同的人。

通常情况下，非正式权力易受个体因素的影响，其特点为非理性和不稳定性。非正式权力的特点有：权力来源于成员共同授予；权力实施依赖于组织压力以及其他非正式行政权力；非正式权力不具有等级式的层级结构；非正式权力靠非理性和个体情感因素来维持。

第五章　非正式组织的行为

（三）非正式权力与正式权力的关系

在组织运行中，正式权力与非正式权力常常是不可区分的，而且也没有必要严格加以区分。事实上，任何一种组织都要以某种权力为基础，树立权威，从而消除混乱，带来秩序，没有权威的组织是无法实现组织目标的。在组织中，领导者的权威一定程度上是建立在职位基础上的，领导者的命令之所以得到组织成员的服从，是因为组织规则规定领导具有这种权力。

正式权力是由正式组织的结构决定的，正式权力的分配随着组织结构的确定而确定。组织结构使得某些参与者必然在信息网络中处于中心地位，获得更多更重要的信息资料。因此，通过任命特定的人员执行指定任务或制定决策，就建立起了正式的权力关系，而通过影响信息和沟通结构，则建立起非正式权力关系。

非正式权力的来源主要是组织成员的认可，其影响因素主要是资历、技术能力、工作地位以及气质、个性等。正式权力的指挥往往会造成上下级对立、下级的消极应付等后果，而非正式权力能够对成员行为产生较强的约束力，导致行为的高度一致性，所以在组织内部的正式权力以外，必须考虑到非正式权力的作用。

此外，正式权力可能会导致正式组织扩展到庞大的规模，而非正式组织则倾向于维持小规模，以保持人际关系的限度。结果是大组织里往往有无数个非正式组织在其中运作，其中一些完全在机构内部，而另外一些可能游离于组织之外。由于规模小、不稳定，所以非正式组织不足以满足现代机构所要求的人力和资源的正式大集合。非正式组织关注的是人及其关系，而正式组织强调以权力、责任体现其正式地位。因此非正式的权力属于个体，而正式权力则依附于职位。非正式权力带有个人色彩，而正式的权力则有官方色彩。

 **5-3　请假必须办手续**

接到调令，王青前往B公司二车间担任主任。在交接工作时，前任苏主任特意对车间里的张成的情况作了详细介绍，说张成个性强，不好合作，凡事喜欢自作主张。有时经理会或车间班子决定了的事，如果他有意见，那么决策就很有可能在二车间得不到有效的实施。苏主任的话在王青的心里留下了很深的印象。

王青正式接任工作后，加强了对劳动纪律的要求，他是个较严肃的人，自律性强，对工作要求很高。由于刚来车间工作，和各位工友的关系还没有马上活络起来。但经过一段时间的接触，他发现张成确实很有个性，比如：自尊心很强，人很正直，对工作有主见，也敢于承担责任，技术素质硬，好胜心强，总希望自己的事做得比别人好。张成在二车间确实有一定的群众基础。

这天，二车间的小刘接到家里的电话，说他的母亲脑溢血，生命垂危，要他立刻回家。但这时车间里刚好接到一项任务急着要生产交货，全车间人马都在加班加点地干。小刘很着急,眼泪都流出来了。张成很有义气地对小刘说:"你把手头的活交给我,赶紧回去吧,别请假了,免得主任啰唆。"小刘感激地走了。

第二天,王青发现了此事,当得知是张成怂恿小刘不要请假时,他批评张成:"纪律是每个人都必须遵守的,有事必须请假,得到批准才能离开。"同时,王青又对张成说:"你能及时帮助小刘,这让我很欣赏。这样,小刘回来必须补办请假手续。这几天,小刘留下的工作,你和赵永一起完成吧。该算加班的,要计加班。"张成见主任态度严肃中带着和蔼,也不好意思地笑了笑。王青心里想:这个小伙儿,是个可塑之材,要好好引导。

二、群体中的从众行为

当一个人在群体中与多数人的意见有分歧时,会感到群体的压力。有时这种压力非常大,会迫使群体成员违背自己的意愿产生完全相反的行为。社会心理学把这种行为叫做顺从、遵从或从众。

(一)从众行为

从众(conformity)是一个人们非常熟悉的群体心理学名词,就是指群体成员在群体中因受到群体的影响和压力,使其在知觉、判断及行为上倾向于与群体中多数人行为保持一致的现象。简而言之,从众行为是指个体企求自己的行为跟从群体的倾向。在群体中有为群体成员共同遵守的行为标准和规范,它告诉群体中各位成员,什么情况下该做什么或者不该做什么。当行为标准和规范被群体所接受时,就会成为控制和影响群体成员的手段。当个体由于实际存在的或想象到的社会压力和群体压力,害怕不一致的行为会招来别人的指责,或者希望表明自己与他人友好的愿望,或者干脆顺随大流时,从众行为就出现了。图5-1显示出了从众行为的刺激—反应模式。

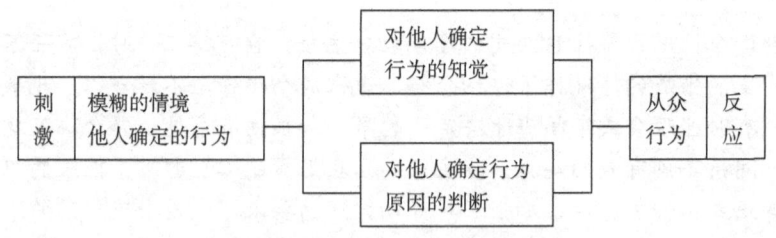

图5-1 从众行为的刺激—反应模式

这个模式说明模糊的情境和他人确定的行为是决定从众行为的质的因素,而群体规模是决定从众行为的量的因素。在正式组织和非正式组织中都存在着从众行为,但是非正式组织为从众行为的存在提供了一定的基础,所以非正式组织中的从众行为更加严重。

第五章 非正式组织的行为

个案 5-4 石油大亨的盲从

一位石油大亨到天堂去参加会议,一进会议室发现已经座无虚席,没有空的座位了。于是他灵机一动,喊了一声:"地狱里发现石油了!"这一喊不要紧,天堂里的石油大亨们纷纷向地狱跑去。很快,天堂里就只剩下那位后来的大亨了。他挑了个好位子坐下来,等了等,见那些人还不回来。这位大亨心想:"大家都跑了过去,莫非地狱里真的发现石油了?"于是,他也急匆匆地向地狱跑去。

(二)从众行为的成因

心理学家分析了导致从众行为产生的因素,这些因素包括个性因素和情境因素两大方面。

1. 从众行为的个性因素　这些个性因素包括情绪的稳定性、个人自信心、智力、性格特征、态度与价值观以及个人的生活经历等。一般智力水平较低的人、情绪不稳定的人、缺乏自信心具有悲观情绪的人、过分依赖别人、易接受暗示的人容易跟从大众,放弃己见。

2. 从众行为的情境因素　从众行为的产生也与个体所处的情境有关,比如说群体性质、群体组成、群体气氛、群体的一致性和凝聚力以及面临的问题性质等。若群体对坚持己见者没有容忍的余地,而对于从众者则多加奖励,则无形中会强化个体的从众行为;如果群体中的多数成员的地位或能力高于个体,则个体容易放弃自己的主张顺从大家;组织的凝聚力高,意见经常一致,则个体也容易从众。

个案 5-5 阿希的典型实验

美国心理学家阿希设计了一个典型实验,证明在群体压力之下会产生从众行为。他以大学生为测试对象,组成若干个试验组,每组的试验内容均是看12对卡片。每对卡片中,第一张卡片画着一条直线,第二张卡片画着三条直线,让大家比较第二张卡片中哪条直线与第一张上的等长。在正常情况下,被试者基本上能判断出正确的结果,错误的概率小于1%。但阿希对实验预先做了布置。他把7~9人分为一组,每组中只有一名是真正的被测试者,而其他都是事先串通好的"陪衬者"。阿希让他们围桌而坐,并有意识地让真正的被测试者坐在靠后的位置。

参加实验的成员看过卡片后,请他们一一指出自己所选择的答案,陪衬者按预先的安排,故意一致地选出显然错误的线段。实验结果表明,那些真正的被测试者竟有37%以上,为了使自己与群体取得一致,也跟着做出错误的判断。

阿希做了多次重复试验后发现,当个体只遇到群体内一个成员的不准确回答时,他将坚持自己的正确选择;当组内做出错误回答的人增加到两个人时,就会产生群体压力，这时被测试者接受错误答案的次数达到 13.6%；当三个人做出错误回答时，被测试者跟着做错误回答的比率达到了 31.8%。

心理学家对从众行为的真相也进行了分析。虽然在群体的压力之下不少人会产生顺从行为，但这些人的情况是很不相同的。这是因为从众行为在表面反应和内心反应两个方面不一定是一致的。从众行为的反应大致可以分为如下几种情况：表面顺从，内心也顺从；表面顺从，内心并不同意，即所谓的"口服心不服"；表面不顺从，内心顺从；表面和内心都不顺从，等等。

另外，也有实验研究表明，群体的压力并不是人们改变意见的关键因素，关键的因素是遵循集体的理想、目的和价值观。因而有部分心理学家认为，把任何遵从群体意见的情况都看成是顺从并不正确，如果两个人都同样接受群体的意见，并没有说明问题的实质，这是因为一个人接受意见可能是屈服于压力、怕被孤立，而另一个人可能是为了实现群体的理想和信念而与群体保持一致。

（三）从众行为的二重性

在组织管理中，从众心理和从众行为大量存在，它既可能使一个组织稳定发展，也可能使组织或群体趋向保守甚至衰落。

1. 积极作用　尽管人们常说，有了外因作条件，内因的变化也是重要依据，外因通过内因才能起作用，但是从众行为的积极作用仍然是明显的。首先，从众行为的实质是通过群体来影响和改变个体的观念和行为，增加群体行为的相似性和一致性，因而，从众行为提高了群体的凝聚力和工作效率，在一定程度上可以帮助管理者实现预定的目标；其次，在组织中，当个人意识到与大多数人不一样时，往往会产生一种焦虑紧张的情绪，而从众行为能在一定程度上缓解或消除这种不安的情绪，满足个人的安全和交往需要，使个体达到心理平衡；第三，从众行为有助于领导意图的贯彻和执行，有助于组织规范、秩序的形成，有助于维护权威和制度，使组织内秩序稳定，维持正常运转。

2. 消极作用　首先，由于从众行为倾向于"言论一致"，这种压力容易抑制成员的创造性，容易给个体和群体带来惰性，变得人云亦云，从而埋没创见；其次，在做决策时，若由于组织成员受到某种压力而不愿发表不同意见，投赞成票，使决策因表面一致而获得通过，则会使决策出现偏差；第三，如果组织内的个体被迫的从众行为过多，可能导致组织风气变坏等不良现象的发生。

领导将一名表现不好的青工安排到一个先进班组中，其用意何在？其结果如何预料？

第五章　非正式组织的行为

（四）管理从众行为

美国的组织行为学家提出了群体对持异议者施加压力的方式。如果在一个管理委员会中个体的意见与群体的意见有分歧，群体对他施加压力的方式有四种：理智讨论、怀柔政策、铁腕政策和开除政策。这就是说，先用讲道理的方法使个体顺从，如果讲不通，就用开玩笑或"和稀泥"的方式表示他与群体并无原则分歧，再不行，就公开施加压力，直到把这个人从群体中开除，或者对他的意见根本不予理睬。

如果能够发挥非正式组织中从众行为的积极作用，将对组织成功发挥重要的作用。所以，作为现代组织的管理者，应该在正确认识从众行为的基础上，正确地管理组织中的从众行为。

1. 建立明确的规章制度　在组织正常运行中，如果没有明确的规章制度，人们便缺乏参考框架，往往会盲目从众。所以领导者在组织形成的时候就要建立规章制度，使人们的行为有章可循，减少从众的可能性。

2. 创造宽松进取的组织气氛　这样的组织氛围能使大家感到无拘无束，集体荣誉感增强，在这种氛围中所产生的从众心理是积极的。而在做决策时，由于气氛轻松，消除了个人防卫心理，能够集思广益，避免因错误从众做出不当的决定。

3. 树立典型的榜样人物　领导者根据需要树立榜样和典型人物，并且大力宣传，通过正面的示范作用，引导成员产生组织所需要的从众倾向。但对非正式组织中的"自然领袖"则要加以控制，大规模的盲目从众行为往往离不开他们的鼓动和指挥，领导者要对他们的行为予以足够重视，适当的时候给以适度制裁。

4. 提高个体认知能力　研究表明，个体认知能力和自信心与从众行为成反比。从众倾向强的个体往往是由于某方面知识比较匮乏、自信心不足以至于盲目从众。

5. 领导者在大是大非问题上要立场坚定　众人意见的一致性会增加成员的从众率。但若有一人在众人意见一致的情况下能坚持不同意见，就会减少群体的盲目从众，这就要求领导者在不良情绪泛滥时，在与群众利益关系密切的问题上，要坚持己见，减少不良心理的从众率。

 **5-6　林肯总统任命嗜酒的格兰特将军为总司令**

美国南北战争时，林肯总统任命格兰特将军为总司令。当时，这个提议遭到众人的反对。他们说格兰特嗜酒贪杯，难当大任。林肯力排众议，他说："如果我知道格兰特喜欢什么酒，我倒应该送他几桶，让大家共享。"林肯总统并非不知道酗酒可能误事，但他更明白北军诸将领中只有格兰特能运筹帷幄，决胜千里。后来证明对格兰特将军的任命是南北战争的转折点，当时林肯没有让自己顺从大众的意愿行事是完全正确的。当然林肯求人之长的用人政策也是好不容易才学会的。

在这以前,他曾先后选用了三四个将领,选用标准是所用之人无重大缺点,追求完人,结果北军虽拥有优势却一无进展。反之,南方军队所用干将无不满身都是大小缺点,但每一个人身上都各有所长。林肯无缺点的将领却被这些有缺点而有一技之长的将领打败了。

三、非正式沟通

在第三章,我们已经知道,沟通是指信息在传送者和接收者之间交换的过程。任何决策的执行、目标的达成,都有赖于合理、及时的信息流动与交换。沟通的效率与效果常常是评价一个组织系统是否有效的重要指标。但是,无论组织所建立的正式信息沟通系统是多么精致,它总会得到非正式信息沟通渠道的补充。经过这些非正式渠道的信息有情报、建议,甚至还有命令。

(一)非正式沟通产生的原因与特点

组织中有正式沟通,也必然存在非正式沟通。非正式沟通是不受组织监督、自选途径的沟通,它围绕组织成员间的社会关系而建立,脱离了组织结构的层级次序,主要以口头沟通方式为主。非正式沟通在现实生活中主要表现为小道消息和越级报告等。据研究分析报告,小道消息所传播的与组织有关的信息至少有75%是正确的,但其他25%则是虚假的或是颠倒黑白的。小道消息等非正式沟通的不稳定性,造成这种沟通方式在组织中不能起到主导作用,而只能是正式沟通的补充。

非正式沟通能够发挥作用的基础,是群体中良好的人际关系。非正式沟通不拘形式,直接明了,速度很快,容易及时了解到正式沟通难以提供的"内幕新闻"。非正式沟通能够弥补正式沟通的缺陷,向上级反馈充裕的信息,同时有利于上下级之间的沟通交流,这是正式沟通做不到的。比如,由于正式沟通中上下级之间或同级之间因关系紧张、权力压制等产生的不良情绪,都可以在非正式沟通中得到缓解。

当然,非正式沟通的弊端也很明显。其缺点主要表现在,非正式沟通难以控制,传递的信息不确切,易于失真、曲解,当小道消息变为谣传时,对于组织工作以及目标都会产生负面影响。而且,组织中成员利用非正式沟通渠道进行宗派活动,彼此争权夺利,也易影响人心稳定和群体的凝聚力,造成组织内耗、效率低下。

当一个组织的正式沟通不畅时,非正式渠道是否就会丰富起来?如果发现一个组织中小道消息很多,而正式渠道的消息很少,这是否意味着该组织正式沟通渠道中消息传递存在问题,需要调整?

第五章 非正式组织的行为

此外,非正式沟通还有一种可以事先预知的模型。心理学研究表明,非正式沟通的内容和形式往往是能够事先被人知道的。它具有以下几个特点:第一,消息越新鲜,人们谈论得就越多;第二,对工作有影响者,最容易招致人们谈论;第三,最为人们所熟悉者,人们谈论也最多;第四,有工作关系的人,往往容易被牵扯到同一传闻中去;第五,在工作上接触多的人,最有可能被牵扯到同一传闻中去。

(二)非正式沟通的形式

1. 小道消息的传播形式　小道消息是人们受社交需要驱使的一种表现,是一种常见的社会活动。小道消息主要通过口授与观察得以传播。因而,只要人们存在着经常性的联系活动,就会出现活跃的小道消息。有些事态因素可促成小道消息的传播,比如令人兴奋和不安的事、关系到朋友的事、组织的最新消息等。还有,一个人所具有的职务类别以及个人性格对于小道消息的传播也有很大影响,比如个人性格擅于联络沟通、工作岗位要求他人提供信息等。

小道消息具有快速扩散的特点和极强的渗透能力,可以为管理人员反馈大量关于员工以及工作情况的信息,有助于把管理部门下达的正式指令变成员工的语言,使管理人员与员工之间的沟通失误得到一定程度的弥补。但在个别情况下,小道消息可能传播正式组织不愿意传播或有意缄口不说的信息。

小道消息主要以四种形式的传播链进行传播,如图5-2所示。

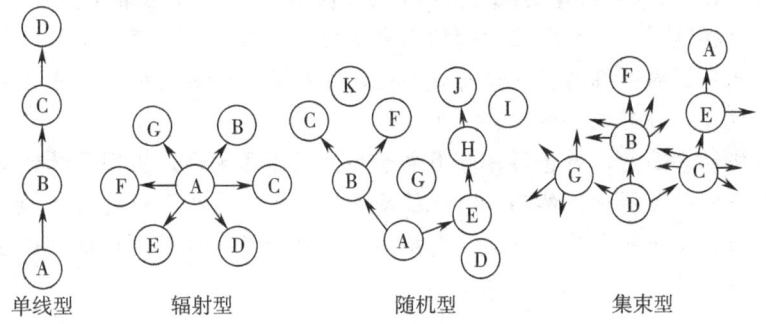

图 5-2　非正式沟通的形式

(1)单线型:以"一人传一人"为特征。A将消息传给B,B传给C,C传给D。

(2)辐射型:以"一人传多人"为特征。也叫流言传播式,信息由一个人主动传给其他所有人。

(3)随机型:也称"长舌妇"型。A将消息随机地传给一部分人,这些人又再随机地传给其他人。信息的传播,带有相当的偶然性。

(4)集束型:也称"葡萄藤式"。A将消息传给特定的一群人,这些人又传给各自希望传递的其他人,所谓"一传十,十传百"。

谣传是小道消息传播常常带来的后果,有些谣传对于组织工作无关紧要,而有些谣传则能够造成人心浮动,士气涣散,效率低下。因而组织的管理人员应当密切注意小道消息的传播,对于谣传应当排查起因,严防扩散,应当摆出事实,及时辟谣。管理者要重视非正式组织中的核心人物的作用,注意倾听某些谣传,分析谣言背后可能隐含着的其他有用的信息,以控制谣传对组织的有害影响。

 **5-7 果意机电公司电子信息系统上的亲密群体**

在果意机电有限公司中,广泛利用电子邮件是一种生活方式。管理者利用它来共享信息,市场部经理利用它促进产品推广,同时,还是果意机电公司中几个员工亲密群体的沟通命脉。它们是:湖南人群体、广东人群体、QC 小组群体、流行音乐爱好者群体等。这些亲密群体都使用果意机电公司的电子信息系统传递有关聚会、讨论的信息,而这一切并没有被公司高级管理层反对。

并非仅果意机电公司一家利用电子邮件系统加强亲密群体的内部联系。事实上,在许多知名公司中也都鼓励亲密群体的成员利用电子邮件作为沟通工具。比如苹果电脑公司、太平洋贝尔公司等。

目前,虽然尚未有具体的统计数据说明到底有多少个亲密群体使用电子邮件,但是在全世界范围内,大约 2/3 的使用者通过网络使他们的交往不仅仅局限在关系密切的同事圈内。在与其他公司或其他国家兴趣爱好相同的人建立联系方面,电子邮件也是一种有效的途径。

从积极的方面看,亲密群体利用电子邮件促进了沟通,巩固了社会交往,有利于工作场所的多样化。然而,它也使圈子外的人士产生了敌意。比如 2005 年,在"超级女声"比赛火热的时候,支持不同选手的员工就利用该系统相互传递具有一定攻击性的信息。

2. 越级报告的管理机制 越级报告的实质是组织成员未按照正式上行沟通渠道,逐级向领导者表达意见,而是越过直属上级直接向更上层领导者,以口头或书面的形式进行沟通。这是一种普遍发生的非正式上行沟通机制,常被称为"打小报告"。越级报告在所有的组织中都存在,具有上行沟通的功能;但如不能妥善处理,会破坏组织规章中既定的管理层级和领导程序。

越级报告的沟通活动广泛存在于各种组织中,越级报告产生的原因主要有:一是组织内上行沟通机制不良;二是组织内的政治行为;三是组织内部某些信息收集活动促进越级报告行为的产生。越级报告的优缺点比较如表 5-1 所示。

第五章　非正式组织的行为

表5-1　越级报告沟通的优缺点

优　点	缺　点
当沟通距离较短时，能保持信息内容的完整性与可靠性	破坏组织中的正式权力关系和领导机制，危害组织的管理职能
当信息内容急迫而沟通环节繁杂时，信息的传达具有较高的时效性与机动性	若越级报告的目的是为满足个人利益，则将破坏组织的和谐与团结
与正式沟通机制相互补充，使组织能够得到各种有用的信息	信息没有受到良好的监控，缺乏严谨性与客观性。不真实的报告信息会导致资源浪费

为使越级报告扬长避短，组织应当建立一套有效的越级报告管理机制，主要要点应包括：

（1）在健全沟通机制的基础上，组织应明文规定禁止越级报告行为，以防对正式沟通机制的破坏。

（2）管理者要积极主动地与下级进行个别访谈，为下级创造直接汇报的机会，从而避免和抑制不良的政治行为。

（3）管理者在处理越级报告时须坚持隐秘处理、调查取证、依据事实做决策、及时反馈，尽力确保越级报告对组织产生积极的影响。

为了充分利用各种非正式沟通的长处，有的现代管理理论提出了一个新概念，称为"高度的非正式沟通"。它指的是，在正式组织中利用各种场合，通过各种方式，排除各种干扰，来保持成员之间经常不断的信息交流，从而在一个群体、一个组织中形成一个巨大的、不拘形式的、开放的信息沟通系统。实践证明，高度的非正式沟通可以节省很多时间，避免正式场合的拘束感和谨慎感，使许多长年累月难以解决的问题在轻松的气氛下得到解决，减少了群体内人际关系的摩擦。

 **5-8　利用私人交情得到的准假**

李迪和女友商议安排旅游的时间，他决定在7月份的第2周休带薪假。但在办公室里，他偶然听到另两位同事正在商量结伴出游的事情。经询问，李迪方知他们已获得部门主管云生的批准，将于7月份的第2周休带薪假。李迪担心云生会因大家休假时间集中而不同意他也在这个时间段里休假，又担心休假计划改期会让女友生气。所以李迪决定直接向云生的上级卢令提出申请。卢令和李迪私交甚好，因为他俩每个周末都会在一起练习羽毛球。在练球的过程中，李迪经常会从卢令那里得知一些公司的内部消息，这是一些连云生恐怕都不可能知道的消息。果然，卢令马上就在李迪的请假条上写下"同意"二字。到了7月份，云生猛然发现自己主管的部门，七个人中就有三个人要在7月份的第2周休假，工作怎么安排？

第三节 正确对待非正式组织

一、非正式组织的利弊

（一）非正式组织的优势

非正式组织作为存在于正式组织中的一种非正式的社会交往关系，之所以长盛不衰，是因为有其存在的积极作用。尤为重要的是它们与正式组织交融在一起共同组成完整有效的系统。正规的计划和政策都是预先制订的，难免不灵活，所以在动态发展的环境里不是每一个问题都能迎刃而解。自发而又灵活的非正式关系却可以更好地满足某些要求。

非正式组织的另一贡献在于能够缓解管理者的工作负担。如果管理者知道非正式组织正与其协同工作，他们就不会感到必须检查每个人的工作，以确保每件事都井井有条。他们会乐于授权，因为他们确信员工会很合作。非正式组织对管理者的支持可以促进协调合作，提高生产率。而且，非正式组织还可填补管理者能力的空白，有取长补短的作用。比如，经理拙于计划，员工可以非正式形式帮助他策划，这样，即便经理并不擅长，计划工作也能圆满完成。

在非正式组织中能够为个体创造友情、沟通和安慰，满足员工社交和安全的需要，能够帮助员工保持联系，缓解精神压力，给工作群体带来满意感与稳定性，因此也就能提高满意度，降低离职率。

非正式组织对正式组织的目标会做出认同或不认同的各种反应，管理者在行使职权时就必须谋定而后动。因而非正式组织能有效地激励管理者们计划和行事更加周详，并限制管理者滥用职权。如果组织凝聚力强，群体成员对组织忠心不二，非正式组织的诸多益处则更易体现。

车间主任老王最近发现，质检员小林一有空就与人事科小柳、设计室老林和门卫老曾等一起谈足球，个个眉飞色舞，而参加工作例会却没精打采。对此，你认为老王最好采取什么措施？

（二）非正式组织的缺陷

非正式组织的优势反过来也可能表现为其缺陷。也就是说，它在帮助完成一个行为的同时也能破坏它。例如，当组织的一部分在传播有用信息时，另一部分可能正在散播谣言；一个非正式组织可能或积极或消极地改变其情绪状态；一个

第五章　非正式组织的行为

工作群体可以欢迎、接纳并帮助新员工，使之感觉良好，在工作中取得成绩。相反，同是这一群体，它还可以抵制、扰乱、排斥其他员工，造成其失意并导致辞职。在大多数非正式组织里，正负两种作用可能会同时存在。

非正式组织的一个主要问题是不愿变革，过于维持现状，认为现在好的将来也不会差。非正式组织还是造成员工从众性的一个重要原因，非正式组织的作用在员工日常生活中占了相当大的比重，以至于他们并没有意识到它的存在。因此，他们也就不知道非正式组织所施加的强大压力是为了使他们遵从已设定的生活规律。与非正式群体的联系越密切，这种影响就越大。

非正式组织的社会控制功能，是促使成员服从组织的重要因素，但常常会干预组织成员的行为。非正式组织要求成员接受组织规范，并且具有一套行之有效的奖惩手段，不遵从的成员常常被迫离开组织，或者屈从于组织压力，这也是其负面影响。例如，非正式组织可以在工作中制造种种干扰来迫使工作积极的成员不能太上进，或者采取孤立政策，结果常使某些优秀成员无法正常工作，除屈服外，只能辞职。

非正式组织成员间交往非常频繁，信息传递快捷，容易导致小团体主义。加之，非正式组织的沟通功能往往会造成谣言和小报告的流传，对组织内的信息传递、人际交往、功能运作等往往会产生阻碍甚至扭曲的反作用。

此外，组织成员与组织之间常常存在着需求差异，因而常处于一种冲突的状态。尽管非正式组织能够提供社会满意的功能，大部分角色冲突可以通过非正式组织的精心协调来避免，但冲突总是存在的。当非正式组织中的矛盾冲突以及自私自利的欲望强大到降低工作激情和满意度时，只能导致生产效率降低，组织及组织成员共同遭受损失，无人受益。

 **5-9　警惕非正式组织的紧密化**

某公司本来是一家效益较好的机械制造企业，从 2006 年下半年起，由于行业竞争加剧，原材料价格急剧攀升，公司的生产成本上升，竞争力下降，利润下滑，公司开工常常不饱满，工人们在上班时间常聚在一起闲聊，交换一些道听途说的关于公司发展的小道消息。面对严峻的市场形势，公司管理层决定缩减开支，适当裁员，开源节流。正在管理层逐步制订措施和方案，并一一实施的过程中，少数基层员工突然对管理层的做法提出了异议，很快这些异议在员工中得到反响和支持。在管理层还没来得及对新出台的措施进行细则说明时，大批员工同时停止了工作，在少数基层员工的带领下，来到行政楼，集体向管理层提出谈判要求。由于管理层对事情缺乏必要的准备和认识，所以突发事件使管理层陷入孤立，最后不得不做出了极大的让步。

这是一起典型的、迅速紧密化的非正式组织推动的阻隔公司变革的事件。原本松散的成员关系变得紧密，内部的交流变得更加频繁，在沟通中逐渐出现了核心成员，并且核心成员在行动中进行了分工。这种紧密化不仅仅发生在某个非正式组织，不同的非正式组织之间在共同的利益驱动下也可以不断地趋于紧密和协作。

二、积极发挥非正式组织的作用

（一）正确认识非正式领导者

非正式组织里拥有最多威望的成员通常成为它的非正式领导者，这些非正式领导者由组织内产生，经常拥有相当的非正式权力。由于非正式组织间相互重叠，所以在一个正式组织内可能有几个人作为不同类型的非正式领导者，然而总有一个会比起其他人更具影响力。正式的领导者必须知道各个非正式组织中关键的非正式领导者是谁，并与其携手工作，鼓励那些促进而不是阻碍组织目标实现的行为。对不利于组织发展的唱反调者，则应当加以控制。

对于某些员工来说，努力成为非正式领导者能满足自己在尊重和社交方面的需求——以技术和经验赢得尊重，同时又可避免承担正式监管的责任。但正是因为这样，非正式领导者并不一定能成为成功的管理者。有一些非正式领导者畏惧承担正式责任，在作为非正式领导者时，他们经常批判正式的领导者缺乏创新，不关心群众，而当他们自己承担管理工作时，他们会变得更谨小慎微，怕得罪人，不求有功，但求无过。还有一些非正式领导者在担任正式领导者后，权力覆盖的范围比他作为非正式领导者时要广泛复杂得多，力不从心，从而导致失败。

在非正式组织中，哪些人容易成为非正式领导者？在你身边有这样的人吗？举例分析一下。

（二）对非正式组织实行有效的管理

松下幸之助对于非正式组织有着这样的看法："经常有人提到'消除派系'的问题。然而仔细思考一下，我以为有人的地方就有派系，制造派系是人类的本能。派系是没有办法消除的，而且有派系也许比没有派系更好。我认为该谈的是这派系是好还是坏……既然如此，倒不如肯定派系的存在，然后再考虑如何活用派系，这只有靠每个人正确的认识了。"

管理者既不能创建非正式组织，也不能废除它们。但管理者可以学会与之共处并对它施加影响：

第五章 非正式组织的行为

(1) 接受并且理解非正式组织。非正式组织是在组织中普遍存在的,不管你是否喜欢。非正式组织的存在有其合理性,至少它提供了一个让员工社交需求得到满足的场所。非正式组织一旦形成,人们只能去接受它的存在,而不大可能拆散这些小团体,强硬改变只能适得其反。对于出于共同的兴趣、相似的背景或工作上的需要而形成的非正式组织,管理者可不必大张旗鼓地反对,应给予充分的理解。对于因工作量不足、纪律松弛或对组织管理制度有共同的不满而形成的非正式组织,管理者应该通过制度的完善、管理的加强,使这些非正式组织因为没有滋生的土壤而自然消亡。

(2) 辨明非正式组织中不同的态度和行为。一般来说非正式组织有其核心人物,也存在主流价值观,作为管理者应该辨别其中不同的态度和行为。虽然每个非正式组织都能够提供员工关心的社会需求,但因其主流价值观不同,每个非正式组织对其内部成员行为、观念的影响有着很大的差别。有的非正式组织内部提倡相互帮助,共同完成正式组织的工作目标;有的却与正式领导者对着干,阻碍生产率的提高、阻碍变革的实施,以散播不利于组织发展的小道消息为乐。更有甚者,有的非正式组织还可以左右管理者的决策。因此,要识别非正式组织的态度和行为,善加引导,防止其阻碍组织的健康发展。

(3) 采取行动时要考虑可能会对非正式组织产生的影响。聪明的管理者应该明白,他们的决策如果没有得到非正式组织的支持,是不可能达到预期效果的。有些决策,可能会损害到组织中非正式组织的利益,非正式组织的成员就可能会以消极怠工、钻政策漏洞等形式来阻碍决策的实施。所以,管理者在制定决策时就应通盘考虑,使非正式组织的负面影响降到最低。

(4) 尽可能将非正式组织的利益与正式组织的利益结合在一起。正式组织与非正式组织的利益在很多时候是一致的。比如一个项目完成,正式组织关心的是会得到收益,而非正式组织想到的是将带来的奖金收入、成就感的满足。尽管动机不同,但二者都同样希望项目能早日顺利完成。管理者将二者的利益有机地结合在一起,既是一种手段也是一门艺术。管理者不一定要打入非正式组织中,但不妨偶尔参加他们的活动,与其中的重要成员维系良好的关系,从而影响这些非正式群体,将它转化成正式组织里一股正面的力量,协助正式组织实现目标。在工作任务的职责上,管理者仍须维持自己的权威与管理立场,但在员工福利等方面,不妨放手委任非正式组织的成员来分担。因为,非正式组织通常热心公益,愿意表现,应该给他们一方舞台,运用他们的特质,为大家服务。

(5) 加强与非正式组织成员的沟通。任何矛盾的产生通常都源于缺乏沟通。有效的沟通,可消除隔阂、化解矛盾。在沟通中,管理者一定要注意以下几点:要以诚相待,没有诚意的沟通是无效的;要站在对方的角度思考问题,寻求非正式组织与组织的共同点;要消除对方的心理障碍,取得对方的信任;要以情感人,以理服人；同时在沟通中要注意重点，注重突破等。

总之，正式组织与非正式组织最理想的结合是，占有统治地位的正式组织伴随着健康发展的非正式组织。前者用以保证目标统一，后者则用以维持凝聚力和团队精神。换句话说，非正式组织可以强大到起支持作用，但绝不能强大到占主导地位。

【重要概念】

正式组织：经由管理者通过正式筹划并借助组织图和职务说明书等文件予以明确规定的组织。正式组织是组织设计工作的结果和表现。

非正式组织：未经正式筹划而由人们在交往中自发形成的一种个人关系和社会关系的网络。

非正式权力：非正式组织内的权力由群体成员而并非由经理授予，因此它并不依照正式指令链传递。它是来自同僚而不是正式级别中的上司，它能够跨越组织职能分界到达另一部门。

从众：就是指群体成员在群体中因受到群体的影响和压力，使其在知觉、判断及行为上倾向于与群体中多数人行为保持一致的现象。

非正式沟通：非正式沟通是不受组织监督、自选途径的沟通。如小道消息的传播就是私下的、非正式的沟通。

【本章小结】

1. 现实运行中的组织往往是正式组织与非正式组织相并存的。正式组织与非正式组织之间存在着相互的影响作用。组织的管理者必须以正确的态度来对待非正式组织。

2. 正式组织具有目的性、正规性、稳定性和强制性的特点，非正式组织具有自发性、内聚性、行为一致性、沟通顺畅性、不稳定性和非强制性等特点。

3. 组织中的正式权力关系是由结构决定的，而非正式权力则主要源于组织成员的认可。在组织运行中，正式权力与非正式权力常常是不可区分的。只强调正式权力的指挥作用，对于协调组织成员的行动是远远不够的，非正式权力能够对成员行为产生较强的约束力，导致行为的高度一致性，所以非正式权力常常用于协调组织成员完成组织目标。

4. 在群体中，个体有时由于群体压力过大，而违背自己的意愿产生从众行为。环境因素和个性因素会导致从众行为产生。从众行为既有积极作用，也有消极作用，它对非正式组织的影响较大。所以在组织管理中，应重视群体压力和从众现

第五章　非正式组织的行为

象,一方面避免采取群体压力的方式压制个体的独创性,另一方面要对群体成员的不良行为给予适当的压力。

5. 非正式沟通系统是围绕组织成员间的社会关系建立的,脱离了组织结构的层级次序,主要以口头沟通方式为主。现实生活中主要表现为小道消息和越级报告等。非正式沟通对组织既有积极作用,也有消极影响,所以组织的管理者应优化管理机制,因势利导以发挥非正式沟通的积极作用。

6. 非正式组织的存在及其活动,可以为员工提供在正式组织中很难得到的心理需要的满足,能提高士气,创造一种和谐、融洽的人际关系。但是,当非正式组织的目标与正式组织目标发生冲突时,则可能对正式组织的工作产生极为不利的影响。因此,管理者在实践工作中要充分利用非正式组织的优点,对其缺点加以抑制。

【复习思考题】

1. 只有两个人的组织是否也会存在非正式组织?
2. 非正式组织过分发展是好事还是坏事?
3. 你认为沟通对于非正式组织的存在具有哪些特殊的意义?
4. 你认为领导者应如何将非正式组织的行为纳入正式组织的目标?

【本章测试题】

一、单选题

1. 由组织正式文件明文规定的、群体成员有固定的编制,有规定的权力和义务,有明确的职责和分工的群体属于(　　)。
   A. 非正式群体　　　B. 正式群体　　　C. 小群体　　　D. 参照群体
2. 非正式权力的特点是(　　)。
   A. 权力由成员共同授予　　　B. 权力具有等级式层级结构
   C. 权力的实施不依赖于组织压力的大小　　　D. 权力由理性和非个人情感维持
3. 非正式沟通的优点是(　　)。
   A. 补充正式沟通网络中的不足　　　B. 速度快又不失真
   C. 增加团体凝聚力　　　D. 信息确切可稳定人心
4. 若你是一名管理者,当发现你的组织中存在许多小团体时,你的态度是(　　)。
   A. 立即宣布这些小团体为非法,予以取缔
   B. 深入调查,找出小团体的领导者,向他们提出警告,不要再搞小团体

C. 只要小团体不影响组织正常运行，可以对之不闻不问，听之任之

D. 正视小团体的客观存在，允许乃至鼓励其存在，对其行为加以积极引导

5. 组织管理者对待非正式组织的态度应该是（　　）。

A. 设法消除　　　B. 严加管制　　　C. 善加引导　　　D. 积极鼓励

6. 在哪种情况下形成的群体具有最强的凝聚力？（　　）

A. 成员间差别悬殊，希望借此扩大自己的精神世界

B. 通过制定行为规范与制度建立起来的群体

C. 处于专制领导之下，拒绝专制领导所组成的群体

D. 在某些特别情形下为共同利益而结成的自发群体

7. CD 公司由王军和李平合伙注册经营，其主要业务是为客户设计网页。到目前为止，公司一直未招聘员工，两个人既当经理又当员工。对于该公司的判断（　　）项最合适。

A. 目前是一个非正式组织，当扩招员工后，将变成一个正式组织

B. 只是一个正式组织，但公司内部不会有非正式组织

C. 是一个正式组织，同时公司内部也可能存在非正式组织

D. 本身是一个正式组织，同时公司内部也一定存在非正式组织

8. 对于非正式权力，正确的说法是（　　）。

A. 由上级和组织所赋予　　　B. 组织成员往往出于压力和习惯而不得不服从

C. 来源于行政的力量　　　D. 取决于领导者个人的知识和品德

二、多选题

1. 非正式组织形成的因素主要有（　　）。

A. 地理位置关系　　B. 兴趣爱好关系　　C. 工作关系　　D. 亲朋好友关系

2. 非正式组织按其成因来划分类型有（　　）。

A. 利益型　　　B. 兴趣型　　　C. 情感型　　　D. 破坏型

3. 非正式组织按其作用和性质来划分类型有（　　）。

A. 积极型　　　B. 信仰型　　　C. 中立型　　　D. 消极型

4. 在一个团队里，最容易成为非正式领导者的人有（　　）的特点。

A. 有技艺特长　　B. 善于沟通　　C. 组织能力强　　D. 胆子大

5. 非正式组织的特点有（　　）。

A. 自发性　　　B. 稳定性　　　C. 非强制性　　　D. 行为一致性

6. 正式组织的特点有（　　）。

A. 自发性　　　B. 稳定性　　　C. 目的性　　　D. 正规性

三、判断题

（　　）1. 正式组织具有目的性、正规性、强制性和自发性。

（　　）2. 正式组织中可能存在多个非正式组织。

第五章 非正式组织的行为

（　　）3. 非正式组织一般比较松散，其"领导者"是自然涌现出来的。
（　　）4. 非正式组织的存在对正式组织的活动和效率有百害而无一利。
（　　）5. 非正式的权力属于个体，而正式权力则依附于职位。
（　　）6. 从众行为的实质是通过个体来影响和改变群体的观念和行为，使每个个体的行为具有相似性和一致性。
（　　）7. 非正式沟通难以控制，传递的信息不确切，易于失真。

四、名词解释
非正式组织　　非正式权力　　非正式沟通

五、简答题
1. 什么是非正式组织？非正式组织与正式组织的关系如何？
2. 非正式组织有哪些特点和类型？
3. 如何看待非正式组织在组织管理中的作用？
4. 如何积极发挥非正式组织的作用？

【案例分析】
火电建设公司的兴趣小组

　　火电建设公司是一家基建单位，工作流动性大。公司有 4 500 多名职工，其中有着各种各样的人才。为配合公司人力资源开发，公司工会本着提高职工生活情趣、挖掘人力资源潜力、稳定职工队伍的指导思想，实行自愿参加、自由结合、自办活动、自定章法的原则，积极引导和组建各种兴趣小组。由于兴趣小组的组建及其开展的活动充分尊重了职工群众的感情和意愿，许多职工都积极参加，不仅出现了以专业、班组为单位的兴趣小组，而且出现了一些跨班组、跨车间、跨专业的各种类型的兴趣小组。

　　后勤服务部的职工艾云喜爱摄影，在他的倡导和组织下，成立了由横跨全公司 6 个部门的 19 名职工和本市锅炉厂等单位的 11 名职工组成的摄影小组。小组成员不定期地聚集在一起交流切磋摄影技术，在市摄影家协会举办的比赛中，有三幅摄影作品获得了好成绩。这个小组还为公司组织职工休养度假提供了丰富的信息资料。

　　钢结构组合分厂的刘明，进公司以后，工作纪律松懈，技术业务上不求进取。但他比较喜爱油画和素描。文化科副主任孙员，参加工作后坚持习画。经过多年的努力，孙员画技日趋成熟，许多作品被省内外报刊采用，在全国、省、市美术作品展览中多次获奖。兴趣小组活动发起以后，刘明、孙员和几位绘画爱好者组成一个绘画小组，一有空闲就画速写，组员们在一起切磋绘画技巧，刘明在纪律和工作等方面都有了起色。

　　供应处汽车驾驶员吴文，苦练基本功，学汽车、开汽车、研究汽车。在长期的研究摸索中，练就了开车节油的好本领，他和几个爱车的朋友组成车迷俱乐部，将自己的节油经验与他人分享。在东风汽车公司举行的"东风车行车节油比赛"中,俱乐部有两人获得优胜奖,赢得奖金人民币 1 000 元。

焊接中心的青工王飞,特别喜欢钻研技术,经过几年努力,自制了多功能焊条保温箱等新颖工具,有力地保证了工程质量的提高,受到公司领导的赞赏和职工的好评。他率先和主任工程师一道组建起公司第一个 QC 小组,针对工程建设中发现的问题,分析原因、制订对策、采取措施,取得了多项 QC 成果,在省 QC 小组活动大赛中获得金牌。这些成果在公司的工程建设中推广应用,取得了良好的经济效益。

兴趣小组活动兴起初期,集邮小组的个别成员,私自窃取他人信件上的邮票,群众对此很反感。工会的同志听到这样的反映以后,有意识地在集邮协会的集邮知识讲座中,进行集邮道德教育,使大家明白集邮不仅仅是为了收藏邮票,而且是一种艺术研究的形式,提高了小组成员的思想认识,避免了类似事情的再次发生。

火电建设公司的兴趣小组活动为职工之间进行思想、感情和知识交流创造了机会,使公司职工的业余时间益智化、健康化、趣味化。

据案例中提供的情况,请思考:

1. 火电建设公司的兴趣小组活动取得了哪些积极的效果?为什么会有这样的效果?这带给我们哪些启示?

2. 该公司的工会在兴趣小组活动中起了哪些引导作用?

第六章 组织文化

学习目标

◇ 了解组织文化的形成和构成要素;
◇ 了解组织文化建设的心理机制;
◇ 理解组织文化的含义和功能;
◇ 掌握组织文化的特点;
◇ 掌握塑造组织文化的主要途径。

 **引导案例 海尔的文化扩张理念**

中国著名企业家张瑞敏在分析海尔经验时就说:"海尔过去的成功是观念和思维方式的成功。企业发展的灵魂是企业文化,而企业文化最核心的内容应该是价值观。"至于张瑞敏个人能在海尔充当的角色,他认为"第一是设计师,使组织结构适应企业发展;第二是牧师,不断地布道,使员工接受企业文化,把员工自身价值的体现和企业目标的实现结合起来。"实际上,海尔的扩张主要是一种文化的扩张——收购一个企业,就派去一个总经理、一个会计师、移植过去一套海尔的文化。

杰克林·谢瑞顿说:"文化是一种强大的力量。当我们在发动一场变革的时候,我们必须考虑到文化,因为它影响到企业接受和促进这一变革的方式。"

第一节 组织文化的概念和特点

一、组织文化的概念

(一) 文化及文化的特征

1. 文化 文化一词来源于拉丁文,原义是指农耕及对植物的培育。15 世纪以后,"文化"一词逐渐引申使用,把对人的品德和能力的培养也称之为文化。18 世纪以后,文化逐步演化为个人素养,整个社会的知识、思想方面的素养,艺术、学术作品的汇集,以及一定时代、一定地区全部社会生活的内容等。在我国,很早就有文化的概念。西汉刘向在《说苑》中说:"凡武之兴,谓不服也,文化不改,然后加诛。"此处,"文化"与"武力"对立起来,被理解为文治教化。

"文化"一词的中西两个来源，殊途同归，现代人都用来指人类社会的精神现象，抑或泛指人类所创造的一切物质产品和非物质产品的总和。一般来说，文化可以从广义、狭义两个层面理解，广义的文化是指人类在社会历史发展过程中所创造的物质财富和精神财富的总和，狭义的文化是指社会的意识形态以及与之相适应的礼仪制度、组织机构、行为方式等物化的精神。我们一般所讲的文化主要是指狭义的、制度的、精神的、意识形态方面的。文化不是先天的行为，也不是一切生物所具有的行为，而是个体后天的习得和创造，是人的行为和动物的行为的根本区别。

2. 文化的特征

（1）民族性和差异性。任何一种文化，都带有本民族的特点，深深打上民族心理、民族精神、民族语言、民族传统和民族生活方式的印记。文化的民族性是文化的特殊性，不同民族的文化构成了文化的差异性。文化差异性即个性，是学习的结果，也是适应的结果。

（2）文化的时代性与融合性。不同时代具有不同的文化特质和表现形式，体现着时代特征和风貌，随社会的发展而发展。同时，文化具有世界性和普遍性，时代的文化又具有世界性的共性。

（3）历史继承性。文化是一种历史现象，是由前人创造，并为社会成员所共享并传承下去，每一代社会成员都受到上代流传的文化的影响，又影响到下一代，这是一个不断继承与创新的过程。

（4）阶级性。文化作为一种社会现象，体现了不同阶级的利益要求，显示出不同阶级的特色，代表着不同阶级的地位和生活方式。

 6-1　中国的"年文化"

中国人爱过节，春节、清明节、端午节、七巧节、中秋节、重阳节……。从古至今，这些节日承载着人们美好的希望和祝福，被历代文人墨客所歌咏。这些节日除了有计时的功能之外，更重要的是它们还被人们赋予了一种特殊的价值、特殊的情感内涵和情感需求。比如说，中国人浓厚的"大年三十情结"。中国的"年文化"心理是无形的，它深深地铭刻在我们每个人的潜意识里，每逢大年三十，即便在天南海北打工，也要赶回家过年。从文化的角度看这个巨大和无形的力量就是中华民族的凝聚力。

中华民族生生不息五千年，合而分，分而合，始终是一个坚实的整体，就源于这种凝聚力，它蕴含着共同的生活愿望、美好的人际关系、高尚的生活准则，以及优良的行为操守和道德传统。

第六章　组织文化

（二）组织文化的概念

凡是有人群存在的地方就有文化。组织文化（organizational culture）是文化的一种表现形态，在组织的管理中，组织文化也常被称作公司文化、企业文化。

从组织文化的性质来看，首先，作为组织管理思想和方法的组织文化，仍然属于文化人类学所指的社会文化的范畴，它是一种特殊的社会文化，它之所以能在组织管理中发挥巨大的作用，就在于它充分发挥了文化的感受、认同和适应的一般功能。其次，组织文化作为一种新的组织管理理论和方法，也属于管理学所指的管理文化的范畴，它作为一种特殊的管理形态能在组织管理中发挥巨大作用，就在于它充分发挥了文化对管理全过程所发生的规范、指导、制约、控制的功能。正是因为组织文化综合了社会文化、管理文化的一般功能特征，在此基础上又形成了自己的特殊功能和特征，所以组织文化作为一种新的管理思想制度和方法，能在组织管理中发挥特殊作用。

就组织特定的内涵而言，组织是按照一定的目的和形式而设立的社会集团，为了满足自身运作的要求，必须要有共同的目标、理想、准则及相适应的机构和制度，否则组织就会是一盘散沙。而组织文化的任务就是努力创造这些共同的价值观念体系和共同的行为准则。在这个意义上讲，组织文化是指组织在长期的实践活动中所形成的并且为组织成员普遍认可和遵循的、具有本组织特色的价值观念、团体意识、行为规范和思维模式的总和。我国企业界和理论界历来所重视的政治思想工作和在20世纪80年代中期提出的企业精神其实也都是组织文化的一种表现形式。

一种组织文化往往是对组织基本追求及其目标与信念的高度概括和集中反映，它包括相互联系和相互依存的两个方面：一是组织文化的内在本质，即组织精神，这是组织文化之魂，是组织的行动准则和精神动力，渗透在组织宗旨、战略目标、经营方针、职业道德、人事关系等各方面。二是组织文化的外在表现，即组织风格，这是组织成员之间的相互关系所表现出来的行为特点与惯例，包括组织的工作方式、社交方式、教育培训、娱乐联谊活动等。作为社会文化的一个子系统，组织文化既是了解社会文明程度的一个窗口，又是社会当代文化的生长点，体现着人本管理原理的最高层次，对组织的经营管理起着巨大的推动作用。

个案 6-2　永远不朽的"铁人精神"

"铁人精神"是大庆油田在融合了全国著名劳动模范王进喜本人的优良品格以及许多石油战线先进人物精神境界的基础上凝炼而成的，是我国石油工人精神风貌的集中体现。"铁人精神"内涵丰富，它包括："为国分忧、为民争气"的爱国主义精神；"早日把中国石油落后的帽子甩到太平洋里去"、"宁肯少活20年，拼命也要拿下大油田"的忘我拼搏精神；"有条件要上，没有条件创造条件也要上"的艰苦奋斗精神；"要为祖国油田负责一辈子"、"干工作要经得起子孙万代检查"的精益求精精神；"甘愿为党和人民当一辈子老黄牛"的奉献精神。"铁人精神"无论在过去、现在和将来都有着不朽的价值和永恒的力量。

二、组织文化的特征

研究组织文化的特征，实际上就是从微观层次上研究某种文化的特征，因此，组织的性质、特点以及组织结构，都决定了每个组织的文化具有不同的特征。这里仅抽象地讨论组织文化的一般特征。

1. 组织文化的意识性　一般而言，提及组织文化，人们主要是将它理解为属于意识形态领域的范畴。的确，在现时生活中，人们很难有声有色地描绘出一个组织内的文化气氛究竟是什么，因此，在大多数情况下，组织文化是一种抽象的意识范畴，它作为组织内部的一种资源，应属于组织的无形资产之列。它是组织内一种群体的意识现象，是一种意念性的行为取向和精神观念，但组织文化的这种意识性特征并不否认它总是可以被概括性地表述出来，至于如何具体理解这一文化的表述，则只能靠我们自己去感悟。

2. 组织文化的系统性　组织文化在内容上包括了组织的团队精神、组织经营哲学、组织价值观、组织目标和组织行为规范，而这些内容构成了管理系统中的诸要素，因此，可以说组织文化是一个系统，这个系统是构成管理大系统中的一个小系统。组成组织文化的各要素之间相互依存、相互联系，因此组织文化具有系统性。不仅如此，组织文化的形成总是以一定的社会文化环境为基础的，它实际上是社会文化影响渗透的结果。因此，作为一个系统，组织文化是一个开放的系统，它与外界社会文化环境相联系，并随着社会文化的进步和发展而不断调整。

3. 组织文化的凝聚性　一种组织文化总可以向人们展示某种信仰与态度，它影响着组织成员的处世哲学和世界观，而且也影响着人们的思维方式。因此在某一特定的组织内，人们总是为自己所信奉的哲学所驱使，它起到了"粘合剂"的作用。不仅如此，良好的组织文化同时意味着良好的组织气氛，它能够激发组织成员的士气，有助于增强群体凝聚力。在一个具有良好组织气氛的组织中，人们维护集体的荣誉，关心组织的发展。

个案 6-3　**热爱青岛啤酒，献身青岛啤酒**

青岛啤酒的一位职工到超市买东西，看到货架上有几瓶啤酒的商标有划痕，他感到格外扎眼，就将它移到货架后面。但转念一想，前面的啤酒卖完后，后面有划痕的啤酒就又会露在外面。于是他干脆掏腰包，把这几瓶啤酒买下来。

第六章 组织文化

在青岛啤酒厂,每个月给职工发一箱青岛啤酒,这位职工根本就不缺酒。虽然是商场人员不小心弄坏了商标,但他却心甘情愿地将这几瓶啤酒买下来,为的是不让青岛啤酒在消费者的心目中留下难看的印象。

4. **组织文化的导向性**　组织文化的深层含义是,它规定了人们行为的准则与价值取向。它对人们行为的产生有着最持久、最深刻的影响力,因此,组织文化具有导向性。英雄人物往往是组织价值观的人格化和组织力量的集中表现,通过树立英雄人物和管理人员身体力行,可以昭示组织内提倡什么样的行为,反对什么样的行为。人们可以向组织所推崇的并被他们所认可的英雄人物看齐,使自己的行为与组织目标的要求相互匹配。这也是组织文化的导向性作用。

当一个人强烈地认同某一个组织,则表示这个组织的目标和价值取向已被个人所接受。你所在的组织拥有什么样的文化导向,对你产生了什么样的影响或约束力?

5. **组织文化的可塑性**　对于某一特定的组织来说,它的组织文化并不是与生俱来的,它是通过组织在其生存和发展过程中逐渐总结、积累和培育而形成的。而且,在影响组织文化形成的因素中,除了组织内部的先天素质和历史传统之外,还有社会文化等外界环境因素的影响。因此,组织文化是可以通过人为的后天努力加以培育和铸造的。而已形成的组织文化也并非一成不变,围绕着它的中心实质,在具体的内容上、表述上以及在对文化的理解上都会随着组织内外部环境的变化而重新调整。

6. **组织文化的长期性**　组织文化的长期性是指组织文化的塑造和重塑的过程需要相当长的时间,而且是一个极其复杂的过程。作为一种文化现象,组织的群体意识和共同精神取向以及价值观的形成不可能在短时期内完成,需要在组织内部的各个成员之间达成共识。在这一创造过程中,还涉及调节组织,使其与外部环境相适应的问题。

7. **组织文化的个性**　组织文化是共性和个性的统一体,各个组织都有其必须遵守的共同的客观规律,如必须调动员工积极性,提高顾客满意度等,这是组织文化共性的一面。另一方面,由于民族文化不同、所处环境不同、行业不同、产品特点不同、经营模式不同、发展历史不同等,各组织的文化又有个性的一面。而只有组织文化具有鲜明的个性,才有活力和生命力,才能发挥它的作用使组织长盛不衰。

调查资料,说明美国的组织文化、日本的组织文化和中国的组织文化各有什么特点,我们是如何区分它们的?

除以上一般特征外,从组织文化是组织成员的共同价值观这一观点出发,最新研究成果显示,以下7个方面综合起来构成了组织文化的本质:

创新与冒险——组织鼓励员工进行创新和冒险的程度。

注重细节——组织期望员工做事缜密,善于分析和注意细节的程度。

结果导向——组织的管理层在多大程度上将注意力集中在结果上,而不是强调实现这些结果的手段和过程。

人际导向——组织的管理层在多大程度上考虑组织内部的决策结果对组织成员的影响。

团队导向——组织在活动时围绕团队而非个人进行组织的程度。

进取心——组织成员具备进取心,竞争意识而非贪图安逸的程度。

稳定性——与成长相比,组织活动更重视维持现状的程度。

第二节 组织文化的构成和功能

一、组织文化的构成

不同学者对组织文化的构成有不同的理解。迪尔和肯尼迪以价值观为核心,提出环境、价值观、英雄人物、典礼仪式、文化网络等五要素构成论。威廉·大内等人认为,组织文化由传统、风气、价值观以及支持性环境四个因素构成。彼得斯和沃特曼则倾向于组织文化主要由价值观和企业家精神构成,而日本的企业界主要用企业家精神来概括一切。

我国企业界和管理学界对组织文化的构成要素也是众说纷纭。有的研究者认为"它包括一个组织独特的指导思想、发展思想、发展战略、宗旨信念、经营哲学和管理特色,包括特有价值观、传统、作风、道德规范和伦理关系,包括约定俗成的规章制度等"。有的研究者认为:"组织文化的具体内容包括组织价值观、组织哲学、组织精神、组织目标、组织民主、组织道德、组织风尚、礼仪和组织文化网络等。"对中外学者对组织文化结构及要素的分析,可以看出国外学者对组织文化构成的确定比较谨慎,因而使之狭窄;我国学者对其构成的确定比较大胆,因而使之宽泛。确定组织文化的构成必须遵循的基本原则是,

第六章 组织文化

它只能是自觉培育起来的,具有管理功能的各种精神要素以及与之相适应的组织行为模式的总和。

如果从现代系统论的观点看,组织文化由表层文化、中介文化和深层文化三个层次共同构成。它们分别对应着组织文化的可观察层、制度行为层和观念层。

(一)组织文化的可观察层

这是构成组织文化的第一层次,是组织文化的表层部分,通常包括具有代表性或说服力的、体现组织风貌与精神的展示,包括事例、仪式、标志等。这一层次的文化内容往往能折射出组织的经营思想、经营管理哲学、工作作风和审美意识,它常被用来向参观者和新录用的组织成员作介绍或对其进行培训教育。

1. 事例　由于组织是一个为了某一具体目标或目标体系而运作的实体,因此组织在运作中会有成功或失败的时候,而组织管理者也会有成功或失败的经历。如果能将组织创业及发展的事例加以整理,形成一个个相互联结或有典型意义的故事,则对教育组织成员尤其是新成员,强化他们对组织的认知,促成他们对组织的信心,以及吸取以往的经验和教训,大有帮助。

 **6-4　榆林炼油厂的入厂教育**

榆林炼油厂的生产规模不断壮大,生产技术不断革新,人才引进日趋频繁。为了使新员工能更好、更快地融入"榆炼"这个大家庭,该厂坚持对所有新进员工进行为期两周的入厂教育。入厂教育包括厂情厂史教育、厂规厂纪教育、简单工艺流程介绍、劳动法教育、安全教育五部分。在入厂教育中,通过厂史回顾,让入厂新员工永远牢记榆林炼油厂在创业路上的艰难困苦,要新员工们学习前辈们吃苦耐劳、任劳任怨的优良作风。通过对建厂以来工厂各时期的图片展出,让他们进一步切身体会到炼油厂从建厂时的荒芜苍凉到今天的兴旺发达所经历的艰辛坎坷的历程,培养他们作为"榆炼人"上下一致、奋发向上、爱厂如家的高尚情操,培养他们"厂兴我荣,厂衰我耻"的主人翁精神。每一次入厂教育都能给新员工留下深刻的印象,激发他们对"榆炼"的热爱,鼓舞他们在以后的工作中争创业绩,永攀高峰。

同样,在商业化的组织中,如果组织可以向其成员和所面对的社会对象以生动活泼的故事形式讲述组织的价值观与行为方式,则也会使故事的接受者留下深刻的印象,会很快受到成员或社会的关注。研究发现,通过故事形式或通过具体的事例讲解组织的价值观与行为方式,将有助于组织文化的贯彻和落实。

2. 仪式　日常工作中所举行的仪式是强化组织成员对于组织文化意识的一

种有效方式。比如，在组织运作的第一线，每日上班前的班组晨训及下班前的总结等。

 6-5 沃尔玛式欢呼

沃尔玛公司在每天工作会议开始前，总裁都会亲自带领参会的高级主管们、商店经理们一起欢呼口号和做阿肯色大学的拉拉操，并称之为"沃尔玛式欢呼"，这正是沃尔玛独特文化的一部分，它有助于鼓舞员工士气，增强公司内部的凝聚力，促进员工们更好地开展当天的工作。

3. 标志　标志指以一个或多个符号（包括文字和图像）来传递特定的组织文化。比如，海尔公司的标志以文字"真诚到永远"的口号及相应的图像符号传达了海尔公司对顾客的真情。标志包括组织名称、产品的外观和包装、组织标识、标准色及其应用等。标志的特点是独特、鲜明、有内涵、易记、易传播。但目前我国的许多组织的标志只是一个简单的图形符号，并未在向顾客或社会传递其文化上下功夫。

此外，组织的面貌也是组织文化可考察的表层内容，如组织的自然环境、建筑风格、绿化面积等。

 6-6 两种不同的格调

富勒斯和兰普瑞尔是西雅图最昂贵的两家餐馆。尽管这两家餐馆相距不超过10个街区，但是却有着完全不同的格调。富勒斯正规得几乎有些古板，餐馆装饰得像博物馆，侍者们身着庄重的制服，目不斜视，表情严肃，一丝不苟；相反，兰普瑞尔的气氛则是自然随意得多，餐馆的装修虽然是最低标准的，但也不乏新潮和时尚，侍者们的衣着随便而时髦，与整个餐馆的装饰风格协调一致。

富勒斯和兰普瑞尔都因他们的美食和服务得到了顾客的赞赏。要想在他们中的任何一家用餐，都需要提前几天、有时甚至是几周的时间预订座位，而且每两位的花费至少80美元。不同的装修风格与员工制服等因素折射出这两家餐馆所具有的不同类型的组织文化。并且这些表层内容进一步将组织文化相关的信息传达给了新的员工们。在富勒斯，这种信息就是"我们是严谨的、正规的和传统的"。而在兰普瑞尔则相反，它表达了这样一种观念："我们这里是轻松和开放的。"

（二）组织文化的制度行为层

这是构成组织文化的第二层次，是组织文化的中间层次，它通常规定了组织成员在共同的工作中所应当遵循的行为规范、责任制度、特别规定，集中体现了

第六章　组织文化

组织文化对组织行为的规范性和约束性的要求。

1. 行为规范　组织文化的行为规范指组织成员习以为常的、指导或制约他们日常行为的标准，如组织成员与人沟通的方式、召集会议的程序、撰写与提出报告的准则等。组织文化的行为规范在各个组织间有着很大的差异，如在甲公司，经理开会时会鼓励与会者对议程及内容提出意见；在乙公司，经理开会则完全按照事先规定的议程进行，不允许成员对议程有任何意见。前者看来较为生动，后者看来较严肃。但这并不意味着前者一定比后者好。因为这与每个组织的文化直接相关。乙公司的成员也许习惯了公司开会的风格，反而会觉得公司开会有效率，觉得甲公司的开会是在浪费时间。

2. 责任制度　这是指组织内各级组织、各类人员工作的权力及责任制度，通常与行为规范、工作制度结合在一起，目的是使每个员工、每个部门都有明确的分工和职责，使整个组织能够分工协作，井井有条地高效率工作。

3. 特别规定　这主要是指组织的非程序化制度和组织特有的典礼仪式等，如员工与干部对话制度、民主评议制度、内部节日、周末聚餐会等。

你所在的组织制定了成员行为规范吗？你对这些规范的评价是怎么样的？

（三）组织文化的观念层

这是组织的深层文化，是组织文化的核心和灵魂，是形成组织文化的表层和中介层的基础和原因。一个组织是否形成了自己的组织文化，就必须看该组织的文化中有没有自己的观念层。组织文化的观念层，表现为组织的共享价值观、经营管理哲学、组织风气和民族情结。

1. 共享价值观　这是联结与激励组织成员思想与行动的核心。所谓的"共享"意味着将组织视为一体。共享价值观是组织成员所共同遵守的价值标准和基本信念，通过组织成员日常活动的规范，以及独特的组织竞争优势体现出来。

组织的面貌、经营策略和管理方式可以随环境而变化，但组织的共享价值观是长期稳定的，较少改变。世界上能长久生存的百强企业，基本上都具有稳定的、鲜明的共享价值观。

2. 经营管理哲学　经营管理哲学是组织的管理者为组织设立相关目标，以及为实现目标而优化资源配置和实施行动策略的指导原则，它受到组织所处的社会经济环境等客观因素和管理者个人修养、知识水平、实践经验、作风和性格等主观因素的共同影响，具有相对的稳定性。只有以正确的组织经营管理哲学为基础，处理组织管理中发生的一切问题才有一个基本的依据，组织内的人力、物力和财力才能真正发挥效力。

个案 6-7　海尔的企业文化

海尔的企业文化和经营理念主要包括以下几个方面：

企业信念：敬业报国，追求卓越。

企业精神：海尔只有创业没有守业。

工作作风：迅速反应、马上行动。

思想政治工作原则：三心换一心。即解决疾苦要热心，批评错误要诚心，思想工作要知心，三心换来员工对企业的铁心。

管理基础：OEC 工作法，即日事日毕，日清日高。

人力资源管理：实行"三工（固定工、合同工、试用工）并存、动态转换"的用工制度和"计点到位、计效联酬"的分配原则。

市场开发："市场唯一不变的法则就是永远在变"、"只有淡季的思想，没有淡季的市场"、"先卖信誉，后卖产品"、"否定自我、创造市场"。

质量宗旨："国门之内无名牌"、"高标准、精细化、零缺陷"、"要么不干，要干就要争第一"。

后勤服务：您的满意就是我们工作的标准。

售后服务："顾客永远是对的"、"海尔真诚到永远"、"国际星级服务"。

科研开发：立足创新，顾客为师，永远改进，追求完善。

海尔成功的精髓在于这种由缔造者设计的企业文化精神，在全体员工中得到了思想、行动上的高度统一，达到了无形资产和有形资产共同增值的目的。由于企业文化具有独特的渗透作用，因而成为管理人员进行管理的依据，同时也是进行管理活动的限制因素。随着企业文化的形成和发展，它渗透到企业员工的一切活动中，并产生了重大的影响。

3. 组织风气　组织风气是约定俗成的行为规范，是组织文化在员工的思想作风、传统习惯、工作方式、生活方式等方面的综合反映。例如，我国 20 世纪 60 年代大庆油田的艰苦创业、无私奉献的大庆精神，它的组织风气主要特色就是"三老四严"，即"对待事业，要当老实人，说老实话，办老实事；对待工作，要有严格的要求、严密的组织、严肃的态度、严明的纪律"。

当然，组织风气所形成的文化氛围对一切外来信息有筛选作用。处在某种同样的社会危机中，在组织风气较差的组织中可能会造成劳动积极性下降、人际关

第六章 组织文化

系紧张、凝聚力减退、离职率上升等不良后果,而在组织风气健康的组织中,则全体成员可能会与组织同呼吸共命运,齐心协力,共渡难关。

4. 民族情结　民族情结来自组织所在国度或地域。例如,日本公司大多强调公司内工作小组的合作精神,美国公司大多强调公司要给予成员较大的个人创作空间。前者与日本民族重视集体有关;后者与美国民族重视个人相关。如果一个组织属于某个特定的区域,则所在区域的民族情结将对其组织文化的形成产生直接的影响。如果组织开始跨区域运作,则必须考虑多个区域的文化兼容性。进一步说,如果组织在不相邻的国家或区域运作,则必须考虑不同的甚至是相互冲突的文化间的兼容问题。

 6-8　上海大众汽车有限公司的"文化整合同化"

上海大众汽车有限公司成立后,在吸收消化先进技术、建设改造、经营管理以及人员培训和零部件国产化等方面都取得了很大进展。上海大众取得成功的秘诀之一就在于它创建了合资企业中不同文化背景下的"文化整合同化"。

上海大众汽车有限公司是由上海汽车工业总公司、中国银行上海分行、中国汽车工业总公司和德国大众汽车公司合资经营的汽车生产企业。在中德双方合作过程中,为保证企业长远发展和共同利益,上海大众提出"技术国产化、管理国产化、人才国产化"的口号。为此上海大众在发展进程中始终注意"文化整合同化"。

在管理观念上,中德双方存在四大方面的差异。一是在增加企业工资基数和企业效益关系上,中方认为工资基数应与企业效益挂钩;德方认为应与社会物价指数及通货膨胀指数相联系。二是在员工工资调整上,中方偏重于考虑员工的资历、经历和学历;德方注重岗位本身。三是在领导层结构上,中方建议不论在决策层还是在执行层,都用一长制;德方主张决策层用集体制,执行时用一长负责制。四是在工作方法上,中方员工习惯于按领导意图行事;德方员工习惯在企业法规的基础上按自己的意志完成工作。对于这些差异,大众的做法是首先正视这些差异,用相互交流的形式,理解这些差异,以求得最终形成双方共识的管理观念。

在组织结构方面,大众根据自己的情况,合理设置了企业的组织体制并有效地配备了中外人员。

在管理方法中,上海大众主要采取以下具体的管理措施:一是确定了统一的决策参照体系,包括接受任务、正确传递并理解信息、提出可行性方案并评价、选择、执行等;二是建立符合上海大众特点的规章制度,用这种形式来固定工作准则,有效地消除了工作方法上的不和谐与冲突;三是建立优美的企业工作环境。

大众实行的是岗位责任制，员工能根据岗位主动承担工作，公司对员工的福利、生活等予以关心，促进中德员工的良好沟通和人际关系。

组织文化的三个层次，构成了组织文化系统，从整体上显示组织文化的独特性质，使它和社会文化中的其他文化系统区别开来。三个层次的要素互相联系、互相制约，构成了一个有机体系，从整体上显示组织文化的水平。

二、组织文化的功能

纵观世界成功的企业，其长盛不衰的原因主要有四个，即：优质的产品、精明的经营模式、优良的服务、深厚的文化底蕴。其中优质的产品、精明的经营模式和优良的服务又往往产生于深厚的文化底蕴。

随着现代组织结构扁平化趋势，随着工作团队的建立，随着授权的进一步深入，组织文化对人力资源的开发和管理具有越来越重要的影响和巨大的意义。具体来说，组织文化为解决组织目标与个人目标的矛盾、管理者与被管理者的矛盾、组织与环境的矛盾，开辟了一条现实可行的道路，在内部资源整合和外部适应性等各方面，组织文化均有突出的功能。

（一）组织文化的导向功能

组织文化的整体优势能够把组织成员的行为动机引导到组织目标上来，使组织中的整体目标与个体目标相一致，并成为个体目标的发展的方向。

组织目标就是引导成员统一行动的旗帜，是一种集结众人才智的精神动力。为此，在制定组织目标时，应该融进组织成员的事业心和成就欲，要高屋建瓴、振奋人心；要使广大成员充分了解组织的远大追求，深刻认识自身工作的重要意义，不仅愿意为此而不懈努力，而且愿意为此做出个人牺牲。

（二）组织文化的凝聚功能

尽管组织中的每个成员除了有组织共同的利益外，都有各自不同的个人利益，但文化是一种极强的凝聚力量，组织文化是组织成员的黏合剂，使大家清楚地意识到组织共同利益大于各自的私利，组织的兴衰关系到个人的切身利益，从而把各个方面、各个层次的成员都团结在组织目标的旗帜下，使组织成员将对组织的承诺置于个人利益之上，将个人的思想感情和命运与组织紧密联系起来，产生深远的认同感，与组织同舟共济。

（三）组织文化的激励功能

优秀的组织文化都会产生一种尊重人、关心人、培养人的良好氛围，产生一种令人精神振奋、与时俱进、求真务实的良好风气，激发组织成员的创造热情，从而形成一种激励环境和激励机制，将被动行为转化为自愿行为，化外部压力为内部动力。同时，由于组织文化的共享价值观，使组织利益与个体行为一致，在

第六章　组织文化

满足物质需要的同时，崇高的群体价值观带来的满足感、胜任感、成就感和荣誉感，使组织成员的高层次需要获得满足，从而产生深刻而持久的激励作用，这对人力资源开发具有十分深远的意义。

 **6-9　人尽其才、才尽其用的激励机制**

比尔·盖茨为了最大限度地发挥雇员们的聪明才智，并使其转化为经济效益，他在公司里着力营造一种"差别"氛围，让员工时刻有一种危机感和紧迫感——让优秀的员工更优秀，让平庸的员工不平庸。

首先，微软的软件开发人员比非软件开发人员享有更多的"特权"：一是前者分红更多；二是在办公室极为短缺的情况下，前者的单人办公室神圣不可侵犯；三是当员工持续增多致使公司不得不另外择地时，前者可以继续留在环境优美舒适、设备齐备的微软科技园区，而后者却不能。

其次，微软为了掌握未来的技术发展方向，同时保持产品开发竞争力，将大量的经费投资在研究和开发上，给软件开发人员提供足够的资金。

第三，"让一部分人先富起来"。据估计，在1989年加盟微软的那批人中，有不下2 200名软件开发员在短短的两年里变成了百万富翁。

第四，微软给雇员提供全面而周到的福利。公司每年给予每位雇员的非指令性福利开支达8 000美元，微软家属也可享受医疗保健方面的福利，男女雇员都可休四周产假，工资照拿。

第五，采取"低工资高股份"的模式激励员工。微软公司是第一家用股票期权来奖励普通员工的企业。微软公司的职员可以拥有公司的股份，并可享受15%的优惠，公司高级专业人员可享受更大幅度的优惠。公司还给任职满一年的正式雇员一定的股票买卖特权。微软公司职员的主要经济来源并非薪水，股票价值是主要的收益来源。公司故意把薪水压得比同行业的竞争对手还低，创立了一个"低工资高股份"的典范。

（四）组织文化的完善功能

组织文化能从根本上改变员工的旧的价值观念，建立起新的价值观念，使之适应组织正常实践活动的需要。尤其是对于刚刚进入组织的员工来说，为了减少他们自身带有的家庭、学校、社会所形成的心理习惯、思维方式、行动方式与整个组织的不和谐或者矛盾冲突，就必须接受组织文化的改造、教育和约束，使他们的行为趋向组织的一致和谐。一旦组织文化所提倡的价值观念和行为规范被成员接受和认同，组织成员就会在不知不觉中做出符合组织要求的行为选择，倘若违反了组织的行为规范，就会感到内疚，会主动修正并完善自己的行为。从这个意义上说，组织文化也具有某种程度的强制性和改造性，其效用是帮助组织指导成员的日常活动，使其能快速适应环境因素的变化。

（五）组织文化的推动功能

优秀的组织文化是民族优秀文化与先进的时代精神和管理方法结合的产物。组织文化以科学管理为基础，是更高层次的一种新的管理思想和方法，是管理的发展和完善。组织文化与组织的经营哲学和营销理念紧密结合，把人放在组织的中心地位，调动了员工的积极性和主动性，使组织的生产水平得到改善，员工队伍稳定，经济效益提高。组织文化从多层面推动组织管理的发展，使其更加深刻、更有思想性、更富有人情味、更具有时代特色和人文精神。

（六）组织文化的辐射功能

组织文化塑造着组织的形象，优良的组织形象是组织成功的重要条件和标志。这种形象，对内它可以激发组织成员发自内心的自豪感、责任感；对外它能够生动地让社会了解该组织文化的特点和内涵。在提高组织知名度的同时，构成社会文化的一部分，因此组织文化具有辐射作用。例如：同仁堂、全聚德等已成为中华民族文化的一部分。

总之，优秀的组织文化，可以使人力资源开发深刻化，人力资源管理自动化。组织文化作为一种软性的理智约束，像一只"看不见的手"操纵组织的管理行为和实务活动，它往往比正式的硬性规定有着更强的控制力和持久力，因为主动的行为比被动的适应有着无法比拟的作用，可引导人力资源发挥出巨大的潜在能量。

三、组织文化的强弱

大部分早期的组织文化研究都认为组织只有一种单一的强组织文化，但这种假设是错误的。事实上，在组织内部，强文化与弱文化是并存的。不同的组织、不同的民族、不同的国家，在文化特质表现和影响力的强弱方面是不尽相同的。划分强文化与弱文化的做法在20世纪90年代初期开始流行。尽管强文化对于员工行为的影响更大，与降低员工流动率有更直接的联系，但也不能忽略弱文化的作用。

强文化一般与仪式、表征、故事、英雄和口号等形式的经常使用相关联，这些因素可以增加员工对公司价值观和战略的认同。在强文化中，组织的核心价值观得到强烈和广泛的认同。接受这种核心价值观的组织成员越多，他们对这种价值观的信仰越坚定，组织文化就越强。相应的，组织文化越强，就会对员工产生越大的影响，因为高度的共享强度在组织内部创造了一种很强的行为控制氛围。这一点也说明组织文化产生的作用是一个正面反馈关系。弱文化相对来说则对组

第六章 组织文化

织成员思想和行为的影响力要弱一些。

强文化的一个特定效果是降低组织员工的流动率。在强文化中,组织成员对于组织立场有着高度一致的看法。这种立场和目标的一致导致了内聚力、忠诚感和组织承诺,这些特征使得员工离开组织的倾向降低。

但是也应当注意到,强文化对组织战略和战略的实施有强有力的影响,但并不一定都是正面的。在美国,对大约 200 家公司文化的实证研究表明,除非组织文化能促使公司对外部环境的健康适应,否则一种强文化并不能保证公司获得成功。不能促进公司适应外部环境的强文化较之弱文化更容易对组织的成功造成伤害。强势、健康的组织文化有助于组织适应外部环境,而强势、非健康的文化则鼓励组织在错误的方向上执迷不悟。比如:会给组织兼并和收购带来融合的困难,会使组织变革面临更大的阻力,以及会给致力于培植多样化员工队伍和跨国界经营的组织带来单一文化与多元文化的两难问题。这种情况说明,对于组织文化的功能和作用,应该辩证地加以看待,而不能简单地以好或坏来评判某一种组织文化。

> 若某组织中的员工在办事时通常会说:"在这个单位里,我们是这样思考的"、"在这个公司里,我们是这样处理的",等等;而另一个组织中的成员却常常不知道什么是重要的,什么是不重要的。你对此如何评论呢?

第三节 组织文化的种类

一、威廉 G.大内的"Z 理论"

威廉 G.大内认为,组织文化有三种类型:A 型文化、J 型文化和 Z 型文化。

A 型文化属于美国式的文化,表现为一种人际关系淡漠的模式。A 型文化更多地重视组织系统、战略、技术、结构、制度、规章、财务分析等"硬性的管理"。

J 型文化属于日本式文化,表现为一种人际关系融洽的、接近理想的模式。J 型文化注重组织目标、宗旨、信念、风格、技巧和人的价值观等"软性的管理"。

Z 型文化是根据美国的社会人文环境的特点,吸收糅合日本的成功经验而提炼出的一种兼具两家之长的新型管理模式。

威廉 G.大内认为,日美两国管理方式确有不同,日本人成功的秘诀,并非技术原因,而是他们有一套管理人的特殊方式,即把组织成员的信念集中于组织的意识之上，养成具有特点的组织风格，他们综合了日本的实际，灵活地、创造性地运用西方管理理论和方法。Z 型模式既能够满足组织内部紧密团结及更具竞争力的需要，又能够满足员工的自我利益的需要，是一种迈向未来的组织文化模式。

Z 型模式的核心是 Z 理论文化价值观（即 Z 型文化）。Z 型文化一般应包括：长期雇佣、信任及亲密的人际关系；职工属于组织整体的信念（即团队精神）；人性化的工作条件；职工心情舒畅而使工作更有效率。

 6-10　日本的终生雇佣、采用新人和年资论酬制

西方人认为企业文化中的终身雇佣制会影响、束缚有才能的人，并产生人才老化的问题，但是日本的"终生雇佣制"却构成了日本企业文化的重要特点之一。日本公司的管理系统中，终生雇佣、采用新人、年资论酬等均占有重要的地位。因为终生雇佣制提供了稳定的就业环境，使员工无后顾之忧，减少了不安的情绪，员工以公司为家，能凝聚成一股巨大的力量，从而推动公司的成长。采用新人，是由于刚出校门的年轻人更愿意学习，更乐于提出新见解，这些新人如同一张白纸进入公司，经过培训，能顺利地接受公司的文化思想，终身忠诚于公司，使企业文化得到稳定和延续。年资论酬制则表明公司以人为本的政策，随着员工年龄增加，经验不断累积，薪金的增长和内部晋升的机会都随着增大，从而能鼓励员工长期留任公司，节约培训成本。

二、杰弗里 A. 桑南菲尔德的四种分类

艾莫瑞大学的杰弗里 A. 桑南菲尔德通过对组织的研究，确认了四种文化类型：学院型文化、俱乐部型文化、棒球型文化、堡垒型文化。这种文化的分类有助于我们认识人与组织的合理匹配的重要性。

（1）学院型文化的组织是为那些想全面掌握每一种新工作的人准备的地方。在这里，他们能不断成长、进步。这种文化的组织喜欢雇佣年轻的大学毕业生，组织为他们提供大量的专门培训，然后指导他们在特定的职能领域内从事各种专业化工作。如 IBM、HP 等。

（2）俱乐部型文化的组织非常重视适应、忠诚感和承诺。在俱乐部型文化的组织中，资历是关键因素，年龄和经验都至关重要。与学院型文化的组织相反，这种组织把管理人员培养成通才。如政府机构、公益事业单位等。

（3）棒球队型文化的组织是冒险家和革新家的天堂。棒球队型文化的组织重视创造发明，这种组织从各种年龄和资历的人中寻求有才能的人，组织根据员工的业绩状况付给他们报酬。由于它们对工作出色的员工予以巨额奖酬和较大的自

第六章　组织文化

由度,员工一般都拼命工作。在会计、法律、投资银行、咨询公司、公共关系公司、广告机构、软件开发、生物研究领域,这种组织比较普遍。

(4)堡垒型文化的组织则着眼于组织的生存。这类组织中有一些以前是学院型、俱乐部型或棒球队型的,但在困难时期衰落了,现在尽力来保存自己尚存的财产。这类组织工作安全保障不足。

当然,有许多组织并不能清晰地归类于以上四种文化类型中的某一种,因为它们拥有混合型的组织文化,或者因为它们正处于转型之中。不同文化类型的组织能够吸引不同个性的个体成员,员工个性与组织文化的匹配影响着一个人在管理层级上升迁的高度和难易度。例如:一个冒险家在棒球队型组织中会很活跃,而在学院型组织中就无所作为了。

三、丹尼逊和梅士拉的分类

丹尼逊和梅士拉非常注重组织管理中的战略和外部环境这两大要素。他们从一些组织的个案中,找出了四种不同的组织文化的特性。他们认为,战略和外部环境对组织文化有着重要的影响。组织文化应包含组织在其环境中有效率所必需的因素:一是竞争性环境所需要的灵活性或稳定性;二是组织战略重心和强度所侧重的内部一体化或外部适应性。丹尼逊和梅士拉把文化总结区分为四种类别:适应性文化、使命性文化、投入性文化和持续性文化。

(1)适应性文化。强调转变与外部适应的文化可称为适应性文化,它以实施灵活性、适应顾客需要的变化、把战略重点集中于外部环境适应上为特点。这种文化鼓励组织成员提高探寻、解释和把环境中信息转化为新的反应行为的能力。

(2)使命性文化。那些专注与服务于外部环境中的特定顾客而不需迅速改变的组织,适合采用使命性文化。它的特征是强调稳定性,着重于对组织目标的清晰认知和完成,诸如销售额增长、利润率提高等。

(3)投入性文化。投入性文化强调转变但着重内部一体化,注重组织成员的投入感、参与感、共享以及外部环境所传达的快速变化的期望。相比其他种类的文化而言,这种文化类型更强调员工需要获得优异绩效。参与、共享会产生一种责任感和所有权感,使员工对组织更加认同。投入性组织中最重要的价值观是关心员工,只有这样做,组织才可以适应竞争和不断改变的市场。时装业和零售业的组织可以运用这种文化类型,因为这种文化可以发挥员工的创造力,以对迅速变化的市场做出反应。

(4)持续性文化。持续性文化注重稳定和内部一体化,即有常规的模式规范,包括清晰界定的行为、制度和意义等。这种组织有一种支持商业运作的程序化方法的文化。在这种文化中,个人参与在某种程度上有所降低,但这被员工间高水平的一致性、简洁性、合作性所弥补。这种组织依赖高度整合性和高效率而获得成功。

丹尼逊和梅士拉指出,以上四种文化相互间不排斥,在一个组织内可能存在着两种、三种文化特性,甚至四种都同时存在。这四种不同的文化特性在组织中能有相同强度的情况很少见,往往一个组织只会有一种较强的文化特性,这种文化成为其主流文化。

个案 6-11　"微软离破产永远只有 18 个月"

世界著名的微软公司总是不断地向员工灌输、培育、强化危机意识。比尔·盖茨说:"企业繁荣之中孕育着毁灭的自身的种子,你越是成功,垂涎的人就越多,他们一块块地窃取你的生意,直至你一无所有。作为一名管理者,最重要的职责就是常常提防他人的袭击,并把这种防范意识传播给手下的工作人员。"盖茨还有一句名言:"微软离破产永远只有18个月。"正是在这一名言的鼓励下,微软怀着巨大的危机感,不断积极进取,短短的20年就发展成为世界最大的软件企业,其操作系统占有90%以上的市场,成为绝对的垄断者。

根据不同的标准可以对组织文化进行不同的分类,应注意的是,虽然我们在理论上把组织文化归入几种确定的类型,但各种类型的文化并不相互排斥,在现实中很少有组织是单独属于某一特定文化的,一般组织都有多种文化,只是其中的一种比较突出。同时,一个正常的组织更不应该只有一种文化,否则很容易走向极端。

第四节　塑造组织文化的心理机制和原则

一、塑造组织文化的心理机制

组织文化的塑造是个长期的过程,同时也是组织发展过程中的一项艰巨、细致的系统工程。组织文化作为微观的文化氛围,构成了组织内部的心理环境,因此,在塑造组织文化的过程中,注意遵循相应的心理机制,可取得事半功倍的效果。

(一)运用心理定势

从心理学的角度来看,人的前面一个比较强烈的心理活动,对于随后进行的心理活动的反应内容及反应趋势有明显的影响,这叫作心理定势。

对参加组织的新员工,不仅要通过培训让他们了解岗位职责和掌握操作技能,而且要通过教育和宣传,把组织的经营理念、战略目标、价值观念、行为准则、道德规范以及优良传统,系统详细地灌输给他们,使他们从踏进组织伊始,就形

第六章　组织文化

成与组织文化相协调的心理定势,以对其今后的行为发挥指导和制约作用。

在组织变革中,有时需要打破传统的心理定势,建立新的心理定势,更新或重建组织文化。事实证明,观念的转变绝非易事,组织的领导人应率先转变观念,因势利导,组织各级干部和全体员工理解和掌握新的组织文化,形成新的心理定势。

人们常说"良好的开头是成功的一半"、"万事开头难"。这"开头"是否指定势?

(二)重视心理强化

心理强化是使某种心理品质变得更加牢固的手段。

组织可以通过制定规章制度以及开展各种评比活动、劳动竞赛,及时表扬或奖励与组织文化相一致的思想和行为,及时批评或惩罚与组织文化相背离的思想和行为,使奖惩成为组织精神的载体。利用心理强化来塑造优秀的组织文化,可以有力地促进共同的价值观念、道德标准、行为规范的形成。

 6-12　宝利华达电力修造公司的班组竞赛

为了营造你追我赶、百舸争流的组织气氛,宝利华达电力修造公司以班组为单位展开竞赛,每个月都有评比。公司宣传部在公告墙上贴出一张大大的评比一览表,纵向列明月份,月份中各有组别;横向栏中名目繁多,有设备养护、卫生评比、产品合格率、劳动考勤、安全检查、公益劳动、互帮互助……公司对班组竞赛的结果每月一小结,每季度一大结,竞赛优胜组能获得流动红旗,获奖班组的奖金系数可以上浮10%。开展班组竞赛后,公司面貌一新,组长的责任心增强了,员工的积极性提高了,各组还制订了参加竞赛的计划,如点焊班的目标是每月合格率不低于99%,全体组员均在目标书上签名。开展班组竞赛之后,各组的工作都上去了,整个公司的工作顺势走上了新台阶。同时,以班组为单位展开竞赛,有力地培养了员工们的集体主义观和集体荣誉感,公司里团结的气氛浓厚了。公司宣传部的负责人说:竞赛不是一时一事,而是长久的、全方位的,宝利华达电力修造公司将把竞赛活动以更生动、更有效的方式坚持下去。

(三)利用从众心理

在组织文化的塑造过程中,领导者应该运用一切舆论工具,造声势、带动潮

流,并依靠管理者和模范人物的示范带头作用,主动利用从众心理,促成大多数员工行动上形成一致性,使个别后进员工在群体压力的作用下,改变初衷。

对于组织内局部存在的不正之风、不良风气、错误言论,则应采取果断措施,予以制止,防止消极从众行为的发生。

(四)培养认同心理

取得全体员工的认同,是塑造优良的组织文化的首要任务。一方面,组织要努力提供社会所需要的产品和服务,树立良好的社会形象,并在此基础上取得丰厚的经济效益。另一方面,组织中的各级领导都要充分尊重员工的人格和权益,努力使组织的目标与个人目标协调一致,从而激发员工对组织本身的认同感。久而久之,员工就会树立与组织休戚与共的观念,形成个人与组织共命运的主人翁责任感,这正是一切优良组织文化的真正基础。

(五)激发模仿心理

榜样是模仿的前提和基础,身教胜于言教,"耳听为虚,眼见为实",通过对楷模由钦佩、爱戴到模仿,全体员工也就逐渐完成了对组织文化的认同和实践的过程。

(六)化解挫折心理

在组织的各项活动中,个体与个体之间、群体与群体之间总会发生一些矛盾和冲突,使组织成员在工作和生活中遇到一些困难和挫折,情绪低沉,士气低迷。消极的挫折心理不利于优秀的组织文化的形成。各组织应根据实际情况,运用方法,巧妙地化解员工的挫折心理,这对组织文化塑造将会很有帮助。

 **6-13 松下电器公司的"精神健康室"**

日本松下电器公司下属的各个企业,都有被称为"出气室"的"精神健康室"。当一个牢骚满腹的人走进"出气室"后,首先看到的是一排哈哈镜,逗人哈哈大笑一番后,接着出现的是几个象征经理、老板的橡皮塑像端坐在那里,旁边放着数根木棍。如果来者怨气仍未消尽,可操起木棍,把"老板"痛打一顿。最后是恳谈室,室内职员以极其热情的态度询问来者有什么不满或困难,耐心倾听他们的意见和建议。

二、塑造组织文化的主要原则

组织文化的形成受多种因素影响,并须适应组织内部与外部环境的变化。组织文化向组织成员们提供了一种组织认知,并使他们对组织的信念和价值观产生认同。组织文化通常是由组织创始人和早期领导者倡导的,他们清楚地把特定理

第六章 组织文化

念和价值观表达出来并贯彻为愿望、哲学或战略。当这些理念和价值观导致组织成功后,它们就会被制度化,那些反映组织创始人或领导者愿望和战略的组织文化就随之出现了。在塑造组织文化的过程中,应遵循以下原则:

(一) 全员参与原则

员工既是组织文化塑造的主体,也是组织文化塑造的客体;既是组织文化建设的推动者和参与者,又是组织文化的接受者和被影响者。组织应通过各种形式吸引、邀请全体员工参与文化的讨论和实施,激发他们的主动性和积极性,由"要我做"变成"我要做"。与全面质量管理需要全员参与一样,只有全员参与,才能使组织文化的塑造落到实处,取得良好效果。

(二) 领导作用原则

组织文化是组织的所有员工的文化,但首先是组织领袖的文化。在组织文化的塑造过程中,组织的领导者起着创造者、培育者、组织者、示范者、激励者等作用。组织领导者的价值观往往决定了组织文化的类型。例如:公司是否鼓励冒险;管理者应该给下属多大的自由;什么样的着装是得体的;在薪酬、晋升、其他奖励方面,公司鼓励什么样的行为和反对什么样的行为;等等。领导层应该对组织文化的重要性和相关内容形成共识,因为组织领导者的高度重视和强有力的领导是组织文化得以塑造成功的关键。

> 有人说:"优秀的领导者可以带出优秀的企业文化,而不称职的领导者,可以毁掉企业的优良传统和优秀文化。"你是怎样理解这句话的?请举例说明。

(三) 注重实效原则

在组织文化塑造的过程中,绝对不能搞花架子,不能为了搞组织文化而搞组织文化,使文化塑造的过程流于形式。在塑造过程中,要脚踏实地,及时地收集反馈信息,发现问题,解决问题,让组织文化扎根于员工的心中,使他们在日常工作中潜移默化地向组织文化靠拢。优秀的现代组织文化不是自然生成的,其功能的充分发挥有待于对它的精心培育和建设,这是组织上下长期努力,坚持不懈的结果。如果只是为了追求时髦,提出一个口号、一种精神、一个观念,热情过后就偃旗息鼓,组织文化是不可能形成的。

(四) 系统化原则

组织文化作为组织管理系统的一个子系统,与其他子系统一起,共同地为实现组织目标而努力。塑造组织文化是一项复杂的系统工程,涉及组织从最高层到普通员工的每一个人、每一个部门和每一个方面。在塑造组织文化时,应当识别、理解并协调好作为文化系统的各要素间相互依存的关系,比如:设置合适的组织结构和明确的职责,减少职能上的障碍,合理配置组织的各种资源等。

(五)持续完善原则

持续完善是各个组织塑造自己的文化系统的永恒的目标。组织在不断的发展过程中所形成的文化积淀,通过无数次的辐射、反馈和强化,会不断地随着实践的发展而不断地更新和优化,推动组织文化从一个高度向另一个高度前进。这样的持续完善的过程是一项贯穿于组织整个生命周期的活动,会为组织带来持久动力。组织的进步和提高反过来又会促进组织文化的丰富、完善和升华。

(六)以人为本原则

组织文化的塑造应坚持以人为本,努力造就家庭式气氛。人是组织的主体,是生产力中最积极、最活跃的因素。在员工中提倡"我爱组织",首先要让员工体会到"组织爱我"。组织文化的塑造就是要创造一个使员工心情舒畅、各遂其志、各尽所能的客观环境和氛围,使每个员工把个人利益与组织利益紧密联系在一起,休戚相关,共存共荣。

6-14 以人为本的"硅谷常青树"——惠普

被喻为"硅谷常青树"的惠普信任并尊重个人,其文化建设极具亲善之美,面对任何情况都坚信:只要给予员工适当的手段和支持,他们都愿意努力工作并一定会把工作干好。惠普是科技企业中最早实行弹性工作制的企业,它鼓励人才流动,也不歧视离开惠普的员工。其用人政策令人感动:给你提供永久性的工作,只要你表现良好,公司就永远雇佣你!

(七)体现特色原则

任何组织所塑造的组织文化都应富有鲜明的个性特色。文化具有民族性和历史性,作为组织文化,还应有组织性。组织的规模与性质、行业与产品特点、组织结构、经营方式、人员构成与素质、管理水平、领导方式等,都直接孕育和促成组织文化的生成。这些因素在不同组织中有着不同的存在形式和内涵,从而生成组织文化的诸多本质差异。如开采石油、煤炭等初级产品的组织,更注重艰苦奋斗精神的培育,如大庆的"铁人精神"。而生产最终产品,直接面向消费者的组织更注意服务意识的培养,如百年老店杭州胡庆余堂营业厅高悬"戒欺"横匾,遵循"采办务真,修制务精"的原则,体现了企业"信与诚"的经营思想。组织文化是组织培植和形成的无形资本,只有显示出独特的形象和风格,才能真正使组织文化成为经营管理的战略手段。

第六章 组织文化

三、塑造组织文化的主要途径

组织文化建设是一个长期的、巨大的系统工程，它既需要组织长期实践的积累提炼，也需要管理者有意识的建设推动。那种认为组织文化可以自然形成，不需要人为建设的思想是不可取的。

事实上，在组织文化的塑造中，它受到各种因素的影响。比如：①组织的创始人。作为组织文化形成的源头，他们规划了组织发展蓝图，把特定的理念和价值观制度化，对组织的早期文化影响最大。②组织成员的甄选过程。甄选组织成员的明确目标是：识别并雇佣那些有知识、有技巧、有能力来做好组织工作的人。这种努力确保了员工与组织的恰当匹配，不管是有意还是无意，组织会聘用那些价值观与组织价值观一致的员工。③社会化过程。在组织文化的形成过程中，社会化占了一个很重要的地位。社会化是指组织的新人学习和认同组织常规运作模式的过程。④组织的奖赏制度。建立和完善组织的奖赏制度是一个促进基本经营哲学和管理理念形成的比较直接和有效的方法，因为对那些符合组织文化的行为加以褒扬，可以达到改变员工价值观、信念和行为的效果等。

一般，可以按照以下的途径塑造组织文化：

（一）选定组织价值观

由于组织价值观是整个组织文化的核心和灵魂，因此选定正确的组织价值观是建设组织文化的首要战略问题。这里主要有两个前提：一是要立足于本组织的具体特点；二是要把握组织价值观与组织文化各要素之间的相互协调程度。

（二）强化成员认同

一旦选定组织价值观和组织文化模式后，就应将基本认可的方案进行强化灌输，使其深入人心。具体做法有宣传推广、培训教育、树立榜样等。

（三）提炼定格

经过一段时间的实践后，在系统分析的基础上，进行综合的整理、归纳、总结和反思，删除那些落后的、不为员工所认可的内容与形式，保留那些进步的、卓有成效、为广大员工所接受的形式和内容。然后，把经过科学论证和实践检验的组织精神、价值观等予以完善化、格式化、条理化，加以必要的理论加工和文字处理，用精炼的语言表述并确定下来。

（四）巩固落实

在组织文化演变成全体员工的习惯行为之前，要使每一位成员都能自觉主动地按照组织文化和组织精神的标准去行事，几乎是不可能的。因此，通过必要的规章制度和管理者的率先垂范等措施把已基本成型的组织文化巩固下来并使之成为员工的自觉行动。

（五）丰富发展

任何一种组织文化都是特定历史的产物，当组织的内外条件发生变化时，不失时机地调整、丰富、发展组织文化的内容与形式总会经常地摆上议事日程。这既是一个不断淘汰旧文化、生产新文化的过程，也是一个认识与实践不断深化的过程，组织文化也由此循环往复上升到更高层次。

四、塑造组织文化时应注意的问题

组织在运用心理机制，遵循相关原则的基础上，可以按照从选择价值标准、强化员工认同、提炼定格、巩固落实，直到丰富发展的途径，逐步完成组织文化的塑造过程。其中，有以下问题值得关注。

（一）无文化现象

通常表现为组织文化空洞、看不见、摸不着，组织虽然有十分系统和严谨的各种规章制度，却没有自己独特的文化观念。这些规章制度规定了员工可以做什么、必须做什么和不能做什么，但没有明确的文化观念和价值观念，疏于对员工进行思想意识的教育与培训。此类现象产生的原因多数是因为这种组织的领导人本身素质不高，或对组织文化缺乏深层次的认识，这样的组织通常缺乏活力、动力和创造力，组织领导者道德虚无，组织内部死气沉沉，缺乏忧患意识，严重者可能造成离心离德的后果。

（二）文化愚民现象

此类现象常见于那些领导个人专权或者经营管理出现问题的组织。具体体现为领导者极端强调某种文化价值观念，推广、教育手段过激。它产生的原因，多数是因为领导人希望在组织内部实现个人崇拜或者掩盖某种事实真相。该类组织通常易产生盲目崇拜或者对领导者噤若寒蝉的情况。

（三）文化理想主义现象

它常见于那些以年轻人作为创业主体力量的新兴组织。表现症状为这些组织会提出一些不合实际的远大抱负和文化理想，其倡导的理念中会有某种超出组织范围、力图改造世界的使命感，大而空的口号可望而不可即，宏伟、崇高的目标往往缺乏实实在在的客观基础。此类现象产生的原因，多数是因为组织的领导人具有过于远大的人生理想，缺乏务实的工作精神。该类组织的员工表现多数都为群情激昂，但可能忽略了目前内外环境的实际情况。

（四）抑制人的个性现象

由于我国传统的封建主义思想的影响，在一些组织中只重视人的"集体性"、"小团体性"，抹杀了人的想象力、创造力和个人发展的可能性，在这种小生产观念下，只能产生"小团体主义"和本位主义，难以形成组织的内聚力和创造力。

第六章 组织文化

（五）文化的惰性和准则僵化的现象

作为在组织成长发展之中长期积淀下来的一系列根深蒂固的理念，组织文化所包含的价值观以其凝聚力团结并激发员工积极支持组织的各项活动，但在组织进一步的发展壮大之后，组织先前的价值理念可能会逐渐演变成为僵化的准则。一旦充满活力的价值理念蜕变为冷漠僵化的教条，其既有的激励与凝聚功能亦将日渐失去，组织文化就可能成为一种沿袭既往组织行为模式的组织趋势。这种组织行为惯性容易导致组织对外部环境反应迟钝或失当，许多过去曾经成功的组织也常常因此遭受最终失败的厄运。所以说，成功孕育行为惯性，行为惯性则易导致失败，其原因就在于组织坠入了文化的惰性和准则僵化之中。

（六）注重表层而忽视内涵的现象

在 20 世纪 80 年代末到 90 年代初中国的组织文化热潮中，有些组织热衷于搞文化活动，有些组织热衷于做形象设计，这就给人一种误导，似乎组织文化就是组织开展的文化活动或组织形象设计。我们之前的介绍已经说明：组织文化由表层文化、中介文化和深层文化三个层次共同构成。文化活动和形象设计都是组织文化表层的表现方式。如果表层的形式脱离了深层的内涵，这样的组织文化是没有意义的，对组织的发展产生不了推动作用。

【重要概念】

组织文化：组织文化是指组织在长期的实践活动中所形成的并且为组织成员普遍认可和遵循的具有本组织特色的价值观念、团体意识、行为规范和思维模式的总和。

【本章小结】

1. 文化是指人类在社会历史发展过程中所创造的物质财富和精神财富的总和，组织文化是文化的一种表现形态。作为一种新的组织管理理论和方法，它既属于文化人类学所指的社会文化的范畴，也属于管理学所指的管理文化的范畴，它是一种特殊的社会文化。

2. 组织文化是指组织在长期的实践活动中所形成的并且为组织成员普遍认可和遵循的、具有本组织特色的价值观念、团体意识、行为规范和思维模式的总和。它具有意识性、系统性、凝聚性、导向性、可塑性、长期性和个性等特点。

3. 组织文化由表层文化、中介文化和深层文化三个层次共同构成。在组织文化的可观察层，表现为具有代表性或说服力的、体现组织风貌与精神的展示，如事例、仪式、标志。在组织文化的制度行为层，表现为组织成员在共同的工作中所应当遵循的行为规范、责任制度和特别规定。组织文化的观念层，即组织的深层文化，表现为组织的共享价值观、经营管理哲学、组织风气和民族情结。

4. 组织文化有强弱之分。强文化对于员工行为的影响更大，与降低员工流动率有更直接的联系；但也不能忽略弱文化的作用。强势、健康的组织文化有助于组织适应外部环境；而强势、非健康的文化则鼓励组织在错误的方向上执迷不悟。

5. 组织文化具有导向功能、凝聚功能、激励功能、完善功能、推动功能和辐射功能。组织文化为解决组织目标与个人目标的矛盾、管理者与被管理者的矛盾、组织与环境的矛盾，开辟了一条现实可行的道路，在内部资源整合和外部适应性等各方面，以及对人力资源的开发和管理具有越来越重要的影响和巨大的意义。

6. 根据不同的标准可以对组织文化进行不同的分类。应注意的是虽然我们在理论上把组织文化归入几种确定的类型，但各种类型的文化并不相互排斥。在现实中很少有组织是单独属于某一特定文化的，一般组织都有多种文化，只是其中的一种比较突出。同时，一个正常的组织更不应该只有一种文化，否则很容易走向极端。

7. 在塑造组织文化的过程中，注意遵循相应的心理机制，包括：运用心理定势，重视心理强化，利用从众心理，培养认同心理，激发模仿心理，化解挫折心理等，可取得事半功倍的效果。

8. 塑造组织文化的途径有：选择组织价值观、强化成员认同、提炼定格、巩固落实、丰富发展。在塑造组织文化的过程中，应遵循以下原则：全员参与原则，领导作用原则，注重实效原则，系统化原则，持续完善原则，以人为本原则，体现特色原则。同时，在塑造组织文化时应避免出现无文化现象、文化愚民现象、文化理想主义现象、抑制人的个性现象、文化的惰性和准则僵化的现象、注重表层而忽视内涵的现象。

【复习思考题】

1. 如何科学地评价组织文化？
2. 组织文化的本质是什么？领导者应从哪些方面入手来建立优良的组织文化？
3. 试描述你所在的组织的组织文化，它对实现组织目标起着促进的还是阻碍的作用？
4. 为什么说组织文化建设是组织管理的重要组成部分？
5. 你怎么看待中国目前企业的组织文化？你认为在塑造组织文化的过程中应注意哪些问题？

第六章 组织文化

【本章测试题】

一、单选题

1. 下面哪个因素不是组织文化的本质所在？（　　）
   A. 创新与冒险　　　　　　　　B. 组织注重细节的程度
   C. 人际导向　　　　　　　　　D. 组织目标的改变

2. 领导者极端强调某种文化价值观念，推广、教育手段过激，这种现象被称为（　　）。
   A. 文化理想主义　B. 无文化现象　C. 文化愚民现象　D. 文化僵化

3. 组织的新人学习和内化组织常规运作模式的过程是什么过程？（　　）。
   A. 社会化过程　　B. 甄选过程　　C. 成员同化过程　D. 内化过程

4. 人们穿着和行动的方式、表征、故事和仪式属于组织文化的第几层次？（　　）
   A. 可观察层　　　B. 制度行为层　C. 价值观层次　　D. 不属于组织文化

5. 当一个人强烈地认同某一个组织，则表示（　　）。
   A. 组织目标和价值取向已被个人所接受　　B. 个人对组织有了清楚的认识
   C. 个人目标和价值取向已被组织所接受　　D. 组织对个人有了清楚的认识

6. 在整个企业管理中，倡导尊重每位员工，尊重员工权利的思想，这属于（　　）。
   A. 组织文化　　　B. 政治手腕　　C. 经济条件　　　D. 激励理论

7. 在美国的大公司中，首席执行官 CEO 的年均薪水是普通蓝领工人的 160 倍，是世界最高的，有的甚至比美国总统的薪水还高。你认为造成这种现象的主要原因是（　　）。
   A. 物以稀为贵，美国缺乏高质量的 CEO
   B. 按劳取酬，美国 CEO 担负的责任比其他国家的高
   C. 美国特有的文化，崇尚个人英雄主义产生了高薪的 CEO
   D. 重赏之下必有勇夫，高薪可以激发 CEO 巨大的潜力

8. Z 型文化是指（　　）。
   A. 日本式组织文化　　　　　　　　　B. 美国式组织文化
   C. 兼具日本文化与美国文化的特点的组织文化　D. 中国式组织文化

二、多选题

1. 组织文化的定义可能涉及到下列哪些因素？（　　）
   A. 组织文化的外在表现形式　　　　B. 管理作风和管理理念
   C. 管理制度和管理方法　　　　　　D. 书面和非书面形式的标准和程序

2. 组织文化的特点有哪些？（　　）
   A. 意识性　　　B. 长期性　　　C. 导向性　　　D. 凝聚性

3. 下列哪些因素可以影响组织文化的建立？（　　）
   A. 组织创始人　　　　　　　　B. 组织高层领导
   C. 组织的成员社会化　　　　　D. 组织结构变化
4. 组织文化建立的心理机制包括哪些？（　　）
   A. 从众心理　　B. 化解挫折心理　　C. 心理强化　　D. 心理定势
5. 组织文化有哪些层次？（　　）
   A. 管理制度层　　B. 共享价值观层　　C. 表面可观察层　　D. 制度层
6. 丹尼逊和梅士拉把组织文化分为以下（　　）种类。
   A. 适应性文化　　B. 使命性文化　　C. 投入性文化　　D. 持续性文化

三、判断题

（　　）1. 文化是人类所创造的一切物质产品和非物质产品的总和。
（　　）2. 管理作风和管理方法是不属于组织文化范畴的。
（　　）3. 组织文化具有历史继承性，故一经成立就不会再变化。
（　　）4. 强组织文化可以降低组织员工的流动性。
（　　）5. 强组织文化如果不具有外部适应性，其给组织带来的危害将比弱组织文化更加大。
（　　）6. 按照杰弗里 A.桑南菲尔德对组织文化的分类，政府机构更适合于学院型组织文化。
（　　）7. 一个组织只能有一种文化，多种文化会导致组织宗旨的混乱。
（　　）8. 组织文化由三个层次构成：组织文化的可观察层、组织文化的制度行为层、组织文化的观念层。

四、简答题

1. 如何理解组织文化的概念？
2. 组织文化的功能是什么？结合实际谈谈组织文化对你的影响。
3. 组织文化由哪些层次组成，每个层次的表现是什么？
4. 建立组织文化的心理机制有哪些？可以通过哪些途径建立组织文化？
5. Z型文化是什么文化，它一般包括哪些特征？

【案例分析】
松下——经营之神的精髓

松下电器公司是全世界有名的电器公司，松下幸之助是该公司的创办人和领导人。松下是日本第一家用文字明确表达企业精神或精神价值观的公司。松下精神，是松下及其公司获得成功的重要因素。

（1）松下精神的形成和内容

第六章 组织文化

松下精神并不是公司成立之日一下子产生的,它的形成有个过程。松下有两个纪念日:一个是 1918 年 3 月 7 日,这天松下幸之助和他的夫人及内弟一起,开始制造电器双插座;另一个是 1932 年 5 月 5 日,他开始理解到自己创业的使命,所以把这一年称为"创业使命第一年",并定为正式的"创业纪念日"。直到 1932 年 5 月,在第一次创业纪念仪式上,松下电器公司确认了自己的使命与目标,并以此激发职工奋斗的热情与干劲。

松下幸之助认为,人在思想意识方面,有容易动摇的弱点。为此应制定一些戒条,以时时提醒和警戒自己。于是,松下电器公司首先于 1933 年 7 月,制定并颁布了"五条精神",其后在 1937 年又议定附加了两条,形成了松下 7 条精神:产业报国的精神、光明正大的精神、团结一致的精神、奋斗向上的精神、礼仪谦让的精神、感恩报德的精神、顺应同化的精神。

(2) 松下精神的教育训练

松下电器公司非常重视对员工进行精神价值观的教育训练,教育训练的方式可以做如下的概括:

一是反复诵读和领会。松下幸之助相信,把公司的目标、使命、精神和文化,让职工反复诵读和领会,是把它铭记在心的有效方法,所以每天上午 8:00 松下遍布员工同时诵读松下 7 条精神,一起唱公司歌。其用意在于让全体职工时刻牢记公司的目标和使命,时时鞭策自己,使松下精神持久地发扬下去。

二是定期的 10 分钟演讲所有工作团体成员,每一个人每隔 1 个月至少要在他所属的团体中,进行 10 分钟的演讲,说明公司的精神和公司与社会的关系。松下幸之助认为,说服别人是说服自己最有效的方法。松下幸之助有一句名言:如果你犯了一个诚实的错误,公司非常宽大,把错误当作是训练费用,从中学习,但是你如果违反公司的基本原则,就会受到严重的处罚:解雇。

三是隆重举行新产品的出厂仪式。松下幸之助认为,当某个集团完成一项重大任务的时候,每个集团成员都会感到兴奋不已,因为从中他们可以看到自身存在的价值,而这时便是对他们进行教育的良好时机。所以,每年正月,松下电器公司都要举行新产品的出厂庆祝仪式。这一天,职工身着印有公司名称字样的衣服,大清早来到集合地点。在松下向全体职工发表热情的演讲以后,职工分乘满载新出厂的产品的卡车,分赴各地有交易关系的商店。最后,职工返回公司,举杯庆祝新产品出厂活动的结束。

四是"入社"教育。进入松下公司的人都要经过严格的筛选,然后由人事部门进行公司的"入社"教育:首先要郑重其事地诵读松下宗旨、松下精神,学习公司创办人松下幸之助的"语录",学唱松下公司之歌,参观公司创业史"展览"。为了增强员工的适应性,也为了使他们在实际工作中体验松下精神,新员工往往被轮换分派到许多不同性质的岗位上工作。所有专业人员,都要从基层做起,每个人至少用 3~6 个月时间在装配线或零售店工作。

五是管理人员的教育指导。松下幸之助常说:"领导者应当给自己的部下以指导和教诲,这是每个领导者不可推卸的职责和义务,也是培养人才方面的重要工作之一。"松下公司实行终身雇佣制度,认为这样可以为公司提供一批经过二三十年锻炼的管理人员,这是发扬公司传统的可靠力量。为了用松下精神来培养这支骨干力量，公司每月举行一次干部学习会，互相交流，互相激励，勤勉律己。松下公司以总裁与部门经理通话或面谈而闻名，总裁随时会接触到部门的重大难题，但并不代替部门作决定，也不会压抑部门管理的积极性。

六是自我教育。松下公司强调，为了充分调动人的积极性，经营者要具备对他人的信赖之心。人在被充分信任的情况下，才能勤奋地工作。从这样的认识出发，公司把在职工中培育松下精神的基点放在自我教育上，认为教育只有通过受教育者的主动努力才能取得成效。上司要求下属要根据松下精神自我剖析，确定目标。每个松下人必须提出并回答这样的问题："我有什么缺点"、"我在学习什么"、"我真正想做什么"等，从而设置自己的目标，拟订自我发展计划。为了便于互相启发，互相学习，公司成立了研究俱乐部、学习俱乐部、读书会、领导会等业余学习组织。在这些组织中，人们可以无拘无束地交流学习体会和工作经验，互相启发、互相激励，形成奋发向上的松下精神。

（3）松下精神——公司的内在力量

松下精神，作为使设备、技术、结构和制度运转起来的因素，在松下公司的成长中形成，并不断得到培育强化。它是一种内在的力量，是松下公司的精神支柱，它具有强大的凝聚力、导向力、感染力和影响力，它是松下公司成功的重要因素。这种内在的精神力量可以激发与强化公司成员为社会服务的意识、公司整体精神和热爱公司的情感，可以强化和再生公司成员各种有利于公司发展的行为。如：积极提合理化建议，主动组织和参加各种形式的改善经营管理的小组活动，工作中互相帮助，互谅互让，礼貌待人，对顾客热情服务，干部早上班或晚下班，为下属做好工作前的准备工作或处理好善后事项等。

据案例中提供的情况，请思考：

1. 松下公司成功的因素有哪些？组织文化在这些因素中的地位如何？
2. 松下精神是通过哪些途径建立起来的？
3. 我国企业应该从中吸取哪些经验教训？

第七章 组织变革和组织发展

学习目标

◇ 了解组织变革的必要性；
◇ 了解渐进与剧烈变革、主动与被动变革；
◇ 理解组织变革的动力和阻力；
◇ 掌握组织变革的影响因素、战略类型和模式；
◇ 掌握组织发展的方法。

引导案例　青啤 X 城公司的改革

青岛啤酒百年基业，其文化沉淀厚重精深。

1999 年，青岛啤酒兼并 X 城啤酒厂，青岛啤酒（X 城）有限公司挂牌成立。2000 年，青岛啤酒淮海事业部正式成立，青啤 X 城公司划归淮海事业部管理。因为青啤实行产销分离的经营管理体制，作为啤酒生产单位的 X 城公司只负责生产任务而不能直接干涉市场，在大大小小啤酒厂密集分布的淮北地区市场是有限的，因此竞争异常惨烈，这使得具有 12 万吨产能的 X 城公司几乎有一半以上的资源处在闲置状态，企业连年亏损。

青啤公司为了改善这一状况，在 2001～2004 的 3 年时间里，先后派去了 5 届领导，每一届领导到任后都不约而同大刀阔斧地对组织机构进行了调整，于是，部门间分分合合，岗位设置频繁更替，员工颇有怨言，青啤文化也受到了前所未有的抵制，加之市场萎缩，人心涣散，企业形象受到严重影响，这个因青啤入驻而一度激情澎湃、焕发勃勃生机的当地支柱性企业又处在倒闭的边缘。青啤文化在 X 城公司频繁的组织变革中无奈地叹息。这种情况直至第 5 任的 Y 经理时期才有所改观。第 5 任的 Y 经理到任后，抵制住一些压力进行了大幅度的调整，内部实行服务链管理，按生产流程确定部门之间的权责关系，倡导"上级服务下级、部门服务一线"的管理理念，并明确提出"创建青啤在鲁西南地区的精益加工基地"的企业使命，公司发展状况日渐好转。

第一节　组织变革概述

一、组织变革的必要性和影响因素

任何设计得再成功的组织，在运行了一段时间后，要想维持和发展，都必须根据外部环境和内部环境的变化,不断地对组织进行变革。所谓组织变革,就是指组织根据外部环境和内部情况的变化,及时地改变自己的内在结构,以适应客观发展的需要。

组织变革实际上是而且也应该成为组织发展过程中的一项经常性活动,能否抓住时机推进变革是衡量组织管理有效性的重要标志。

你对海尔集团总裁张瑞敏所说的"市场唯一不变的法则就是永远在变",及人们常说的"以变应变,以变制变"、"变则通,通则久"等话语是如何理解的?

(一)组织变革的外部驱动因素

1. **迅速发展的科学技术** 现代科学技术在以空前的广度和深度影响和改变着社会生产和生活的各个方面,它给组织结构、组织管理层次与幅度、组织运行要素等都带来了巨大的变化。如电子计算机的发明与使用,使组织中的信息处理、决策等一系列管理过程与管理方式都发生了重大的变化,而这些变化有力地推动着组织不断地进行变革。

2. **激烈的市场竞争以及消费者的变化** 每个组织都面临着日趋激烈的竞争,竞争对手多而强大,替代品不断出现,消费者的需求水平、需求结构、价值观和生活方式、审美观和闲暇时间等都发生了一系列新的变化。组织必须进行变革,增强快速反应能力,及时占领市场。

3. **社会经济环境的变动** 政府重大方针政策的出台、宏观调控措施的改变、经济结构的调整、通货膨胀的变化以及各项法律法规、税收等方面的改变,都要求组织做出相应的变革。

 7-1 美的的"分拆游戏"

美的,一家爱上了组织变革的公司。这种爱缘自于1997年美的事业部制改造后各项业务的突飞猛进。

2002年,由于受行业不景气等因素影响,美的集团的成长速度大大放缓。于是,美的又高举起了组织变革之旗,欲启动更多的"小马达"。2002年6月,美的毅然将家庭电器事业部"一分为四",分拆为电风扇、电饭煲、饮水机、微波炉四大事业部。尽管受到质疑,但美的并没有停止这种追求的脚步。

2002年10月9日,冰箱公司从空调事业部中分离出来;2002年11月4日,

第七章 组织变革和组织发展

洗碗机公司从厨具事业部中独立出来;2002年12月31日,美的日用电器制造有限公司正式成立,以OEM等形式,全面开拓更广泛的其他小家电市场。

时隔半年,2003年7月,美的再将厨具事业部与日用电器制造公司实施"业务重组",并将厨具事业部"一拆为三",变为电暖器公司、厨卫公司和热水器公司。

用粤美的总裁张河川的话说,"企业出现了危机才会改革,改革那些不适应外部环境的东西。比如,管不过来,那就要把它细分,让每个产品单位更专业化"。

(二)组织变革的内部基本动因

1. 组织目标的改变　组织目标的选择与修正决定着组织变革的方向,同时在一定程度上规定了组织变革的范围。要么组织既定的目标已经实现或即将实现,需要寻求新的发展、新的目标;要么组织既定目标无法实现,需要及时地转轨变型;要么组织目标在实施过程中与环境不相适应,出现偏差,需要及时进行修正与调整。

2. 组织结构的改变　组织结构的调整主要是指对组织结构中的权责体系、部门体系等的调整。组织结构的改变要求调整管理幅度和层次、划分合并新的部门、协调各部门的工作等,以改变现有结构设计不合理或不适应新的环境变化的状况,提高组织的运转效率。

3. 组织职能的转变　现代社会组织的职能更专业化、社会化,更强调职能细化、分工明确化,更要求强化社会服务职能,增强对社会的责任。这都要求组织变革原有的权责制度、管理层次与幅度以及沟通渠道等。

4. 组织成员的变化　在组织中,个体成员的行为是组织运行有效性的基础,个体成员的行为又要以各自的需要为基础。组织成员动机、态度、行为、需求等的改变,对整个组织的发展具有重要意义。随着组织的发展,其成员的内在需要逐渐向高层次发展,纯粹的物质刺激所起的作用越来越小,组织成员有更高的追求,如参与感、责任感、创造性的增强,要求相应地变革组织的激励环境,改进工作设计,变更工作内容,调整工资,改善工作环境,改变工作时间等,以满足组织成员不同层次的需要及逐步提升的需要。

 **7-2　柯达公司按顾客进行的组织结构重组**

柯达是世界500强企业之一,制造和销售上千种不同的成像产品,在产权、管理、营销、资本运营、技术开发等方面都建立了一套相当完善的制度。在1995年前,柯达的顾客成像事业部负责管理柯达著名的照相产品的分销,当时的成像事业部把顾客按地区分群,一个地区内的全部顾客都由同一支销售队伍服务。

然而顾客抱怨他们得不到所需要的个性化服务，销售人员也感到他们的业务领域被拓展得太宽，因为大宗批发商店、照相专业店、超级市场等不同类型店铺的需求是不相同的。因此，事业部管理者决定将按地区设计的组织结构转变为按顾客类别设计的模式，使成像事业部的销售队伍更好地为顾客提供个性化的服务。

1995年柯达的销售队伍重新整合成不同的小组，分别为特殊类型的顾客需求提供服务。结果，每个小组更贴近特定的顾客群体，更有针对性地解决顾客提出的问题，更准确地为顾客提供订制服务。基于按顾客结构的转变在成像事业部的成功，柯达从1996年起，对各事业部都按照顾客而不再按照地区来进行设计。

到2006年，柯达的服务对象包括了一般消费者、专业摄影师、医疗服务机构、娱乐业以及各种商业客户。柯达公司按顾客（即市场）设立了四个业务部门：摄影事业部——为大众消费者、专业摄影师和电影摄影师提供数码和传统产品及服务；医疗影像部——为医疗卫生行业提供传统和数字影像获取、存储和输出产品及服务；商业影像部——为企业和政府提供影像获取、输出和存储产品及服务；元器件事业部——为原始设备生产商（OEM）提供光学元件和感光芯片；显示器事业部——设计和制造世界领先的有机发光二极体（OLED）显示屏以及其他特殊材料。

柯达凭借其技术优势、市场规模和众多的行业伙伴关系来为顾客提供不断创新的产品和服务，以满足他们对影像中所蕴含的丰富信息的需求。

二、组织变革的分类

组织变革可以按照不同的标准进行划分，形成不同的类型。

（一）从组织变革进程的快慢分类

1. **渐进变革**　所谓渐进变革是指一系列持续的改进，这些改进还维持着组织的平衡，变革一般只影响组织的一部分。渐进变革的特征是：线性连续的，不涉及成员世界观的改变和组织提高功能方面的根本变化，缓慢的、微小的、渐进的变革。例如一个公司对其销售部门进行调整，推行ISO 9001管理标准等。这种变革比较适应组织长期发展的需要，可以同员工的培训和管理方法的改进同步进行，员工较易接受。一般适用于组织结构需做出较大变革，但组织内外条件尚未完全成熟的情况。

2. **剧烈变革**　剧烈变革则打破了组织的原有框架，产生一个新的平衡，变革涉及到整个组织。其特征是：多维的、多层次的、不连续的、激进的变革，涉及到重新构建组织以及组织环境的观念。如两个组织合并后，对组织结构进行的迅速改组。这种方式一次到位，解决问题迅速。但因涉及面广，易引起组织的剧烈动荡，使员工失去安全感，产生抵触情绪，若计划不周，配套措施跟不上，则可

第七章 组织变革和组织发展

能导致变革失败。因此，除非组织面临严重危机，一般不宜采用。

（二）从组织变革的动力来源分类

1. **被动性变革** 所谓被动性变革又可称之为无计划的组织变革，其动力来源于外部环境对组织的压力，它主要是指当事情发生后才实施变革。一般也指组织的管理者由于缺乏战略眼光和周密计划，当面临环境变化或难以避免的变动压力时，才不得不被动地做出组织变更决定或进行组织变革活动。这种变革常常是仓促、匆忙的被动行为。

2. **主动性变革** 所谓主动性变革又称有计划的组织变革，其动力来源于组织的主观思变，表现为对外部环境的主动适应，是一种预见性、超前性的变革。主动变革能提高组织的应变能力，避免仓促应变给组织带来的不利影响。在主动性变革中，管理者需要洞察组织遇到的压力和挑战，预测未来的环境变化和发展趋势，主动而系统地制订组织变革的计划，并按计划逐步实施组织变革活动。

（三）按组织变革的战略分类

1. **经营战略变革** 组织经营战略同组织发展规模、组织在市场上的竞争地位相适应。如果规模和地位发生了变化，经营战略也要随之改变。要重视解决让组织"做正确的事"的问题，把组织的经营战略管理置于核心地位。组织必须审时度势，根据市场变化，迅速将市场与组织的资源和能力相结合，对自身市场进行再定位，适时调整变革组织的发展目标，以适应市场环境的变化与要求。

2. **结构变革** 结构变革是以组织结构为重点的变革。一定的组织形式总是与相应的组织规模、市场环境相联系并随之而改变的。组织变革可在整体结构上做出重大改变，如从一个官僚的直线职能结构转变为一个分权的事业部结构；也可以是对组织设计基本要素的一个或多个要素加以改变。例如，合并部门职责，精简纵向层次，拓宽管理跨度。组织变革还可重新设计工作，如实行弹性工作时间制度，改革组织的报酬制度等。

3. **技术变革** 技术是结构的一个关键性的决定因素。新机器对组织结构和组织内成员的行为有着重要影响。在技术上比较单一而稳定的公司，倾向于采纳集权制的组织结构；反之，技术复杂多变的公司，倾向于采纳较为开放和灵活的组织结构。最近几年最明显的技术变革是计算机的普及，随着信息网络、决策指挥系统和专家支持系统的建立和完善，决策和指挥变得更为快速和敏捷。

4. **人员变革** 人是推动变革或反抗变革的主要力量，人员变革主要是通过沟通、决策和问题解决过程来改变组织成员的态度和行为，从而使组织中的个体和群体在变革中更有效地工作。组织内部人员的知识结构、技术水平、价值观念、思维方式随着环境的变化而不断更新，组织文化也会随着组织兼并、再重组、结构调整而改变。人员变革的方法主要有敏感性的训练、调查反馈法、过程咨询法、团队建设和群体间关系的开发。这些方法都是变革组织内影响个人行为的各种力量的方法。

5. 产品与服务变革 产品变革包括对现有产品的改进、产品调整和新产品的开发，其目的是为了扩大市场份额或开发新市场。产品与服务的变革对多数组织来说，已成为日常管理活动的内容。

> 在你所经历的组织变革中，其变革的进程、变革的动力和战略分别属于哪种类型呢？你对这些变革的体会是怎样的？

第二节 组织变革的两种力量

一、组织变革的动力

组织是社会系统中的一个子系统，社会系统的任何变化都会影响到组织的某一分系统或整个系统的变化，这是组织变革的原动力。以前的组织是长期的稳定伴随着偶尔的短期的变革，今天的组织往往是长期的变革伴随着短期的稳定。

概括起来说，组织变革的动力来源于人们对变革的必要性和变革能带来的好处的认识。例如，组织客观环境的变化，组织自身的缺陷和问题，领导层居安思危的忧患意识和锐意进取的创新意识，变革可能带来的权力和利益的有利变化，以及接受风险、善待失败、容忍变化的开放型组织文化，等等，这些都可能成为组织变革的推动力，引发变革的需要、动机和行动。

 7-3 胡服骑射

战国时期，赵国的北边大多是胡人部落，他们虽然没有与赵国发生大的战争，但常有小的掠夺战斗。胡人都是身穿短衣、长裤，作战骑在马上，动作十分灵活方便，开弓射箭运用自如，往来奔跑迅速敏捷；而赵国军队虽然武器比胡人精良，但多为步兵和兵车混合编制，加上官兵都身穿长袍，甲胄笨重，骑马很不方便。因此，在交战中常常处于不利地位。鉴于这种情况，赵武灵王就想向胡人学习骑马射箭。

为了富国强兵，赵武灵王提出"着胡服"、"习骑射"的主张，决心取胡人之长补中原之短。可是"胡服骑射"的命令还没有下达，就遭到许多皇亲国戚的反对。公子成等人以"易古之道，逆人之心"为由，拒绝接受变法。武灵王为了说服公子成，亲自到公子成家做工作，他用大量的事例说明学习胡服的好处，终于

第七章 组织变革和组织发展

使公子成同意着胡服的政策,并表示愿意带头穿上胡服。公子成的工作做通之后,仍有一些王族公子和大臣极力反对。他们指责武灵王说:"衣服习俗,古之理法,变更古法,是一种罪过。"武灵王批驳他们说:"古今不同俗,有什么古法?帝王都不是承袭的,有什么礼可循?夏、商、周三代都是根据时代的不同而制定法规,根据不同的情况而制定礼仪。礼制、法令都是因地制宜,衣服、器械只要使用方便,就不必死守古代那一套。"

武灵王力排众议,在大臣肥义等人的支持下,下令在全国改穿胡人的服装,因为胡服在日常生活中做事也很方便,所以很快得到人民的拥护。

接着,赵武灵王又号令大家学习骑马射箭。不到一年时间,就训练了一支强大的骑兵队伍。公元前305年,赵武灵王亲自率领骑兵打败临近的中山,又收服了东胡和临近几个部落。到了实行胡服骑射的第七年,中山、林胡、楼烦都被收服了,还扩大了好多土地,成为当时的"七雄"之一。

二、组织变革的阻力

任何发展都需要付出代价,组织变革的过程也不可能是一帆风顺的。能否减少和消除阻力是组织变革成败的关键。

(一)变革的危机与失败的风险性造成的阻力

组织变革是需要一定的投资的,而组织变革的结果常常具有很大的不确定性和风险性。"变革是找死,不变革是等死。"此话虽然偏激,对变革结果的估计也过于悲观,但反映出领导者和员工对组织变革风险的恐惧和对变革前途的担忧,也说明了对变革心态不稳、信心不足、决心不大。这种基于对未来发展的不可预见性所产生的焦虑,使许多组织成员个体对组织变革采取消极甚至是敌对的态度——与其面对不可预见的未来,不如安于现状算了。对于适应性变革而言,由于变革必然会发生人员调动的情况,这些人也许会为调往新的工作岗位后如何才能与其他员工配合而焦虑。即使是职务晋升,也会有人疑虑:升职后结果如何?我将会处于一种什么样的境况中?我能与他们很快地熟悉并进行有效的沟通吗?新的上司会如何待我?如果我不去,组织上又会怎样看待我呢?诸多的忧虑实际上都与变革带来的后果的不确定性有关。

(二)经济利益因素造成的阻力

变革带来的常常是资源的重新分配、利益的重新调整、权力的重新安排,广泛涉及到每个人的切身利益。变革会威胁到人们的既得利益,人们对现有组织体制投资越多,受到的威胁越大,他们反对变革的力量就越大。这种既得利益既包括经济收入等有形的物质利益,也包括成员个体的职位、权利、荣誉等无形的利益。一旦组织成员的权利、地位在组织中确立起来,而组织变革将危及到其成员的原有职权、荣誉、社会影响时，这些人很自然地从心理上产生一种退回到变革前的组织状态中寻求安全感的倾向。这种心理倾向所导致的后果就是组织成员对变革的消极反应，甚至是公开的抵抗行为。此外，变革还会威胁到人们为取得现状所进行的有形的物质投资与无形的精神投资。人们对现有组织所做的投资越大，他们对变革的阻力就越大。因为他们担心会失去自己曾经付出巨大代价而获得的现有的职位、权势以及收入、个人荣誉等等。

（三）心理因素造成的阻力

组织变革将使现有已知的东西变得模糊不清和不确定，这就意味着组织要打破原有的心理平衡，破坏某些人的职业认同感、依赖感，对个体构成较大的心理压力，组织成员常常出现剧烈的情绪反应，内心出现很大的冲突与波动、压力与紧张、混乱与恐慌。变革对每个人的心理冲击都是空前的。

个案 7-4　国有企业改革中员工的心理风暴

在我国国有企业改革的进程中，曾遇到由于企业员工的心理因素造成的阻力。对国有企业的员工来说，他们在长期计划经济条件下养成的思维方式、工作方式根深蒂固，决非一朝一夕所能抛弃的。因为以前从未有过失业之忧，他们认为进了企业，生老病死全都由国家包了，外无竞争压力，内无失业之忧，不仅他们端的是金饭碗，坐的是铁交椅，连他们的子子孙孙也可以子承父业，世世代代有了终身职业保障。但是市场经济体制下，优胜劣汰，适者生存，市场规律就是这样无情和残酷。国有企业改革打破了原有的狭隘的思维惯性，减员增效成为许多企业改革的一个具体措施。国有企业的员工们心理承受力受到空前的挑战，"震惊"、"失面子"、"委屈"、"愤怒"、"失控"、"拒绝"等心理冲突与心理阻力对进行改革的国有企业的员工来说的确是一场心理风暴革命。

国有企业改革是一个系统工程，需要齐心协力，努力拼搏闯大关。面对员工出现的心理风暴，首先，要加大改革政策的宣传力度，帮助员工转变观念，调整心态，面对现实，增强改革的危机感与紧迫感，为企业改革营造良好的社会舆论氛围，不断使员工认识变革，理解变革，参与变革。

其次，应采取有效措施，建立和健全社会保障体系，切实解决好深化改革与保证员工利益之间的关系。

第三，要想方设法，做好转岗就业再培训工作。要积极地为员工出谋划策，给予政策上的扶持、技能上的培训、精神上的鼓励，为他们的未来寻找出路。

第四，要充分发动广大员工参与到国有企业改革中来，坚持公平、公正、公开的民主原则，把科学决策和有效监督相结合，相信并依靠员工，一同面对改革中的困难与挑战，妥善处理好各种利益关系和矛盾，多做沟通与协调的工作，以

第七章 组织变革和组织发展

保证国企改革顺利进行。

（四）社会因素造成的阻力

任何人都生活在一个群体中，受到这一群体的思维习惯、行为方式、价值取向的影响，一旦实行变革，原有的隐含工作、生活模式的平衡将被打破，因而常常遭到群体的反对。

（五）组织成员对原有组织架构的依赖性造成的阻力

长期处于某种组织架构中的成员自然而然会产生对组织架构的依赖性。如：组织成员对上司的依赖、对其所处的职位职权的依赖，甚至是对其下属的某种依赖。对原有组织架构过分依赖的个体，除非得到他所依赖的个体或群体的赞同并将其行为纳入他们的活动之中，否则他很可能就会抵制对组织所做的任何变革。那些对其上司过分依赖的组织成员，那些希望得到上司对其工作的良好评价的成员，除非该上司对组织成员明确表示组织变革的必要性，说明新的组织架构对其工作绩效的提高、对其未来表现的有益影响，否则他们很可能会对组织变革采取反对的态度。这种由于对原有组织架构的依赖性而产生的对变革的抵制很容易被人忽视。

（六）组织固有的保守倾向造成的阻力

除非组织处于快速增长或内部剧烈动荡时期，否则组织发展越成熟，组织就越趋向于保守。随着组织的日益成熟，其所经历的环境、所面临的问题越多，为了应付组织成长过程中所出现的各种问题、所经历的复杂境况，其内部发展起来的制度规则就越多、越细致周密。虽然这些规章制度在当时甚至在许多情况下被证明是有效率的，但同时也制约了组织对环境反应的灵活性，在组织变革的过程中，必然发展成为阻碍变革的力量。如典型的发展完备的行政官僚组织结构，为了保证其高效率，对各项职务都有详细的规定，对各个在职人员的权利、责任的范围等界定明确，与其他组织相比，这种以规律中心原则为基础得以维持并进行经营的组织，能够集约地大量处理复杂而质量要求高的业务，其在精确性、迅速性、明确性、统一性等方面的明显优势，使其成为从技术合理性观点来看是最高级的组织形式。然而，这种组织强调严格的服从关系，强调意见只能从上到下逐级传达。由于过分强调职权的等级，可能会使员工们在按照特定渠道反映意见时，对他们的工作只汇报积极的一面，而对那些确实能帮助组织更好地分析变革的需要和变革的方法的一些反对意见却避而不谈。其结果是，任何一种新的意见都很可能因为它与组织的现实情况相抵触而遭到摒弃。

 7-5 海尔收购黄山电视引发冲突

1997年，海尔收购了黄山电视机厂（以下简称"黄山"）。因为原"黄山"职

工长期处于计划经济体制下，吃惯了"大锅饭"，对激烈的市场竞争机制认识不足，对海尔先进的管理体制一时还不适应，因此在思想意识上与具有强烈市场意识的"海尔人"有很大差别。

在兼并后发生的矛盾主要表现在以下几个方面：

（1）质量冲突：海尔兼并"黄山"以后，首先将产品质量放在第一位，目标是将产品合格率控制在100%。有很多质量控制指标极其严格，令一贯沿袭以前质量标准的"黄山"人接受不了。如关于质量老化的话题就产生过争议。按照海尔的质量标准是产品100%进行老化试验，而刚进入海尔的"合肥海尔人"则认为没有必要这么认真。

（2）供应上的分歧：海尔的原则是对所有元器件的供应进行公开竞标，选择质优价廉的合作伙伴；"黄山"人则认为在几个关系户中选择供应商即可。

（3）收入与市场需求的矛盾：个别员工认为加入海尔就要增加收入，而具有强烈市场意识的海尔人则认为应全力以赴进行市场开拓，将个人收入放在第二位。

1998年6月2日上午，"合肥海尔"劳动人事处下发了全体员工签订"劳动合同"的通知，通知规定除技术人员签订五年期合同外，其余人员一律签订一年的劳动合同。这使长期处在计划经济条件下的部分员工不理解，认为一年后公司就不要自己了。加上少数人恶意煽动、散布谣言，使不少员工因不理解而产生不满情绪，跟着起哄，最后发展成为聚众闹事、上街游行、生产停顿的事件。

表面上看是签订劳动合同引发了这次事件，但真正的原因还是新旧观念、新旧体制激烈碰撞的必然结果。闹事的员工要求与市政府对等谈判，以不答应条件就不复工相要挟。一时间，全厂人心惶惶。

"合肥海尔"的领导班子在取得合肥市政府的支持后，海尔的领导层对本次事件做出了明确表态：

（1）6月2日的上街行为是严重错误的。"合肥海尔"少数员工上街，中断了交通，扰乱了社会秩序。这种无组织、无纪律、事先不申报、不打招呼、突然上街的行为是违法的。

（2）6月3~5日，少数人殴打、谩骂、围攻"合肥海尔"领导和干部的恶劣行为，严重影响了生产和工作秩序，是法制所不允许的。

（3）对个别殴打公司领导和干部的恶劣行为，要依法处理。

（4）身份不能解决吃饭问题。员工们的思想观念要转变，不能停留在计划经济的陈旧观念下。在市场经济中，哪个企业有能力它就能发展，就有前途，生存和发展的关键是靠自己。前5个月"合肥海尔"迅速发展的实践证明，海尔的管理是正确的、先进的。没有严格的管理，企业是无法走向正轨的。"合肥海尔"的迅速发展，为合肥市企业改制做出了突出的贡献，改革的方向是对的。在短短的几个月内，海尔彩电生产规模扩大，市场占有率大大提高，已上升到全国第八位，

第七章　组织变革和组织发展

员工工资、医疗费、养老保险金和福利都能得到保障，这是大家有目共睹的。目前，海尔彩电市场销路很好，大家要珍惜这个机会。

（5）对于签订劳动合同的规定，大家不理解，然而这在海尔企业的改革中是非常正常的一项活动。

（6）"合肥海尔"的管理只能上，不能下；只能强，不能弱。

在这种思路下，公司领导班子做出重大决策：为使员工真正转变观念，理清思路，决定全厂停产三天，组织全体员工进行讨论。通过几轮认真的讨论，员工思想真正有了转变，员工们真情地说："总经理不能走，海尔人不能走，海尔管理不能走。"同时，绝大多数员工都表明了复工的决心。这样一来，极个别人就彻底孤立了，企业又获得了应有的生机。6月8日，公司一切工作恢复了正常。

三、组织变革的程序

组织变革既然面临着动力和阻力，那么对变革的程序就必须精心策划，以化阻力为动力，保证变革取得最大的成效。长期以来，许多组织行为学家对组织变革程序进行了大量的研究，取得了一定成果。

（一）库特·卢因的模式

著名心理学家库特·卢因于 20 世纪 30 年代提出了著名的"解冻——变革——再冻结"的变革模式，如图 7-1 所示。他认为，成功的组织变革通常需要经历解冻、变革、再冻结三个有机联系的过程。

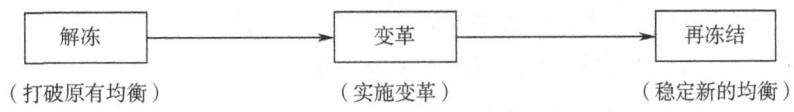

图 7-1　卢因变革模式

1. 解冻　在解冻阶段，组织的管理层认识到现在的情况已经不能适应组织的发展，必须以全新的做法打破现有模式。作为实施变革的前奏，在这一阶段必须明确让个体、群体乃至整个组织都能清楚地认识到变革的必要性，产生必须变革的共识，以减少变革的阻力。

2. 变革　实施变革的过程，首先要建立起有关组织发展方向的远景，这种远景可以通过战略的、结构的、文化的以及个人的变化来实现。其次，组织变革本身需要通过组织结构、任务、技术、行为和过程的变革来完成，涉及发展组织成员的新的观念、态度和行为，要鼓励人们参与变革，共商变革的计划、措施和办法。最后，这一过程通常由组织变革领导小组推动。这个领导小组通常由组织内部人员和外部聘请的咨询人员共同组成，由他们向员工解释变革的目标、日程安排，鼓励组织成员参与变革计划的拟订和执行，实施变革计划，并随时解决变革中出现的新问题。

3. 再冻结　再冻结是指对支撑起这一变革的新行为的强化。这个阶段旨在采取各种方式和手段不断强化变革中所形成的新的心态、行为规范和行为方式，以及组织刚刚形成的新的均衡状态，使之趋于稳定、巩固并持久化。再一次冷冻涉及到建立支持该变革的控制体系，必要时采取更正措施，以及强化变革所支持的行为和表现。管理部门应该对所有顺应趋势的转变给予支持和奖励，以增强他们进行变革的决心和信心。经过一定时间的强化之后，组织成员和工作群体通过自身改革以适应和维持新的组织平衡。这时，管理者就可以依赖正式的机制进行运作了。

（二）费里蒙特·E·卡斯特模式

美国华盛顿大学的费里蒙特·E·卡斯特教授把组织变革分为六个步骤：

第一步：回顾和反省。对组织取得的成就和存在的缺陷进行回顾、反省和检查，分析研究组织所处的内外部环境，为组织变革做好准备。

第二步：发现问题。总结组织内存在的问题，明确进行变革的必要性。

第三步：分析问题。将组织的现状与所期望的状态进行比较，进一步探明问题，发现差距，明确变革的方向。

第四步：提出方案。方案通常不止一个，对各个方案要进行评估和选优，确定最佳方案。

第五步：实行变革。按照选定的方法进行变革的具体行动。

第六步：反馈和修正。检查变革的成果，找出今后改进的途径。让变革的过程又回到第一步，如此循环，使组织不断得到完善。

四、组织变革的热点问题

20世纪90年代以来，在组织结构变革方面，谈论最多的热点可概括为：扁平化、小型化、柔性化、虚拟化和网络化。

（一）扁平化

就我国目前的情况来看，多数组织基本上还属于高耸的金字塔型结构，虽然这与我们传统文化有着一定的联系，但已经无法适应发展市场经济和迎接知识经济的要求，严重地束缚了员工的手脚，极大地挫伤了下属的积极性，阻碍了人才健康成长，不利于优秀人才的脱颖而出，其弊端已日益凸现，到了非改不可的时候。按照扁平化的原理变革传统的组织构架，已成为大势所趋，势在必行。

**7-6　扁平化的道理**

将两只滑轮溜冰鞋，以一个弹簧连起来，用第一只溜冰鞋来控制第二只鞋的

第七章　组织变革和组织发展

移动，这是可以做到的。再用另一个弹簧连起第三只鞋，并试着借助第一只鞋的运动来控制第三只鞋，难度进一步加大。接着继续增加溜冰鞋，每只鞋都附上不同弹性系数的弹簧。这样到一定的限度就无法控制末端的鞋子。机械运动是这样，组织系统就更为复杂了。这也正是在线的一端下达指令，不可能控制组织中所发生的一切的原因。因此，改变传统多层级的线形组织，实行组织的扁平化（flat structure）已成为组织设计的必然趋势。

20世纪90年代初期，西方出现了一场声势浩大的企业再造运动，核心思想是把原来的金字塔形的组织结构扁平化。美国的企业管理大师彼得斯呼吁要摧毁公司的层次组织结构，认为有15或20个管理层次的公司已经落后了。美国SEI公司在1993年取消了全部秘书建制，削减中层管理人员数量，最高管理层的管理人员的控制幅度增加到20人左右。联邦运通公司从公司董事长到最低一级职员之间总共只有5个管理层次。SUN公司的层级结构只有3个层次：总裁——副总裁兼事业部长——工程师。

在扁平型组织结构中，由于管理层次减少，管理人员也就相应地会减少，可以大大降低人工费用。而且管理跨度加大，迫使上司必须适度授权，上司放权下属就能自主，这对开发员工潜能和发挥员工的创造性极为有利。同时，对管理人员的能力要求提高了，领导必须十分审慎地选用下属人员，这对改善和提高员工队伍的整体素质也非常有好处。更重要的是层次减少、人员精干后，加强了员工的工作责任心，增大了工作职位的挑战性，迫使员工自我加压，促使人才快速成长。当然，扁平型组织结构也有其弊端，如管理跨度加大后使得上司的负担加重，有出现失控的可能。

（二）小型化

长期以来，有很多组织一直在追求组织规模，因为规模决定级别，级别决定待遇。时至今日，这种一味追求组织规模的做法已经不合时宜了。面对日趋复杂多变的信息时代，压缩组织规模，划小核算单位，已经成为现代组织的一种时尚。在竞争日趋激烈的今天，众多组织对"船小好掉头"的认识越来越深刻。不仅企业组织如此，就连国家机构也在走向流线型和灵巧化，小政府、大社会已经成为当今世界的一种潮流。我国的政府机构改革正在朝着这个方向迈进。小巧玲珑的组织架构已成为当今世界一切组织的普遍追求。可以预料，随着传统观念逐渐被破除，组织结构将会逐步走向小型化。

 7-7　**小型化带来的发展**

英国的壳牌公司原来是按地理分布设置管理机构的，后来公司决定取消4个

洲际总公司，改为按勘探开采、石油产品、化工、天然气和煤炭五大产品类别建立了5个企业，实现了各个产品类别的独立经营和发展体系。

美国的荷莫电子公司1967年以前主要从事研究、开发和咨询业务，1967年至1983年的16年间致力于一些电子产品的生产和销售，但收效甚微，进展缓慢。20世纪90年代初，公司采取了"甩出去"的战略，将一些有发展前途的产品分离出去，成立独立公司，选派优秀的管理人才去经营，年均收入增长率达到20%以上，获得了极大的成功。

（三）柔性化

所谓柔性化，就是说组织为实现某一目标而把在不同领域工作的具有不同知识和技能的人集中于一个特定的动态团体之中，共同完成某个项目，待项目完成后团体成员各回各处。现代组织应是客户利益导向的，并集产品开发、项目管理和客户服务于一体的交叉功能的团队，为适应这种跨部门职能的要求及加强和外界的联系，组织必须采取柔性运作的方式。在目前组织重新设计的浪潮中，"精益"和"灵活性"成了两个最主要的追求目标，因此减少非核心部门和柔性运作成了必不可少的手段。

柔性运作包括产品柔性化、创新柔性化、修改柔性化、批量柔性化、流程柔性化和物料柔性化等。柔性运作的关键是采用柔性技术，包括计算机数控、成组技术、计算机辅助设计、计算机辅助制造、柔性制造系统和计算机集成制造系统等。近年来，香港一些企业已经不再按专业设置科室，而是改为按任务设置科室，除办公室、人力资源部等必要的常设机构外，其他非常设机构一律随着任务的变化而变化。

 7-8 霍尼维尔公司的临时小组

美国著名的霍尼维尔公司曾通过设立临时团队巩固了它的顾客关系。它的一个大客户曾经警告这家公司，若不能很快生产出新的气象监控装置，它就将寻找别的合作者。这意味着一个大的客户即将离去，很大的一块市场要被公司的竞争者占领，公司的市场份额将会显著下降。霍尼维尔公司认识到问题的严重性，迅速地组建了由销售、设计和制造等部门参加的临时小组。这个临时机构按照公司的要求，把产品的开发时间由三年缩短为一年，完成了预定的任务，把即将离去的客户拉了回来。

临时团队对传统的垂直式组织模式是一个很大的冲击，它突破了传统层级制组织类型等级分明、层次较多、官僚主义特征明显的特性。

第七章 组织变革和组织发展

（四）虚拟化

未来学家托夫勒说：在知识经济时代，经营的主导力将从经营力、资本力过渡到信息力和知识力。在知识经济时代，大量的劳动力将游离于固定的组织系统之外，分散劳动力、家庭作业等成为新的工作方式，虚拟组织大量出现。电脑软件及其网络技术的蓬勃发展，推动和保证了这种组织模式的进行。这样，不必再去建造庞大的办公大楼，取而代之的是各种形式的流动办公室。据了解，美国、加拿大等国的大型跨国公司的科技人员目前在家办公的人数已达40%以上。随着组织结构的虚拟和家庭作业人数的增多，如何利用网络技术来实施管理将成为组织的领导者和管理者需要认真解决的新课题。

（五）网络化

企业组织结构的网络化主要体现在以下几个方面：

1. 组织形式集团化　随着经济全球化和经营国际化进程的加快，集团化的组织大量涌现。集团组织是一种新的利益共同体，这种新的利益共同体的形成和发展，使得众多组织之间的联系日益紧密起来，构成了组织形式的网络化。

2. 经营方式连锁化　很多组织通过发展连锁经营和商务代理等业务，形成了一个庞大的销售网络体系，使得营销组织正在网络化。美国的麦当劳已在全世界上百个国家和地区建起了连锁店；德国的西门子公司已在多个国家和地区建起了商务代表处等。

3. 信息传递网络化　随着网络技术的发展和计算机的广泛应用，组织的信息传递和人际沟通已逐渐数字化、网络化。

> 组织变革的热点问题有很多，你可以上因特网搜索一下那些知名企业的发展历程，结合其不同的经营阶段，看看这些企业是如何有效地进行组织变革的。

第三节　组织发展

组织发展是近年来西方组织行为学和管理心理学研究领域中发展起来的一个新的热门话题。20世纪50年代末，西方企业组织领域中就开始了组织发展的零星研究。20世纪80年代以来，各种新技术迅猛发展，全球经济模式发生转变，组织面临的环境变幻莫测，给组织发展带来了很大的压力。为了能在竞争中取胜，西方国家的一些大型企业,特别是美、英等国家的企业在经营战略和运作模式上做了较大的调整,迫使组织的职能从以生产为中心转变为以经营为中心。1983年,壳牌石油公司的一项调查显示:1970年名列《Fortune》杂志"500大企业"排行榜的公司,有近三分之一已销声匿迹。依壳牌石油公司估计,大型企业平均寿命不到40年。在适者生存的法则下,一些组织不断被淘汰出局,因此,探讨组织生存与发展就显得至关重要。组织变革与组织发展的共同目的在于创造一种灵活的、有适应性的组织,以使组织在竞争中取得有利的地位。

一、组织发展概述

(一)组织发展和组织变革

组织变革侧重解决组织内部出现的某些不利于组织生存的问题,在变化的方向、形式等方面都是比较剧烈的,组织变革意味着原有状态的中断,更接近于一种不连续的过程。组织发展则侧重解决组织向前发展的问题,本质上是渐进的、连续的过程,是分步独立、小步微调的演变。可以说,组织变革和组织发展的内容在许多方面是重叠的,但是组织发展并不等同于有计划的、渐进的变革。组织发展在观念上注重的是有计划变革中的人性与民主因素,至于权力、控制、冲突、压力等观念,被相对排斥。

组织发展是指全面应用行为科学的知识与技术,有计划地变革与开发组织的战略、结构、技术等,以提高组织有效性的过程。它在狭义上仅指组织成员行为的变革,在广义上则还包括了组织的结构变革和技术变革,并涉及对群体和个体的心理指导。组织发展的基本价值观就是尊重人、信任和支持、权力均等、正视问题和参与等。因此,组织发展具有以下特征:

(1)组织发展是一个动态的系统。
(2)组织发展是一个相互作用的过程。
(3)组织发展是以有计划的再教育手段实现改革的策略。
(4)组织发展中目标和计划具有重要作用,目标管理受到重视。

(二)组织发展的基本内容

组织发展分成三个方面:组织结构、组织的任务和技术、个体与群体。

1. **组织结构** 在组织发展中,组织结构形式追求的是组织的弹性和适应性,主张能尽可能地发挥员工和管理者的潜力。按照组织发展的观点,组织如果要充分利用员工的潜力,就必须保证组织具有能够让员工对组织做出奉献的结构,按组织的规律办事,这种组织形式称之为"有机式组织"。而传统的组织形式往往是依赖正式的规则和条例、决策的集权化、严格的权威等级、工作责任的明确等等,强调的是遵守程序和规则,通常称之为"机械式"的组织形式。

2. **组织的任务和技术** 从组织的任务和技术方面来看,组织发展强调的是组

第七章 组织变革和组织发展

织任务多样性、完整性和重要性，组织技术的先进性、周密性和可行性，强调工作的责任性和反馈的及时性，强调工作本身就是激励，并能推动组织的发展。工作生活质量管理就是所能采取的措施之一。

工作生活质量的理论基础来源于社会——技术系统的概念。该概念的基本思想是为了提高组织工作效率，不能只考虑技术因素，还要考虑人的因素，使技术和人协调一致。研究发现，技术系统对社会系统和群体行为、个体态度都有很大的影响，在科学技术飞速发展并广泛投入应用的现状下更是如此。研究人员提出，必须把技术系统和社会系统结合起来考虑，而管理者的一项主要任务就是要确保这两个系统的协调。1974年，美国成立了全国生产率和工作生活质量研究中心，许多大学也建立了专门的研究机构。1980年，加拿大多伦多举行了关于工作生活质量的国际会议。这些都标志着工作生活质量研究得到了高度的重视。

最初的工作生活质量管理仅仅被视为促进员工个体的工作满意感和心理健康的措施，后来，又被看成是改进工作、提高生产率的特殊技术。现在研究者认为它既是一种关于人和组织关系的指导方针和管理哲学，又是一种工作方法措施。它是以改善员工生活福利和工作环境，增进决策的参与为手段，从而实现组织发展目标。此外，组织不断试图通过选择性工作日程来改善员工的工作生活质量，弹性时间制就是其中的一种，员工可以把工作活动安排在自己生产效率较高的时间段内。

 **7-9 对弹性工作制的渴望**

恰逢周一，加上道路改造，小杰特地提早了30分钟赶车，还是差点挤不上公交车，最后狂奔十几分钟才准时赶到单位。"今天差一点迟到。晚了就要扣钱了，好险！"小杰说。小杰所在的是一家IT企业，单位使用指纹打卡机，管理很严，每次迟到都要罚款。小杰毕业刚进公司，每个月工资就一千多元，用小杰的话说："要是因为迟到被罚，真要喝西北风去了。"

其实职代会上，不少员工提出了弹性工作制的提案，大家都认为工作时间和地点的自由选择，既能节省公司办公资源，又缓解了员工往来奔波的疲劳，让员工可以有更多时间用在工作和生活上，对工作质量没有本质影响。在欧美已有相当多的IT企业推行了这样的制度，不仅大幅提升了工作效率，而且提升了员工对企业的忠诚度和向心力。但是由于管理高层喜欢看到小杰们待在办公室，觉得这样才能有效地监督他们的工作情况，所以提案未获得通过。

据中华英才网的调查数据显示，至2007年我国有高达83.06%的企业执行打卡制度，其中48.61%的企业对于打卡迟到者给予经济或其他形式的惩罚，32.22%的企业允许每月一定次数的迟到，超过此数则惩罚。在实行了弹性工作制的企业中，15.56%的企业是根据职位高低设有一定的弹性工作制度，而20%的企业根据岗位不同设置弹性工作制，大都没有全员推行。

2007年9月，宝洁中国公司做出大胆举措，该公司的员工每周可任选一天在家办公。公司员工还可以根据自己的需要，申请一周工作3天或者4天。在这段时间里，员工将根据自己每周的工作时间，拿6成或8成的工资，公司不会扣发员工的其他福利。事实上，推出弹性工作制的并不止宝洁一家。联想公司也表示，除了核心工作实践以外，员工可以根据需要选择早上的上班时间和下午的下班时间，只要满足一天工作8小时即可。

3. 个体与群体　从个体与群体方面来看，组织发展主要是强调以人为中心的理念，在组织发展中注重个体训练和团队建设。研究表明，团队是组织提高效率的可行方式，有效的团队建设常包含行动研究过程的运用。在组织中，团队的类型有问题解决型、自我管理型、多功能型、学习型等几种类型，他们各自具有相应的特点。

在组织发展中注重对员工个体的敏感性训练，也称为T小组训练，能使参与者深入地了解自己和其他人的感情和意见，并从中提高学习和认知的能力。

二、组织发展的技术

为了使组织在变化的环境中得到长久的成长和发展，管理实践中，在全面考虑组织具体情况的基础上，组织可以利用方格训练、敏感性训练、团队建设、过程咨询、调查反馈等技术实现组织发展。

（一）方格训练

方格训练是从行为科学家布莱克和莫顿倡导的管理方格理论发展而来的，管理方格中的9·9位置表明组织的领导者和管理者对员工和生产的关心都达到最高。因此，9·9型的管理方式就为他们提供了改进的方向，这也是方格训练的一项目标。

方格训练一般是需要2～5年时间，通过六个阶段来完成的。这六个阶段分别是：

1. 实验室讨论会式的训练阶段　组织各级管理人员分组举行为期一周的研讨会。其任务是：

（1）以管理方格为武器，系统理解组织的原有制度、习惯和行为动态。

（2）训练各部门协同工作的意识和技能。

（3）对正确和错误的事件制定评价的标准。

（4）培养坦诚相见的气氛，使参加者敢于接触重大问题，敢于发表创见。

2. 小组发展阶段　同一部门的成员在一起，讨论如何达到方格中的位置，把上一阶段学到的知识运用于实践。要求做到：

第七章　组织变革和组织发展

（1）订出小组集体合作的最佳模式。
（2）订出成员个人提高效率的明确目标。
（3）使成员意识到组织与个人的发展休戚相关。

3. 小组间关系的建设和开发阶段　这一阶段活动的要求是明确地分析小组与小组间存在的矛盾，加强合作。要求做到：

（1）每一领导人员懂得管理行为的理论，动员所属人员为实现组织共同目标而努力。
（2）每个管理人员研究和加强监督能力以提高绩效。
（3）分析和评价小组的集体意识和合作情况，并排除影响组织效能的障碍。
（4）小组间的横向合作与协调关系得到分析、评价、加强。

4. 订立组织目标阶段　讨论和制订组织的重要目标，增强参加者的义务感。
5. 执行目标阶段　参加者设法完成所订立的目标，并一起讨论主要的问题。
6. 稳定效果阶段　对思想和行为方面的训练结果做出评价。

（二）敏感性训练

敏感性训练也称为"T 小组训练法"或者实验室训练，是美国心理学家勒温于 1964 年创建的一种改善人际关系和消除文化障碍的方法。通过敏感性训练试图使参加者通过互相帮助，提高自我的认识能力和体会别人、认识别人、分析别人的能力，使参加者学会如何进行有效的交流，细心地倾听，以便了解自己和别人的情感，从而加强人们的自我认知能力和对不同文化环境的适应能力，并促使来自不同文化背景的组织成员之间进行有效的沟通和理解。通过训练解决成员在工作中的问题，帮助参加者在实际环境中做出成绩。

1. 敏感性训练的方法　敏感性训练的做法是把不同部门、不同级别、互不相识的管理人员、职工组成不超过 15 人的小组，进行 1~2 周的训练。在培训过程中，受训员工没有任何任务和负担、相互坦诚地交谈，内容也只局限于他们之间当时发生的事情。参加的人员自由地讨论自己感兴趣的问题，自由地发表意见，分析自己的行为和感情，并接受对自己行为的反馈意见（批评或其他意见），从而提高对各种问题的敏感性。

2. 敏感性训练的特点　敏感性训练有这样几个特点：其一，无严密组织，无主席，无议题，无议程；其二，非定型的自由交谈，对有关现场的所谓"此时此地"所发生的事情进行对话活动；其三，培训指导人员仅从旁协作，为学习过程提供方便，其使命是观察、记录、解释，有时诱导，扮演一种不引人注目的领导角色。

敏感性训练的优点在于使组织成员能够重新认识自己；能够使组织成员重新建构自己。敏感性训练的局限性在于所需的时间较长，有造成组织成员心理伤害的可能与危险。

（三）团队建设

团队建设是依靠成员自己（或加上外来咨询人员帮忙）的一种有计划性地提高群体效能的活动。团队既可以是班组，也可以是具体的部门或群体。这种形式既可应用于群体内部，也可应用于相互依赖的一些群体之间。

团队建设的目的是通过群体成员的相互作用来协调群体的步伐，提高群体的工作效率。就其目的来说，团队建设包括四个方面：分析问题、完成工作任务、协调群体内部关系、改进群体和组织的活动过程。

1. **团队建设的主要形式**　团队建设的主要形式有以下两种：

（1）群体诊断会议。这一形式的目的在于识别团队当前存在的问题。通常情况下，过程咨询专家在会议前要对一些成员进行一系列的访谈，以获取信息。在诊断会议上，全部群体成员讨论组织发展专家的反馈信息，以确定问题的性质和种类。尽管有时也讨论未来的行动计划，群体诊断会议的最初目标是发现问题，而不是解决问题。

（2）团队发展会议。团队发展是指在专家的帮助下，团队学习识别、诊断、解决问题的过程。问题既可涉及群体的任务或活动，也可涉及完成任务的过程，又可涉及团队成员的人际冲突。

2. **团队建设的步骤**　团队建设的实施一般有以下几个步骤：

首先，使参加团队建设的成员做好接受变革的心理准备，以举办成员培训班的形式让各成员把自己存在的问题提出来。

其次，对处在第一线的管理人员进行问卷调查，以了解和搜集有关人际关系、组织气氛以及管理工作中出现的情况和问题。

最后，将搜集的情况与问题反馈给各成员，并且就有关问题进行讨论、分析，提出初步的改革建议和方案。

个案 7-10　诺基亚构建优秀团队

诺基亚是移动电话市场的领导厂商之一，在市场竞争日益激烈的情况下，诺基亚正是通过建设一支优秀的团队，来保证其实现并保持全球手机销售领先者的目标。

（1）开放沟通，由下而上开发领导力。诺基亚的领导特色首先体现在鼓励平民化的敞开沟通政策，强调开放的沟通、互相尊重，使团队内每一位成员感觉到自己在公司的重要性。诺基亚成立员工俱乐部，以诺基亚传统的文化方式，组织和管理员工的活动，并充分尊重个人，让员工自己管理自己。经理人充当协调员的角色，关心下属的成长，将员工个人的发展和公司的发展有机结合起来，把员工的兴趣与团队建设的活动融合起来，以此提高员工在实际工作中的能力。

第七章　组织变革和组织发展

（2）鼓励尝试创新。随着信息技术的快速发展，产品的生命周期缩短，产品研发的重点、顾客的需求以及人才发展的需要都改变了企业的管理方式。如果还用老的领导思维应对新的市场变化，难免会失败。因此，诺基亚给下属充分的成长空间，鼓励尝试，允许犯错。用人不疑，疑人不用。一旦授权下属负责某一个项目，定下大方向后，就放手让他们去做，不要求下属事无巨细地汇报，而要求他们独立地思考判断。发现了问题大家共同解决，每一项成绩都是大家合作的成果。

（3）借企业文化塑造团队精神。诺基亚公司的企业文化包括客户第一、尊重个人、成就感、不断学习四个要点。公司的团队建设以企业文化为中心，不空喊口号，不流于形式。诺基亚强调要把人们的思想和行为变成公司与外界竞争的优势，要提升诺基亚的员工成为一个工作伙伴，而不仅仅是停留在雇主与员工的劳动合约关系上。公司的团队建设活动一直持续进行，各个部门都积极参与。公司会定期举行团队建设活动，并具体和每个部门的日常工作紧密相连。

（4）没有完美的个人，只有完美的团队。在诺基亚，一个经理就是一个教练，他要知道怎样培训员工来帮助他们做得更好，不是"叫"他们做事情，而是"教"他们做事情，从而使团队结构更合理，让每个人的能力得到发挥。诺基亚同时鼓励一些内部的调动，发掘每一个人的潜能，体现诺基亚的价值观。没有完美的个人，只有完美的团队，唯有建立健全的团队，企业才能立于不败之地。

（四）过程咨询

过程咨询强调与人有关的过程的改进是组织发展的关键。组织心理学家夏恩于1959年给过程咨询下的定义为：所谓过程咨询，就是通过一系列的顾问活动，来帮助变革人员认识、了解和处理周围环境中所发生的事。

过程咨询的基本假设认为：过程方面的顾问能够有效地帮助诊断和解决现代组织所面临的重要问题。过程咨询的实施范围可以包括沟通、群体成员的角色、群体决策、群体规范与发展以及领导和群体之间的问题。

通过咨询活动来促进组织发展涉及到以下内容：

（1）了解组织中的信息沟通，并使沟通更开放有效。
（2）帮助工作群体了解领导作风，帮助管理者改进领导作风。
（3）帮助领导者有效地决策及学习有效地解决问题。
（4）帮助群体考察影响个体行为形成的因素，以及如何改善团体行为。
（5）提出诊断、理解以及解决组织问题的有效方法。

咨询活动的步骤一般按以下程序开展：

（1）组织的委托人提出所要解决的问题。
（2）组织的委托人与咨询人员确定问题，然后提出正式的合同。
（3）选择解决问题的方法。

(4) 顾问与咨询人员通过观察与问卷的方法进行调查。
(5) 顾问人员进行咨询干预。
(6) 达到预期结果，咨询结束。

（五）调查反馈

调查反馈法需要各个成员填写一张标准的问卷，问题主要包括信息沟通、激励、决策方法、部门之间合作、群体关系、上下级关系等，每个成员都应表明自己的态度和看法。然后，通过问卷或其他调查方式从组织成员或者工作团体中收集信息，并把信息资料整理成一种标准化的格式。再把这些整理好的资料反馈给发出信息的成员，并用这些信息作为处理问题和制订计划的基础。

调查反馈法比较依赖现存的组织结构，它可以有效地满足组织的目标和个体的需要，但是并非一定能推动组织结构、工作设计与技术方面的组织发展。

综合来看，上述五种技术并非是完美无缺的。在组织发展方面，要想找到一种万能的灵丹妙药是不切实际的。因此，为了使组织在变化的环境中得到长久的成长和发展，除以上技术外，在管理实践中必须全面考虑组织的具体情况，在组织发展中还必须运用激励、工作再设计、改善领导风格、改进沟通和决策方式等方法，综合利用，对症下药。

【重要概念】

组织变革：指组织根据外部环境和内部情况的变化，及时地改变自己的内在结构，以适应客观发展的需要。

库特·卢因变革模式：库特·卢因认为，成功的组织变革通常需要经历解冻、变革、再冻结三个有机联系的过程。

组织发展：指全面应用行为科学的知识与技术，有计划地变革与开发组织的战略、结构、技术等，以提高组织有效性的过程。

方格训练：以管理方格理论中 9·9 型的管理方式为改进的方向，经过实验室讨论会的训练、小组发展、小组间关系的建设和开发、订立组织目标、执行目标和稳定效果六个阶段，取得管理改进的成效。

敏感性训练：也称为"T 小组训练法"或者实验室训练，是美国心理学家勒温于 1964 年创建的一种改善人际关系和消除文化障碍的方法。

【本章小结】

1. 科学技术的发展、市场竞争以及消费者的变化、社会经济环境的变动等外

第七章 组织变革和组织发展

部因素，以及组织目标的改变、结构的调整、职能的转变、成员的变化等内部因素，都会促成组织的变革。

2. 组织变革可以按照不同的标准进行划分，形成不同的类型。从组织变革进程的快慢而言，可以分为渐进变革和剧烈变革；从组织变革的动力来源而言，可以分为被动性变革与主动性变革；从战略角度来看，组织变革可以分为经营战略变革、结构变革、技术变革、人员变革和产品与服务变革。

3. 组织变革是在动力与阻力的此消彼长中逐渐推进的，组织的管理者要采取有效措施改变这两种力量的对比，促成组织变革的顺利进行。引起组织变革的动力主要来源于人们对变革所能带来的好处的认识。变革的阻力主要有危机与失败的风险性造成的阻力，经济利益因素、心理因素和社会因素造成的阻力，组织成员对原有组织架构的依赖性造成的阻力，组织固有的保守倾向造成的阻力等。

4. 组织变革实质上是一个"破旧立新"过程，从这个角度来说，成功的组织变革通常需要经历解冻、变革、再冻结这三个有机关联的步骤，这是库特·卢因于20世纪30年代提出的变革模式。这个模式具有奠基性，其他学者提出的各种步骤都是在此基础上诠释、细化、完善和发展的。目前，组织变革逐渐朝着扁平化、小型化、柔性化、虚拟化和网络化的方向进行。

5. 组织发展在狭义上仅指组织成员行为的变革，在广义上则还包括了组织的结构变革和技术变革，并涉及对群体和个体的心理指导。其根本目的在于适应环境的骤变，改善组织的绩效和满足员工的需求。组织变革与组织发展的共同目的在于创造一种灵活的、有适应性的组织，以使组织在竞争中取得有利的地位。

6. 组织发展通常分成三个方面：组织结构、组织的任务和技术、个体与群体。

7. 为了使组织在变化的环境中得到长久的成长和发展，管理实践中在全面考虑组织的具体情况的基础上，组织可以利用方格训练、敏感性训练、团队建设、过程咨询、调查反馈等技术实现组织发展。

【复习思考题】

1. 组织环境中哪些因素将会引起组织变革？
2. 组织变革时会遇到哪些阻力？试说明应如何对待这些阻力。
3. 组织为什么要进行变革？为什么要发动和鼓励尽可能多的员工参与组织变革？
4. 你认为当前组织变革的热点问题有哪些？
5. 你认为组织变革和组织发展的区别和联系是什么？

一、单选题

1. 下面哪个因素不是引起组织变革的内部因素？（　　）
   A. 组织环境的变动　　　　　　B. 组织成员的变化
   C. 组织职能的转变　　　　　　D. 组织目标的改变

2. 公司为了适应今后的市场竞争，进行业务流程再造的变革，这种变革属于（　　）。
   A. 渐进变革　　B. 剧烈变革　　C. 被动性变革　　D. 都不是

3. 公司从直线职能制转变为一个分权的事业部制，这种变革属于（　　）。
   A. 经营战略变革　　B. 技术变革　　C. 服务变革　　D. 结构变革

4. 在进行组织变革时，企业领导亲自向员工做动员工作。这个时候处于变革的（　　）阶段。
   A. 解冻　　B. 变革　　C. 再冻结　　D. 展望

5. 某一单位开发出一种新的产品，在全社会范围内选择生产厂家、销售公司和供应商等，联合组成临时项目机构。这种组织形式带有（　　）的特征。
   A. 扁平化　　B. 柔性化　　C. 小型化　　D. 网络化

6. 国美电器已在全国以及境外建起了几百家连锁店。它这样的组织变革具有（　　）特征。
   A. 小型化　　B. 虚拟化　　C. 网络化　　D. 柔性化

7. 方格训练一般是需要多长时间来完成？（　　）
   A. 一个月　　B. 半年　　C. 1~2 年　　D. 2 年以上

8. 敏感性训练也称为"T 小组训练法"或者实验室训练，是美国心理学家（　　）于 1964 年创建的。
   A. 布莱克　　B. 勒温　　C. 伍德曼　　D. 里查德·贝格哈特

9. 强调与人有关的过程的改进是组织发展的关键，这个观点属于哪种发展技术？（　　）
   A. 团队建设　　B. 调查反馈　　C. 过程咨询　　D. 方格训练

二、多选题

1. 引起组织变革的外部因素有哪些？（　　）
   A. 科学技术　　　　　　　　B. 消费者的需求变化
   C. 市场竞争　　　　　　　　D. 组织环境发生重大变化

第七章 组织变革和组织发展

2. 在组织变革的过程中，遇到的阻力是多种多样的，下面哪些因素是组织经常会遇到的？（　　）

　　A. 害怕失败　　B. 个人利益受损　　C. 环境变化　　D. 保守倾向

3. 组织发展具有哪些特征？（　　）

　　A. 动态的系统　　　　　　　　B. 相互作用的过程

　　C. 再教育手段实现改革　　　　D. 适应环境的骤变

4. 组织发展的基本内容包括（　　）。

　　A. 组织职能　　B. 组织结构　　C. 组织的任务和技术　　D. 个体与群体

5. 敏感性训练主要包含哪些内容？（　　）

　　A. 个体方面的　　B. 团体方面的　　C. 纪律方面的　　D. 组织方面的

三、名词解释

组织变革　　库特·卢因变革模式　　组织发展

四、简答题

1. 为什么说组织变革是必要的？它受哪些因素的影响？可以分为哪些类型？

2. 组织变革的动力有哪些？阻力来自哪些方面？

3. 试解释卢因的组织变革模式。

4. 简述组织发展的基本内容。

5. 组织发展的主要技术有哪些？

【案例分析】

GE 公司的改革实践

通用电气公司（General Electric，以下简称 GE）的创始人是美国大发明家爱迪生，这是一家有百年历史的大型跨国集团公司。到 1980 年，GE 创下连续 10 多年的空前利润和 GE 历史上的最高收入。此时，新任总裁杰克·韦尔奇走马上任。在他看来，GE 机构臃肿，决策缓慢，GE 的经理人员主要精力放在内部的权力纷争上，缺乏对外部环境的敏感性，缺乏创新精神。韦尔奇认为 GE 的利润增长率只是中等，主业单一，现金流量不理想，公司前景不明朗。韦尔奇以他超前的眼光，敏锐地感觉到要改变这种状况。

为了降低 GE 的生产成本，提高生产效率，增加经济效益，韦尔奇上任后在 GE 全面精简组织机构。1980 年韦尔奇上任时，GE 共有员工 402 000 名，到了 1991 年，员工仅为 284 000 人，削减人数达 30%。这一大刀阔斧的动作，无异于在 GE 扔下了一颗中子弹，故在 GE 公司，人们称韦尔奇为"中子杰克"。

1980 年时，机构臃肿的 GE 从总裁到员工之间共有 9 个管理层次，信息传递缓慢，沟通容易出错。到 1991 年时，GE 撤销了几十个业务部门、1/3 的工作岗位，从总裁到员工之间的行政层级减少为 4~6 层，管理跨度大大增加。由于组织结构扁平化，增加了管理人员的管理难度，就迫使他们充分授权，并采用先进的信息化方式支持和提高管理效率。

要改变总会有代价，因为改变触动既得利益，要面临重重阻力。为了克服阻力，使改革成功，韦尔奇特别注重使员工与他在观念上达成共识。GE 公司在其几乎所有部门都削减预算的时候，却花了 4 500 万美元在其设于克罗顿维尔的管理发展学校建造了一座新的大楼，并更新了原有设备。尽管有人抗议，但韦尔奇还是批准了学校的高额年度预算。韦尔奇相信这些投资终会有回收的一天。克罗顿维尔管理发展学校是 GE 公司创新的实验室，是激发新思想、新主张的地方，是公司高层人员之间相互沟通、传达价值观、经营理念和组织任务的良好渠道，也是凝聚 GE，实现改革目标的重要基地。1985 年，GE 约有 20 万人反对韦尔奇的改革方案，通过在克罗顿维尔的培训和沟通，这些人大多理解和支持了韦尔奇的改革思路，成为公司改革的拥护者。

GE 鼓励员工积极参与公司的重大决策，提出不仅要雇用员工的双手，更要雇用员工的大脑。自我超越，没有最好、只有更好的理念已深入 GE 每一个员工的心中。员工们意识到公司把他们当主人，尊重他们的意见和建议，也就更主动地参与公司的发展，用他们的双手，更用他们的大脑参与公司的建设。永不停息，不断进取是 GE 永远的追求，改革也成为 GE 的常态。

　　据案例中提供的情况，请思考：
1. 在组织变革中，主要会遇到哪些阻力？
2. 组织应如何消除变革的阻力？

第八章　组织承诺及培养

学习目标

◇ 了解组织承诺与工作满意度和工作投入度的关系；
◇ 了解组织承诺的形式、承诺的前因变量和后果变量；
◇ 理解组织承诺的概念及其形成；
◇ 理解组织承诺对个体行为的影响；
◇ 掌握组织承诺的组成因素；
◇ 掌握培养组织承诺的策略。

引导案例　对猎头公司说"不"

盘活企业，首先盘活人。海尔恪守以人为本的指导思想，给每个人发展的空间，坚持用竞争上岗的办法选拔人才，在赛马场上挑骏马，管理人员全部公开招聘。每个月由干部管理部门公布一次空岗情况和招聘条件，经过严格的实绩考核、笔试面试，使人尽其才，才尽其用。这样，一批好学上进、有实践经验的一线工人转入管理岗位，一批年轻的毕业生从基层走上领导岗位，干部新陈代谢的良性循环机制得以运行。

海尔是一片沃土，培养了一支年富力强的干部队伍，他们在各自的事业领域做出了贡献，也成为其他企业和猎头公司"抢购"的目标。

赵某，1994年大学毕业后加入海尔仅两年半，因销售业绩优异，26岁就任集团销售公司北京营销中心经理。这时一家外企出8 000元月薪和一套房子想挖走他。当时，这个条件高出赵某在海尔的工资几倍，但赵某不为所动。他说："他们不懂我对海尔的感情。我在海尔有自己的事业，能实现自身价值。世上没有比这更有吸引力的了。"

计算机事业部长说："每当我提出或设计出一种新包装图样，不出两三天，从海尔发出的卡车上，就满载着这种包装的产品，几十万几十万地走向全国各地，甚至是世界市场，我的心情就无比激动。在海尔干，见识大，层次高，实现了自我。"正是这种心理上的满足感使他们对企业保持了忠诚，能够对猎头公司说"不"。

组织所处环境的各种因素不断变化、不断重组，不断形成新的环境，这就使得组织处于经常的发展变化之中。在复杂多变的环境中，组织从封闭化向网络化发展，从等级化向扁平化发展，从固定化向柔性化发展，从同质化向多元化发展，从地方化向全球化发展。在复杂的环境条件下，虽然人才流动不可避免，但组织仍必须采取措施对员工的工作行为和工作关系进行妥善管理，确保为实现组织战略目标所配备的人力资源能更好地发挥作用。

第一节　组织承诺综述

人的因素在组织生存发展中具有极为重要的作用，在激烈的竞争中，要提高组织的绩效，就必须留住组织的核心人才。组织承诺对于预测员工的离职意向，提高员工的工作满意度，从而改善组织与员工的关系，减少组织人才流失，降低组织在招聘和培训方面的成本都具有良好的效果。因此，关于组织承诺的研究越来越受到人们的重视。

一、组织承诺的概念和组成因素

（一）组织承诺的概念

1. 工作满意度　随着人际关系理论的兴起，组织行为学的研究者们提出了工作满意度的概念，也就是员工对其所服务的组织及所从事工作的满意程度。实验表明，满意度与生产率之间具有双向作用关系：一个快乐的员工，他会倾向于表现出更高的生产率；高的生产率又会使人产生成就感和满足感，获得组织的奖赏和晋升，导致员工对组织和工作又产生更大的满意度。不过，满意度对生产率的影响，通常受到许多中介变量的调节作用。有些人对自己能在某个组织就职非常满意，但他可能因为工作能力不足、工作方式不对或者对工作投入不够等原因，表现出很平常的业绩。这表明，满意度的产生虽然对生产率有积极影响，但这种影响有时可能很微弱。也就是说，工作满意度与员工的工作绩效之间没有显著的相关性。

2. 工作投入度　工作投入度是指员工认可自己的工作，主动参与工作，并认为工作好坏对实现个人价值至关重要的程度。这比工作满意度只是指员工对组织和工作的一般态度更进了一步。工作投入度对生产率的影响要比工作满意度更为直接，且强度也更大些。

3. 组织承诺　组织承诺（Organizational Commitment）是指体现员工和组织之间关系的一种心理状态，隐含了员工对于是否继续留在该组织的决定。也有人译为"组织归属感"、"组织忠诚"、"组织认同"、"组织奉献精神"等。个体之所以对组织产生承诺，是因为个体能从对组织的投入（时间、金钱和努力）中得到回报（福利、退休金、年功工资和专用技能）。组织承诺具有一些共同的特征，例如：组织承诺是一种稳定的心理束缚力，组织承诺对个体的行为有指导作用等。

第八章　组织承诺及培养

组织承诺与工作满意度和工作投入度是既相联系又相区别的，它能单独影响组织中个体的行为，甚至能使个体做出一些似乎不符合个体利益的行为。组织承诺体现的是多向互动中员工对组织的忠诚程度，涉及组织对员工从招聘、使用到解聘的诸多环节。对组织具有高程度承诺感的员工，会将组织当作是自己的"家"，无论他从中得到了什么，也无论他是否感到满意，他都会始终不渝、不计较得失地为组织奉献出自己全部的智慧和能力。这样的结果，就会带来并促进组织绩效的改善和提高。

 8-1　留在破产企业中的员工

星光机械厂是成立于解放初期的一家老厂，在计划经济年代，也曾完成了国家指定的工作任务，对社会做出了自己的贡献。李工在建厂的时候就被招进来作学徒工了，回想当年厂子里热火朝天的工作场面，老李不由得心潮澎湃。但是近年来，在市场经济的浪潮中，企业却因为经营不善，决策屡屡失误，而濒临破产的边缘。和老李同龄的人，不是申请提前病退，就是早找门路调到其他单位。因为厂里一直将工人和干部身份划分得很清楚，所以老李从没进入过管理岗位，只是老老实实地当工人，完成既定的工作量，拿着不会让别人眼馋的薪水。其实老李心里不是对厂子建设没有自己的想法，毕竟是厂里几十年的老人了，但没人愿意听他的。看着厂里萧条的样子，老李心里真不是个滋味，他爱这个厂，就像爱他自己的家一样，他愿意留在厂里，和厂子共渡难关。"明天"，老李心想，"不管他们脸色怎样，我一定要对他们说说我的想法。总会有办法救活我们这个厂子的。"

由此可以看出，组织承诺和其他激励变量（如工作投入度）和态度变量（如工作满意度）是不一样的概念，它能单独影响组织中个体的行为。

（二）组织承诺的组成因素

1984年，加拿大学者梅耶（Meyer）与艾伦（Allen）在以前学者研究的基础上，提出了继续承诺和情感承诺。到1990年，梅耶和艾伦进行了一次综合性研究，又提出了规范承诺，形成了承诺的三因素模型。这个模型简单地说就是：人们之所以留在组织中是由于他们愿意（情感）、有需要（继续），或是感到应该如此（规范化）。

情感承诺（Affective Commitment），指员工对组织的感情依赖、价值观认同和工作投入，是个体对组织认同的程度。员工对组织所表现出来的忠诚和努力工作，主要是由于对组织有深厚的感情，而不是受到物质利益驱动。这个因素与我国企业传统上提倡的主人翁精神极为相似。

继续承诺（Continuous Commitment），指员工对离开组织所带来的损失的认

知,是个体为组织继续工作的要求。这种承诺是建立在利益基础之上的,具有浓厚的交易色彩。继续承诺是员工为了不失去已有职位和保护多年投入所换来的福利待遇而不得不继续留在该组织内的一种承诺。

规范承诺(Normative Commitment),是社会规范对个体遵从组织程度的影响,反映的是员工对继续留在组织的义务感。它是员工由于受到了长期社会影响形成的社会责任感而留在组织内的承诺。

组织承诺可以解释员工为什么要留在组织,它除了受到契约法规的制约和工资福利等经济因素的影响,更多地是受到价值观体系、道德规范、感情因素及个人因素的影响,因此组织承诺的组成因素应该是多样化的。而且由于东西方文化背景的差异,组织承诺对员工的影响机制也可能不同。中国学者通过对本国职工组织承诺的研究,对三因素模型进行了修正,提出了中国企业职工组织承诺的五因素模型:一是感情承诺,表现为员工对组织认可,感情深厚,愿意为组织的生存和发展做出贡献,甚至不计报酬,在任何情况下,都不会离开组织;二是理想承诺,即员工重视个人的成长,追求理想的实现,也非常关注个人的专长在组织中能不能得到发挥,组织能不能提供个人的学习条件、工作条件和个人晋升的机会;三是规范承诺,员工对组织的态度是依照社会规范和职业道德为准则,对组织有责任感,对组织尽心尽责;四是经济承诺,员工担心离开组织会蒙受经济损失,所以不得不留在组织中;五是机会承诺,员工留在组织中是因为还没有找到或找不到更满意的新的组织。五因素模型的提出对于指导我国企业的员工管理实践具有现实的意义。

 8-2　不同文化背景下组织承诺的差异

组织承诺之所以引起人们极大的关注,与它对离职率和缺勤率具有较好的预测能力有关。在发达经济国家中,一个显著的特征是员工的离职率很高。如美国每年大约有 10%的人变动工作,其中 1/3 的人变动工作还不止一次。劳动力的流动对于劳动者个人和对于整个国家经济来说都是不可缺少的,但是离职率过高,企业不得不花大量的时间、精力和金钱进行员工的招聘、选拔和培训等工作。同时,员工离职也带来技术流失和商业秘密泄露等问题,因此为解决离职率高的问题,组织承诺就成为理论和实践都非常重视的课题。

不同文化背景下,各因素对组织承诺的影响效果是不同的。通过对国内企业员工的调查研究表明,不同所有制员工对自己与企业关系的认识,以及影响自己离职或留职的因素是不同的。只有 5%的外资企业员工认为加班加点不计报酬这条可以用来衡量组织承诺高低的标准,国有企业员工选择这条的占 25%。在考虑留职时,国企员工认为,对目前的工作得心应手、岗位稳定最为重要,占 53%;外资企业

第八章 组织承诺及培养

员工认为,在企业有学习和发展成长的机会最为重要,占100%。但是中国员工对自己与企业关系的认识,也日趋多元化。以前那种选定了一家企业就准备从一而终、为了企业利益而牺牲个人利益的观念渐渐发生了转变。加班加点不计报酬、敢于指出企业中的不良现象等以前是普遍接受的标准,现在不为大多数人所接受。因为员工这样做,虽然维护了企业的利益,但自身利益可能受到损害。员工对企业承担责任和承诺是建立在互惠的基础上,至少最初是这样的。企业为员工提供支持的含义也发生了变化,以前一家企业就是一个小社会,企业为每个员工提供生、老、病、死等一系列服务,员工自然也得无私奉献,尽心尽力。以前企业与员工间侧重社会性交换,现在也讲究经济手段,社会交换的计量越来越经济化,有从社会性交换向经济性交换延伸的趋势。

调查还表明,大部分员工认为,企业效益和发展前景,工资、奖金、福利,企业领导的素质、能力,企业经营管理观念,个人发展成长机会,是影响员工对企业承诺最重要的因素。而对企业的投入和因离职带来的损失,在所有因素中被认为是最不重要的因素。

在西方文化背景下,员工倾向于从离职的角度考虑自己与企业的关系,而在中国文化背景下,员工倾向于从留职角度考虑自己与企业的关系。

这些差异以及工作观念上的差异都体现在外资企业与其他企业之间,可以说,这种差异反映了文化间的差异。之所以有这种差异是因为西方文化情景下,人们倾向于放松的生活态度和鼓励冒险的精神,衡量经济效益的参照时间较短,调换工作比较容易。在中国文化情景下,人们的不确定性避免比较高,对各种经济效益的计算使用的参照时间较长,轻易不调换工作。另外,西方经济体制也为离职提供较多机会,很多福利待遇可以用经济报酬计算,员工对自己工作的控制感较强。而中国目前各方面的限制较多,很多福利待遇没法用金钱计算,员工对自己工作的控制感较低。东西方文化的差异,使得东西方研究者在思路上应有所不同:在西方文化背景下,研究者的注意力在于如何根据普遍接受的经济交换准则来预测和减少离职行为;而在中国文化背景下,研究的焦点在于不仅要根据经济交换准则,同时更要考虑社会交换法则来预测员工是否会继续留在企业,以及如何增强员工对企业的忠诚度。

(三) 其他类似的承诺

广义的承诺作为一种束缚力,是一种常见的心理现象,有不同的表现形式。和组织承诺一样,其他的承诺形式也会对组织中的个体行为产生影响。按员工承诺的对象划分,承诺有对事业的承诺和对领导的承诺两种。

1. 事业承诺 要理解职业化群体中的个体行为,事业承诺是个很重要的概念。事业承诺的核心在于认同一种理想,员工能够把自己所进行的事业放在一个

组织行为学

较宽的范围内来看待，而不局限于眼前的得失，不把自己的事情看做是单单为某个人做的。

事业承诺和组织承诺有时是一致的。当组织能够提供员工所需的事业发展条件时，事业承诺和组织承诺往往能够达到一致。但是，事业承诺和组织承诺有时也并不一致。有的人事业承诺高而组织承诺低，而有的人组织承诺高而事业承诺低。

 8-3　不同的事业承诺

王玉从小热爱汽车，特别是对汽车的外形设计有强烈的偏好。大学毕业后，王玉怀揣着汽车设计专业的文凭，进入了某大型汽车制造公司。公司环境优美，福利待遇丰厚，社会名气很响，公司配备有精密的设计工具和先进的研发软件。出于对中国消费者购买汽车的心理偏好的了解，公司高层对汽车外形设计和改造极为重视，在面试时得知王玉擅长车身设计，就安排他进入相应的项目小组。公司对王玉提出的创新设想极为鼓励，王玉感到十分骄傲。通过努力工作，王玉的事业承诺和组织承诺达到了一致。

"飞人"迈克尔·乔丹，NBA明星篮球运动员，对篮球运动事业极为热爱，但隔一段时间就换运动队。他先后为公牛队、芝加哥白袜队、蝎子队、奇才队效力和比赛。对于他来说，保持自己的竞技状态和水平是最重要的，为哪个队比赛则不重要。

还有大部分对职业发展规划不了解或不重视的人，一般只是为了职位和待遇而留在某个组织里，至于组织安排给他的工作是否合适自己或自己是否喜欢则不予以过多考虑。

2. 领导承诺　这是指员工对上级、对领导者个人的承诺，对其言听计从，表示忠诚。领导承诺也可以表现为对领导认同和感情依赖的情感承诺，害怕更换领导会给自己带来损失的继续承诺，由于社会规范而导致的不愿变更领导的规范承诺。

领导承诺可以看作是组织承诺的一个局部承诺，其指向不同，强度也不同。员工可能对直接领导有强烈的情感承诺和规范承诺，但继续承诺较低，同时，对组织整体有低水平的情感承诺和规范承诺，而继续承诺水平较高。

在中国文化中，人们把承诺看成是道德的基本要求，往往把承诺人格化，给承诺的对象找到一个具体的代表人物，加入了人情因素。你对此看法如何？

第八章 组织承诺及培养

二、组织承诺的形成

（一）组织承诺的前因变量

组织承诺的前因变量主要可以归纳为三大类：工作因素、组织因素和个体因素。

1. 工作因素　工作因素包括工作的挑战性、职位的明确性、目标的难度、工作压力、事业发展阶段、福利报酬等。组织承诺与工作自发性、高质量的工作关系呈正相关，与工作地点大小、工作与家庭冲突的发生频率呈负相关。工作满意感和工作的挑战性等是影响组织承诺中的情感承诺的主要因素。

2. 组织因素　组织因素包括激励、角色特征、领导和成员的关系、职业群体的需要和偏好、组织支持、组织可依赖的程度、公平性、组织气氛、对变革的态度、团队工作精神等。一般来说，如果员工感觉到组织对他关心、支持和认同的话，员工就会有更好的表现。而且员工感知到来自组织的支持越大，则情感承诺越高。此外，分配公平性对情感承诺和规范承诺的影响也很显著。

3. 个体因素　个体因素包括受教育的程度、所掌握技术的应用范围、投入的多少、责任感、年龄、婚姻状况、工作经历、遵循规范等。年龄和继续承诺有更高的相关，年龄越大，可供选择的机会越有限，且其投入成本也越大。年老的员工则更有可能对组织产生情感承诺，原因包括对自己的工作更满意，在组织中的职位更高，在"认知上"为自己留在组织进行辩护等。组织承诺与受教育程度呈负相关，因为受教育程度越高的个体，其期望值越高，组织难以满足其期望，加之其工作机会也多，不愿只固有一个职位或组织。

（二）组织承诺的后果变量

工作绩效和员工的退却行为是组织承诺研究中常用的两种结果变量。

1. 工作绩效　组织承诺与工作绩效之间存在着中介变量。如工资报酬有可能在组织承诺和工作绩效之间起调节作用，如果组织的薪酬直接与员工的绩效挂钩，那么继续承诺与工作绩效之间可能会高相关。同样，工作目标的清晰性也有可能作为调节变量在情感承诺与绩效之间起作用。由于中介变量的不同，组织承诺对工作绩效的影响也可能不同。

2. 员工的退却行为　员工的退却行为主要表现在离职意向、缺勤率、工作转换等方面。员工流动与年龄及资历的负相关关系是一贯性的，工作年限越短，员工的流动率越高。这是因为年轻员工对组织的依附性不强，其自身适应性较强，有更多进入新工作岗位的机会，而且更换工作的成本较年长者低。一个人在组织内工作时间越久，其社会联系的纽带越强，相应地，离开组织的社会交往损失就越大。当然，组织承诺的具体成分不同，其对员工的行为影响也不同。情感承诺与工作变换及工作变换意向相关性最为显著，而继续承诺对员工的影响强度还要视条件而定。

（三）组织承诺的形成

大部分研究指出，组织承诺是在社会交换原则的基础上形成的。组织为员工提供工作的保障、丰厚的福利、不断增加的薪水和理想的工作环境，员工就对组织形成承诺。但实际情况远比这要复杂。

1. 基于组织支持的组织承诺的形成　组织支持是一个广义的概念，它是组织为员工提供的一切物质和精神资源，既包括重视员工的价值，关心他们的福利待遇，也包括提供公平的工作和生活环境，以及为了使个人目标与组织目标相一致而做出的各种努力。

把组织支持和组织承诺放在社会交换理论的框架下，当员工的组织支持感越高，就越感到有义务以组织承诺及与工作相关的行为反馈组织；反之，组织支持感越低，就会降低员工对组织的承诺感。因此，如果要想培养员工的组织承诺，就必须首先证明组织对员工的承诺。

个案 8-4　云燕镜子

在冰箱二厂总装车间门体预装工序上，可以看到一面一平方米的镜子，上书四个大字"云燕镜子"。它不是某个注册商标，而是以海尔一位普通操作工命名的小发明。高云燕当年24岁，负责给冰箱门钻孔：站在钻孔机前给每个冰箱门体的两端钻四个孔。孔的精度要求极高，但是钻孔机在操作工的对面，中间还有一张一米多长、用于放置门体的工作台相隔。以前钻完孔要翻过来才能知道孔眼钻好没有，影响生产效率和加工精度。高云燕在钻台前放了一面镜子，利用折射，操作时便可清楚地观察到钻孔情况，大大提高了生产质量和进度。

海尔一直倡导并深化自主管理的制度，员工发明创新层出不穷，以他们的名字命名的那些专业工具，已被越来越多的海尔人视为金钱不能替代的荣誉。这大大激发了员工的创造力，采纳工人合理化建议已形成制度。

2. 基于因果归因的组织承诺的形成　组织承诺和员工积极的工作经历有关，这种经历对组织承诺的作用不仅受到个体需要、价值观、能力及期望差异的影响，而且也受到员工对这些经历的归因。归因即归结行为的原因。当员工认为正是由于处于这样一个组织中才使他们具有了积极的工作经历时，员工就极可能产生对这个组织的情感依附。

同时，员工组织支持感的高低，在很大程度上也会受到归因的影响。员工对现状是否符合自己的期望，最容易归因成四个因素：组织的行业性质、管理者素质、自己的技术和能力、自己工作努力的程度。其中，组织的行业性质和管理者

第八章 组织承诺及培养

素质无论是否符合期望都是重要的归因,而自己的技术和能力、工作的努力程度只在符合期望时才会做出归因。也就是说,在归因的内外源上,符合期望时容易做内源归因,比如把成功归因于能力和努力等内部原因;不符合期望时容易做外源归因,比如把失败归因于任务难度等外部原因。

3. 基于期望满足的组织承诺的形成　　当员工期望从组织中得到的和组织实际可提供的相匹配,员工的期望得到满足时,员工对组织具有更高的承诺。这种匹配包括员工与组织的能力匹配、价值匹配和认知风格匹配等多种形式。期望满足与组织承诺之间存在中等程度的正相关,期望未满足对组织承诺有消极的影响,但这种影响会由于与管理者或同事的积极关系而减弱。此外,就业的第一年是组织承诺形成和发展最重要的一段时期,期望满足的程度以及员工在组织中的经历,将会影响组织承诺。

4. 基于回顾性文饰作用的组织承诺的形成　　回顾性文饰作用指组织承诺的形成和发展是为了努力使以前的行为或决策正当化。比如,当员工感到自己是自愿选择这个组织,或者认为决策不能挽回,并且其他人知道这个决策时,那么他继续留在这个组织的承诺就高。这是人们为了保证行为和认知的平衡而产生的一种积极的反应。

5. 基于选择机会的组织承诺的形成　　根据社会交换理论的观点,人们总是追求最大的效益,寻求最有利的交换对象和活动。组织与员工间也是一种交换关系,在交换过程中,如果员工有更好的选择机会,那么他对原组织的依赖性就会降低,而与新的组织建立更为有利的交换关系。因此,员工可供选择机会的多少对组织承诺会有影响。可供选择的机会越多,其承诺越低;可供选择的机会越少,其承诺越高。

三、组织承诺与个体行为

现实组织中大量的事件会对人的行为产生影响。在三因素模型中,组织承诺作为一种约束力,三个因素之间产生的作用是不平等的。当个体以情感承诺为主时,他们受到的干扰会比较小,从而能够专注于自己的工作,有稳定的行为表现;而以继续承诺或规范承诺为主的个体,行为表现不稳定,有可能会偏离约束,表现出和承诺不一致的行为。因此,与继续承诺及规范承诺相比,情感承诺与更广泛的结果变量有显著的相关关系,而且与结果变量之间的相关程度也更强。

组织承诺对个体行为的影响结果通常包括离职、缺勤、工作绩效等。梅耶等人发现,组织承诺的不同因素与离职、缺勤行为的相关程度不同。如果将与离职、缺勤等行为的相关性由强到弱排列,则依次为:情感承诺、规范承诺、继续承诺。

为什么组织承诺的三个因素对个体的工作绩效会产生不同的影响?这主要是因为情感承诺高的员工认为他们的工作包括的内容更广泛,甚至包括一般被认为是正式的岗位要求之外、不属于份内的工作行为。因此，组织中情感承诺高的员工在心理上会觉得应该完成的任务更多。

> 有人说："对组织的情感承诺过高的个体往往伴随着极高的工作压力、经常性的工作与家庭间的冲突、焦虑，甚至出现过劳死的现象。"你同意这种说法吗？

以情感承诺为主的员工更容易主动接受指派的工作，而且对他们来说，投入地去完成工作基本上是无需多加考虑的。以规范承诺为主的员工会花一些时间考虑完成这项工作能在多大程度上偿还自己与组织间的"债务"，也就是说在多大程度上回报组织曾给予的"恩情"。而以继续承诺为主的员工会花较多的时间去计算完成工作的得与失，从而采取自己认为"最经济"的方法去完成工作。因此，以不同因素为主所构成的组织承诺类型的员工对工作的投入情况是有很大差别的。

 **8-5 给跳槽者分类**

根据员工具体的职业发展状况，给跳槽者分类，而不是简单地计算员工的离职率，可以如实地评价员工的组织承诺问题。

美国一家很大的经纪公司，研究了每一位经纪人当初来公司以前的背景情况，结果发现不同的进入背景，员工的离职率大不相同。

从研究结果来看，在前一家公司停留时间少于4年的人，在本公司的离职率高且离职得早；停留多于4年的员工，到了本公司以后工作的年限也长。如果是据广告前来应聘而被雇用的，则停留时间很短，短得甚至无法弥补当初招聘和培训该员工的费用；如果是从大学直接招聘来的毕业生，则承诺度要比根据广告应聘的人高很多。各种不同背景中，对组织承诺最高的员工，是那些由本公司现有或前任员工推荐来的。按照这个研究结果，在评估员工的组织承诺时，就要区分不同进入途径，赋予不同背景下的承诺度不同的权重。

另一种给跳槽者分类的方法，是围绕跳槽的原因展开。比如说离职是因为对公司的薪酬制度、工作制度、工作时间、决策机制、培训计划等感到不满意，还是由于家庭搬迁、两地分居、竞争对手挖墙脚等客观原因。通过原因的分析，区分出"被动离职"与"主动离职"。这种分类方法，便于分析影响组织承诺的因素，为培养员工的组织承诺提供依据。

第八章　组织承诺及培养

第二节　组织承诺的培养

在创新制胜的知识经济时代，传统的命令加控制模式对确保组织的成功已显得苍白无力，因为组织的关键资源就存在于其员工的头脑之中。要真正地吸引、挽留并用好员工，维系员工对组织的情感和忠诚，就必须找到培养员工组织承诺的管理措施和方法。

一、培养组织承诺的环境策略

（一）明确组织目标和展示奋斗途径

组织目标和奋斗途径的显示对员工的个体选择有重要影响，能使员工产生更强烈的归属意识，不仅可以吸引外部的优秀人才，而且对内部员工承诺感的培养和提高也有重要作用。

为了培养和提高员工的组织承诺，组织必须告诉员工，组织追求的是什么、通过什么途径可以实现目标，利用目标和途径形成巨大的凝聚力，提高员工的承诺度。当员工对组织的发展方向抱有信心，认为组织会成为市场上的赢家时，他们会更加努力地为组织工作，乐意接受工作的转变，积极主动地参与组织变革。

 **8-6　施萨克公司的利润目标**

当组织不断提出高期望值的、有挑战性的目标时，就能为那些富有挑战精神的有志之士提供更多施展身手的机会，从而留住这些斗志昂扬的人才。美国密歇根生产医疗设备的施萨克公司就毫无商量地要求其属下各部门利润年增20%，该公司外科部人力资源副总裁布莱克（Bradley Black）说："成功者喜欢这种环境，人们都希望留下，希望获胜。"

在设置组织目标时，要注意目标既不能俯拾即是，也不能高不可攀，目标必须是充满信念且能激发无限热情，通过努力在未来可以实现的。目标必须符合组织创设的目的，必须符合市场发展的要求，必须全心全意为组织和员工着想，不允许虚伪做作地激发假的情绪。

（二）设计良好的组织形象

1. 公正诚实的市场形象　组织可以通过各种宣传、广告、公益活动等途径，把组织的新产品、新服务、战略规划、员工成就等向公众做正面宣传，以提高组织在本行业中的专业和权威形象。对组织出现的突发性危机，应及时处理，对有损组织形象的事件诚实地向公众公布处理结果，获取最广泛的支持与同情。热心公益与慈善事业，营造富有社会责任感的组织形象。通过一系列市场形象的树立，可以很好地激发员工对组织的向心力,培养员工的规范承诺。

个案 8-7 国美努力使每位顾客感动

  国美要求每一位促销员在推销产品时,须如实介绍产品功能,并且按照顾客实际情况有针对性地推荐。有对老夫妇在国美买了一台电风扇,回家使用时发现风扇运转起来的声音比较大。老俩口晚上本来就睡不好,所以想换个产品。但是年龄大了,老人不想再搭车去门市店,就打了个电话给国美热线,国美答应一定派人去看看。负责此专柜的主管得知此事后,在炎热的中午,饭也没顾上吃,大汗淋漓地跑到郊区老人家中,使这对老人十分感动。

  "努力使每位顾客感动"不只体现了国美的亲情服务,更体现了国美一诺千金的诚信意识。正是这种诚信服务,使国美成为国内家电连锁零售企业的佼佼者。

  2. 优质优价的服务形象 提高产品和服务质量的声誉也是培养员工组织承诺的策略之一。组织在市场中地位的强弱主要是通过产品和服务的品牌来确定的。质量好、品牌佳的组织能获得顾客的满意和忠诚,其发展前景自然较好,员工对组织的认同和承诺就高,愿意长期留在组织,并产生较强的成就感。

  3. 热情诚恳的领导者形象 领导者形象对于组织形象的优化和员工承诺感的培养也有很大的影响作用。员工会通过对领导者形象的判断做出选择该组织、留在该组织的决策,继而把对领导者的承诺转化到组织身上。因此,作为领导者应该利用一切可能的机会向员工传达自己对组织的各项活动的热爱和兴趣,不断提高管理技能,以自己的个人权力(模范权和专长权)吸引员工留在组织中。

(三)培养组织的核心能力

  核心能力是组织获得资源,形成并能保持持续的竞争优势,获得稳定经济利润的能力,是组织竞争力的核心。核心能力的培养是一个复杂和多元的系统工程。它包括培养核心技术能力、组织协调能力、应变能力、组织影响力等多个方面。国内外成功的经验表明,组织的核心能力具有较低的被占用性和较高的耐久性。拥有核心能力的组织能不断发展壮大,可以为员工提供基础的生存和发展保障,对人才的吸引力较大,在这样的组织中有利于培养和提高员工的组织承诺。

(四)建设现代组织文化

  在培养组织承诺方面,组织文化的作用主要体现在它所构建的价值观体系和行为准则上。这些价值观和行为准则可以指导组织的决策和行为,如果能被认同并主动接受,就会潜移默化地对员工起到导向作用,指引员工去实现组织目标、实践其人生价值而不懈努力工作。同时,由于科学的价值观和行为准则是经过集思广益和反复推敲制定出来的,它们代表和反映了组织成员的整体精神,具有凝

第八章 组织承诺及培养

聚、激励和约束作用，使员工在竞争激烈的市场中团结一心，形成完善的团队精神，从而提高工作热情，培养组织承诺，避免人员流失。

通过建设现代组织文化所培养出来的组织承诺是可以长期稳定地保持的，而不是一种短期或间断的承诺。随着时间的推移，员工由于对组织文化有更深入的认知和体验，并由此提高对组织的认同感，强化归属意识，从而形成积累效应，提高对组织的承诺。

> 回顾第六章《组织文化》的知识内容，你认为应如何运用组织文化来有效地培养员工对组织的承诺。

（五）营造良好的人际环境

对大多数员工而言，对组织的情感承诺是通过具体的人来建立的，因此，组织中良好的人际关系氛围不仅能满足员工平等、公平、自尊等高级心理需要，而且是提高员工士气，提高组织效率，培养组织承诺的重要途径。

1. 培养相互信任的良好环境　信任是合作和创新的先决条件，是员工发挥潜能的前提，是组织成功的关键。建立信任感需要营造学习、创新和容忍失败的气氛，必须建立完善的沟通渠道，鼓励主动交流、双向交流和及时反馈。当员工深信组织关心自己，对组织真正信任，并认同组织的价值观时，员工就会自觉自愿地为组织做事，增加对组织的承诺。

2. 搭建团队合作结构　通常员工更愿意留在组织，而不受其他组织的诱惑，是因为他们与同事之间建立了一种牢不可破的关系，担心去别的组织无法构建这种关系。因此，组织不仅要鼓励员工之间加强沟通和交流，而且要积极为员工搭建团队协作结构，增强员工的团队意识，增进员工的归属感，巩固员工与组织间的合作关系，提升员工对组织的承诺。

> 组织应如何使员工在团队中不要趋于平庸，而是在合作中寻求卓越。

3. 形成以心理归属感为基础的组织认同　员工的心理归属感主要表现在亲情、乡情、友情、恋情、信仰以及民族情结等方面。从心理学角度看，心理归属感源于认同，认同一旦得以形成就会相当牢固。

尽管利用合同和报酬可以维持一定的以认同为基础的组织承诺，但这些方法的作用是有时效性的。更为长期有效的方式还是必须形成共享的积极情感和社会联系，以心理归属为重，用感情纽带来赢得人心。有许多的公司给予员工工资待遇未必最优厚，但他们提供具有浓厚的人情味的公司福利，不仅重视安排有计划的教育培训以满足员工成长的需要，而且让员工享受节日礼金、生日礼品、幼儿接送、老人照护、免费停车等多项服务。使员工的日常需要尽可能地得到满足，使员工产生强烈的心理归属感，从而认同于整个组织，形成高度的组织承诺。

4. 正确处理冲突　由于个体或群体之间客观存在的差异性，对同一个问题会有不同的看法和处理方式，于是产生了分歧、争论和对抗，形成了矛盾，矛盾的激化就是冲突。冲突普遍存在于各个组织之中，冲突本身并无好坏之分，只有从绩效的角度，才能判别冲突的价值。所以冲突应当加以适当的处理而不是消除。正确地处理冲突可以转化与引导消极的人际关系，促进积极的人际关系的形成，提升组织的创造力和竞争力，从而培养和提高员工对组织的承诺。

个案 8-8　稻盛和夫的经营之道

在日本经济的发展过程中曾经出现过"经营四圣"，他们分别是松下公司的松下幸之助、索尼公司的盛田昭夫、本田公司的本田宗一郎和京瓷集团的稻盛和夫。

京瓷集团的前身是京都制陶，在其缔造者稻盛和夫的概念里，公司首先是员工的企业，其次才是股东的企业。他认为："公司并不是经营者个人追求梦想的地方，无论现在还是将来，公司永远是保障员工生活的地方。"在稻盛和夫这种经营哲学的感染下，京瓷集团的数万员工都把公司视为一个命运共同体，这正是京瓷战斗力所在。

1971年5月，稻盛和夫收购了美国圣地亚哥一家工厂。当时该厂每月亏损10多万美元，管理无序，士气低落，经营极差，了无生机。稻盛认为人的本质都一样，在京都制陶推行的管理方式，在美国也应行得通。稻盛先选出50名能接受京都制陶思考方式的员工进行培训，并派原主管担任厂长，希望他能领悟京都制陶的哲学。可是工厂一开始运营，就显露出美国和日本两种文化在思维方式上的差异。导致纠纷不断，结果使工厂每月赤字上升到20万美元以上。

痛定思痛，稻盛决定不顾美国人的反感，完全聘用日本管理人员来建立一个全新的工厂。第一次听到"你们辛苦了"这句话，令美国员工吓了一跳，但年轻的日本管理人员愿意在生产线上与员工同甘共苦的诚意，令人感动：他们穿着和工人一样的制服，丝毫没有架子，员工们也自然而然地产生了认同感和团结一致的决心。

当工厂业绩逐渐好转时，稻盛买了很多比萨饼在餐厅里和员工们一起吃。第

第八章 组织承诺及培养

二天,员工们就带着自己做的菜招待稻盛。此后,大家经常利用各种机会举办联欢会。

稻盛在工厂业绩上升后,把每月销售额的20%作为奖金发放给员工,这使所有人都认识到,工厂的发展与自身的幸福是紧密联系的。

1974年底,石油危机席卷全球,日本也受到巨大影响,经济第一次出现负增长,京都制陶当年利润也减少了50.36亿日元,纯利润下降11.31亿日元。稻盛勇敢地面对困局,他把营业员、科长、部长的工资削减了10%,制定了严格的规章以求节约,并宣布京都制陶即使只靠苔藓生存下去,也绝不停工,绝不裁员。

稻盛把因产量减少而多余的人力全部编入总务部管辖,禁止他们进入厂房。这主要是因为:订货量下降,如果还用以前的人手,每人所分担的工作量减少了,工厂内紧张忙碌的气氛就会消失,生产效率也将随之下降,一旦订货量恢复时,就不能马上进入增产状态。

稻盛对多余人力所采取的对策可谓一箭双雕,不仅让员工有绝对不裁员的安定感,而且使员工明了不景气的事实,维持生产现场的紧张感,使得京都制陶在不景气结束之后能够马上恢复元气。

稻盛和夫重视全员价值观的一致,始终坚持为全体员工谋求物质与精神的双重幸福,强调全体员工同心协力,共同前进。目前,京瓷集团在多个领域都大施拳脚,取得了巨大的成功。"爱人"、"利他"已成为稻盛和夫经营哲学的精髓。

二、培养组织承诺的制度策略

俗话说"没有规矩,无以成方圆"。建立健全规章制度,组织就会获得稳定的根基,员工就会在规定的范围内行事,使组织有了一个稳步发展的条件。建立制度既可以优化影响组织承诺的相关因素,又可以减弱员工对组织忠诚度下降的风险。

(一)招聘、甄选、解聘制度

招聘是建设员工情感承诺的第一道环节,是安置、确定和吸引有能力的申请者的活动过程。对那些希望和员工建立长期稳定关系的组织来说,应当把好招聘员工的第一关。

组织可以根据当地劳动力市场、工作岗位的类型、管理层级及组织规模等特点,通过内部搜寻、广告应征、员工推荐、就业机构、学校分配及临时性租赁等渠道来找到拟聘用的潜在候选人。但由于个体的潜质不同,其忠诚的倾向性也不同,因此,在招聘中应以素质为基础,做好招聘工作的跟踪调查和分析研究,特别要注意鉴别出那些有频繁跳槽经历的人,详细考察他们离职的原因究竟是什么。

组织对应聘者要开诚布公,用科学的方法甄选应聘者。招聘时不仅要进行知识技能和动机态度测试，分别考查应聘者有无工作素质、有无长期留在组织的真实意愿，不能忽视的是，组织要对应聘者进行工作偏好测试，以考察应聘者和组织之间价值观的匹配程度。为了使人才的选聘更有效，要注意选择最合适组织的人才，而不是最高级的人才，以免因大材小用使组织的人工费开支过高，又使人员流动过于频繁。

当面临行业衰退、市场需求减弱、外部竞争、企业合并等问题时，组织要减少其劳动力供应，这就是解聘。解聘绝不是件令人愉快的事，而且解聘方法不得当，会影响到继续留在组织内的员工的心理，因此组织对解聘方案的选用也要谨慎。常用的方案除解雇外，还有自然减员、调换岗位、缩短工作时间、提前退休等。

8-9 宝洁公司的招聘甄选

宝洁公司非常注重通过招聘来甄选可以建立组织承诺的员工。由于没有工作经历的个体会更容易接受公司的价值观，因此宝洁公司的招聘对象基本上是大学校园中刚刚毕业的学生。在宝洁的申请表格中，专门设有考察应聘者个体价值取向的问题。宝洁公司的面试官基本上由公司的资深员工组成，他们在一对一的面试中，也会通过一些具体的问题（包括了解应聘者的家庭、爱好、偶像、学习、合作、失败等）来考察应聘者是不是一个可以"宝洁化"的人。

面试官会在面试中如实告诉应聘者将要面临的挑战，这样，一些应聘者会通过自我判断退出，而最终进入宝洁的员工通过现实工作预览，对企业有了比较切实的了解和期望。这种方法有助于他们更快地适应宝洁的生活，进而为建立高组织承诺打下基础。

（二）弹性工作制

弹性工作制是指在完成规定的工作任务或固定的工作时间长度的前提下，员工可以自主灵活地选择工作的具体时间和地点，以代替统一、固定的上下班时间和地点的制度。弹性工作制通过解放员工的行动来培养员工的组织承诺。

目前，弹性工作制主要有三种形式：一是核心时间与弹性时间结合制，一天的工作时间由核心工作时间和环绕两头的弹性工作时间所组成；二是成果中心制，组织对员工的劳动只考核其成果，不规定具体时间，只要在所要求的期限内保质保量完成任务就照付薪酬；三是紧缩工作时间制，员工可以将一个星期内的工作压缩在两三天完成，剩余时间由自己处理。

实行弹性工作制须注意以下几个问题：

（1）实行弹性工作制有自身的限制条件。包括：必须能进行精确的个体工作绩效（质量、数量）的考核；生产工艺流程和技术规范允许该项工作实行弹性工

第八章 组织承诺及培养

作制;各级管理人员具有较高的管理水平等。

(2)须确保沟通渠道畅通高效。在弹性的时空之中,每个员工对于职责的分配必须更加清楚。尽管现代信息技术的发展和办公设施的完善为弹性工作提供了便利条件,但是在弹性的工作环境里,尚须明确每个员工都能迅速地接收到工作规划和要求。因此组织中仍应安排有彼此分享信息的共同时间。

(3)建立自律务实的组织文化。在弹性工作制下,要兼顾纪律与效率,最好的方法是在组织内部形成自律务实的文化,透过文化去影响和约束员工的个体行为。

(4)保持制度实施的稳定性。如果真的碰到需要改变既定制度或取消弹性工作制时,组织一定要在沟通上有所准备,这非常重要。

 8-10 美国社会的弹性工作制

当前美国社会中,双职业家庭,即夫妻双方都有自己长期职业的家庭越来越普遍,单亲家庭的数目也逐渐增多,因此在那些能考虑到员工和家庭冲突的企业中,员工对企业的承诺更高。英特尔公司在旧金山海湾地区周围开设了卫星办公室,用来安置那些不想到总部办公室工作的员工。Adobe公司已经引进了远程办公系统。3Com公司给员工提供门房服务,帮助员工处理干洗、买电影票、买礼物等琐事。总部位于美国北卡罗来纳州的SAS软件公司采取了弹性时间工作制,甚至在工作场所设立了托儿所等福利设施,从1999年6月到2000年6月,员工离职率低于3%,远远低于美国同行业公司20%~30%的离职率水平。

(三)参与决策的组织制度

员工参与决策是使组织秩序公正的一个重要途径。国外许多学者的研究都表明,秩序公正性对员工的信任感、责任感等较高层次的态度有正面影响,可激发员工积极合作的自觉性。同时,通过参与决策,发挥集体智慧,有利于决策的执行,能提升员工的管理能力,促进员工个人发展,满足员工的高层次需要,培养和提高员工的组织承诺。

(四)忠诚危机预警和处理制度

员工对组织承诺低,忠诚度减弱,可能给组织带来经济损失、名誉伤害或导致机密泄露,所以组织须有相关的制度防范和处理由此而产生的危机。

 8-11 雇员忠诚保证保险

雇员忠诚保证保险是以被保险人的雇员在受雇期间,因欺骗或不忠诚行为(贪污、挪用款项、伪造账目、偷窃钱财等)而导致其直接经济损失为保障内容

的一项保险。雇员的忠诚信用是保障的基础。被保险人转嫁给保险公司的是其雇员在被雇佣期间可能发生不忠诚行为的潜在风险。目前，这一险种在中国外商投资企业中比较常用。其承保方式分为指名和不指名两种。不论是何种承保方式，参照国际上的习惯做法，中国保险公司现行使用的雇员忠诚保证保险条款都列明，被保险人必须对其雇员受雇前的情况进行查询，并保存查询资料，在索赔时，如有必要应提供给保险公司，通过对其雇员受雇前情况的必要查询来防范被雇佣者在忠诚信用方面潜在的风险，这是被保险人的义务之一，也是保险公司提供雇员忠诚保证保障的前提，对保险双方都十分有益，体现了权利与义务对等的保险基本原理。

在预警机制上，组织内部不仅要按照《劳动法》和《劳动合同法》的相关要求建立合法的用工机制，而且须不断完善劳动用工合同制。通过用工合同的内容、规范和约束员工的行为。同时，健全财务监督和资料保密制度，减少漏洞，防止不忠诚行为的发生。

当离职已经出现，组织可安排有关部门的管理者与离职者进行面谈，了解员工离职的真正原因，以便于有针对性地改善内部管理，优化忠诚因素。同员工离职面谈，既可减少离职员工的敌对情绪，又可安抚在职员工的心理波动。

三、培养组织承诺的员工发展策略

要获得员工对组织的高承诺度，组织应当分析员工的需要，从经济上、精神上等各方面向员工提供支持和帮助，促进员工不断发展和进步。

（一）奖励与惩罚

从组织的观点来看，个体的行为分为两类，一类是期望的行为，如忠诚、肯干等；另一类是非期望的行为，如消极怠工等。组织应当利用晋升、表扬等激励手段来引导和激发员工的期望行为，用处分、罚款等责罚手段来制止和纠正非期望行为。

有知名企业的管理者说："薪金只能帮补员工的生活，买不来员工的忠诚。成就奖励是满足个体需要的一个重要组成部分，能鼓励员工热情工作。"奖励的方式有多种，可以是物质的，也可以是精神的，能把两者有效结合，突出精神激励作用的方式会更好。工作能够经常获得肯定与认可，员工就会产生成就感，可以有效地培养和提高员工的组织承诺。

但是，奖励措施并不是对任何人都有效的，人的素质不一、需求不一，而奖励是有限的。因此，奖励措施所产生的效价的绝对值是有限的。一般激励措施采取以后，往往期望行为与非期望行为会同时出现。如设质量奖，既能促使个体为获奖而提高质量，同时也会有人为获奖而隐瞒质量事故，弄虚作假。因此必须前

第八章 组织承诺及培养

引后堵,奖励和惩罚并用。

> 有人不主张实行惩罚,他们认为惩罚只是压服而不能根治,当责罚的威胁不存在时,非期望行为会卷土重来。你对此看法怎样?

如何正确地使用惩罚手段?首先是明确。明确什么是期望的行为,什么是非期望的行为。惩罚什么,界线何在,罚到怎样的程度,都应事先广而告之,不搞不教而诛,不搞突然袭击。须知惩罚本身不是目的,而仅是一种手段。最好的情况是惩罚作为一种威慑力量起防患于未然的作用。

其次是适当。奖罚比例适当,多奖少罚。惩罚轻重适当,过与罚相当。初犯从宽,再犯从严;无例从轻,有例从严;态度好的从宽,态度差的从严。尽量用一次性惩罚,少用永久性惩罚,能个别批评的不公开点名,能用经济手段的不要给予行政处分。

第三要一致。言行一致,规定要罚的就罚。该罚的不罚,领导者会失去威信,制度成为一纸空文。奖惩对人要一致,所有奖惩都应当是针对行为而不是针对人,一碗水端平。

第四要善意。惩罚之前,抓苗头、打招呼、事先警告。与人为善,实事求是地分析错误。促膝谈心,多做个别工作使其心悦诚服。责罚之后,不抱成见。

第五要有效。惩罚不仅考虑有利于教育其本人改正错误,而且要使众人受教益。为了使惩罚取得必要的效果,惩罚必须及时迅速。

个案 8-12 有无奖惩大不一样

心理学家奥格登曾于1963年做过一个"警觉性试验",该试验在参加试验人数相等的四个组中间进行。方法是调节一个选定光源的亮度,记录试验者辨别光照强度变化的感觉,从而测定其警觉性。四个组的条件分别如下:

A组为控制组,不施加任何奖惩,只是简单地告诉他们试验的要求和方法。

B组为奖惩组,对警觉正确和错误给予奖励和惩罚,比如:判别正确一次奖一元,错误一次罚三元。

C组为个人竞赛组,其中每位成员都经精心挑选,被认为具有较强的警觉能力,现在要比赛哪一位的警觉性最高,有奖惩。

D组为集体竞赛组,告诉该组成员要与另一些组比赛,看哪个组成绩好。

最后,各组试验结果的平均误差次数如表8-1所示。

表8-1 平均误差次数的统计结果

组 别	施加的试验条件	误差次数	名 次
A	不施加奖惩	24	4
B	有奖惩措施	11	2
C	个人竞赛	8	1
D	集体竞赛	14	3

试验表明,个人竞赛组和奖惩组成绩最好,而不施加任何奖惩的控制组成绩最差。因此,组织的管理者们应适当公平公正地实施奖惩措施,这样,既可以收到很好的工作业绩,又可以有效地吸引员工的参与,培养员工的组织承诺。

(二)薪酬体系设计与绩效薪酬

尽管梅奥教授提出社会人的假设,但人们不应当过分否定经济报酬的作用。报酬是组织为员工提供的生活保障,是衡量组织公平与否的一把尺子,是员工工作成就的一种体现,是员工考虑和关心的重要因素之一。有效的薪酬战略,可以让组织在不增加成本的情况下,提高员工对报酬的满意度,调动员工的工作积极性,维持员工对组织的承诺。

1. 薪酬体系设计 只有建立在公平基础上的薪酬体系才能有效地激励员工,培养员工的组织承诺。

按公平理论的基本观点,当一个人做出了成绩并取得了报酬以后,他不仅关心自己所得到报酬的绝对量,而且关心自己所得报酬的相对量。因此,他要进行各种比较来确定自己所获报酬是否合理,比较的结果将直接影响今后工作的积极性。这样的比较包括横向比较和纵向比较两种,得到三种公平的表现形式:内部公平、外部公平和员工个体公平。

组织内部报酬水平的相对高低,应该以工作的内容为基础,或者以工作所需技能的复杂程度为基础,因为员工们依据工作本身而不是按个体特点来决定报酬的内部公平性。

外部环境是影响薪酬的一个重要因素。外部公平所关注的是组织薪酬水平与同行业其他组织的薪酬水平相比较时的竞争力。为了保持组织薪酬政策的外部竞争力,组织核心员工的薪酬水平应该等于或高于同行业其他组织的水平,否则组织就难以避免人才流失的危机。

员工个体公平感要求组织中每一个体得到的薪酬,与他们各自对组织的贡献相互匹配,强调员工的个体差异在薪酬决定中的影响程度。在人才竞争日益激烈的今天,这一点尤其重要。

薪酬体系一般包括薪资和福利两方面。为了把握好公平性准则,可以通过职

第八章 组织承诺及培养

位分析、职位评价、薪酬调查、薪酬定位、薪酬结构设计和薪酬体系的实施和调整等环节,有步骤、有计划地进行薪酬体系的设计。

在薪酬体系设计时,除把握公平原则外,还应注意采取适当的引导措施,最大限度地发挥薪酬对培养员工组织承诺的激励作用。比如适当降低期望值,以形成由事实薪酬超过预期值而产生的满足感,或降低对实际薪酬的不满意度,不片面强调高薪,以减少员工对薪酬分配的公平性的挑剔等。

2. 绩效薪酬　不同的薪酬形式对培养组织承诺的作用是不同的。现在较为提倡的是绩效薪酬。

绩效薪酬是一种将薪酬与业绩相联系的薪资模式,其数额随着待定的绩效目标完成状况而浮动。由于绩效薪酬缩小了薪酬结构中的固定成份,加大可变比例,虽然员工的底薪可能减少了,但可以通过自己的努力和业绩,根据具体目标的实现成效获得更高的奖励性薪酬。对组织来说,可以减少管理费用和增加创新成果;对员工来说,有利于增加自己的现金净收入。与单纯的职位工资和技能工资相比,绩效薪酬充分体现了员工的价值,能调动员工积极性,使员工在对高薪水的追求过程中形成对组织的承诺。

在设计绩效薪酬时必须做出的关键决策是绩效认可和管理,为使绩效与薪酬有效连接,必须注意以下要求:员工的工作绩效是可以度量的;员工之间的绩效差别是可以区分的;可以体会到绩效差别和薪酬差别之间的关系;业绩薪酬的增长将激励提高绩效的行为的改变;个体和组织绩效之间存在可以建立的联系。

绩效薪酬的支付形式有很多种,常见的包括业绩工资、业绩奖金、业绩福利,以及股票或利益共享计划等形式。一般来讲,组织的高层员工可能倾向于中长期绩效薪酬激励,而低层员工更倾向于短期的绩效薪酬激励。

在做到公正、公平、公开、客观地对员工绩效进行评价的基础上,绩效等级的多少和等级之间的差距将会对员工绩效薪酬分配产生很大影响。在设计绩效等级时要考虑绩效薪酬对员工的激励程度,等级过多造成差距过小将会影响对员工的激励力度;等级过少造成差距过大将会影响员工对绩效薪酬的预期,以至使员工丧失向上的动力。此外,在确定了绩效等级以后,还应明确不同等级内员工绩效考核结果的分布情况,严格的绩效分布一方面有利于对员工的绩效进行区分,另一方面也有利于消除绩效评价各方的模糊业绩。通常来讲,员工绩效分布基本符合正态分布规律。

绩效薪酬的增长方式主要有两种:增加工资标准和一次性业绩奖励。增加工资标准将长久地提高员工工资水平,随着时间的推移,就变成了员工对薪酬的一种权利,不利于组织薪酬的灵活决策;一次性业绩奖励是对达到业绩标准或以上的员工一次性进行奖励支付,在数量上可以与组织的当期收益挂钩,既可以使员工感受到激励的效果,也利于组织薪酬的灵活决策。

（三）教育与培训

教育与培训是用人类社会的文明、前人的经验和科学的知识改变人们的态度、习惯，提高个体的思想素质和工作技能。目前世界各国除了正规的学校教育外，普遍重视对在职人员的教育与培训，强调先培训、后上岗和对职工进行终身教育。

在信息时代，学习决非耗费光阴，而是一种切实的需求。一项职务的要求变化了，员工的技能也要跟着变化和改进。通过教育培训培养员工长期受雇用的能力是建立多才能群体的关键，也是组织保持持续竞争优势的关键。为员工提供受教育和培训的机会，鼓励员工迅速成长，满足员工的成就感和胜任感，是培养员工组织承诺的重要策略之一。

绝大多数组织为员工提供的教育培训活动都着眼于改变或提高员工的技术技能、人际技能和概念技能中的一项或多项。目前，大多数的员工培训是以在职方式进行的，因为这类方法简单易操作，成本费用也较低。但是，在职培训在学习进行当中，可能会扰乱工作的正常秩序，并导致工作失误增加。另外，有些技能的培训相当复杂，难以在工作中进行，这种情况下培训就需要在工作场地以外开展。

常见的在职培训包括职务轮换和岗位实习。职务轮换是通过横向的交换，使员工从事另一岗位工作，使员工在逐步学会多种工作技能的同时，增强对工作间相互关系的了解，对组织活动形成更广阔的认识。岗位实习一般对新员工进行，通过师傅或教练的指导和示范及新员工的观摩、实际操作来学习新的技术。职务轮换和岗位实习适用于技术技能的学习，而人际技能和概念技能则在工作场所外培训可以取得更好的效果。

脱产培训一般有课堂讲座、电视录像和模拟练习等。课堂讲座特别适用于传播具体的信息，可以用来有效地发展员工的技术技能和概念技能。电视录像可以用来清晰地展示技术方面的技能。人际技能和概念技能可以通过模拟练习更好地学习，比如仿真培训、案例分析、实验演习和互动会议等。

此外，为提高核心员工的知识技术水平，组织可以安排核心人才以半脱产的方式参加各种教育培训，如工商管理硕士（MBA）的培训等。这种培训虽成本较高，但能让核心员工体会到组织对其重视，激发这些员工对组织的认同和承诺。

8-13　迪斯尼公司的新员工培训

迪斯尼公司的新员工培训特点非常明显，他们用一套专门的术语来营造氛围，培训新人。在培训中，员工是"演员"，顾客是"贵宾"，群众是"观众"，职务是"角色"，职务说明是"剧本"，当班是"在舞台上"等等。在这种特殊的培训中，员工在好奇中接受了迪斯尼灌输的理念，即让大家都快乐，也成为了真正的迪斯尼人。

第八章　组织承诺及培养

（四）职业生涯发展规划

在全球化环境和市场经济条件下，如何将自己的理想和追求转移到市场经济的轨道上，如何将自己的职业生涯与组织发展相融合，如何精心策划自己的职业发展，并在科学的规划中实现自身价值，是组织中每一个体的心愿。

根据需要层次理论，物质需要是人类较低层次的需要，而自我实现才是人类最高层次的需要，职业生涯发展规划属于满足人的自我实现需要的范畴，因而会产生更大的激励作用。组织应当像重视薪酬体系设计一样，重视员工职业生涯的发展阶段，帮助员工确认自己的职业兴趣并制订明智的职业发展规划，使员工在相对稳定的职业生涯中发展自己的技能，取得比较稳定的工作收入，使组织提高吸收和保留高素质人才的能力，获得员工长期的组织承诺。

一般地，员工个体的职业生涯可划分为如下几个典型阶段：

（1）探索阶段。此阶段大约发生在个体开始进入社会的早期，其主要任务是个体对自己的能力和天赋形成一种现实性的评价。在这一阶段，个体开始认真地探索各种可能的职业选择，并根据对自己兴趣和能力的认识不断予以调整和修正。在探索阶段，组织可以通过提供有关职务和组织的正面和负面的信息，帮助个体形成对职业工作的一种正确预期。

（2）建立阶段。此阶段大约发生在个体的青年和进入中年时期，又可细分为尝试、稳定和职业中期危机等几个分阶段。通常个体会在这一期间找到适合自己的职业，并全身心地投入到有助于自己在此职业中取得永久发展的各种活动中去。在建立阶段，组织应积极地为个体提供培训和指导，帮助个体克服不稳定因素，确保个体掌握良好地开展工作的能力。

（3）维持阶段。这是职业生涯的后期阶段，通常是个令人愉快的时期，个体将自己日积月累并经历实践验证的判断力和知识经验与他人分享，向组织证明其存在的价值。这一阶段的个体将主要精力放在如何保有现时职位上，对挑战性的工作任务已不如从前那样的感兴趣。组织的重点可集中于充分开发和利用这类个体的已有资源上，为他们提供相对较多的自由时间。

（4）衰退阶段。这是临近退休前的个体必须面对的阶段，对于那些在早期持续获得成功的个体来说，这一阶段令人伤感和失落；但对于早年绩效一般或业绩已呈下降趋势的个体来说，这一阶段也许预示着今后能够将任务的烦恼完全抛开。职业生涯的这个最后阶段是每个人都难于面对的，出现沮丧是较常见的。组织需要帮助个体学会接受权力交接和责任减少的现实，学会使自己成为年轻人的良师益友。

四、跨文化员工组织承诺的培养

随着世界经济的一体化和区域经济集团化的不断深化，组织的跨国经营已成为势不可挡的一股热潮。跨国经营可以使组织有效地在全球范围内优化配置生产要素，充分利用各种自然资源、经济资源和人力资源，为组织的生存和发展带来巨大的机遇。与此同时，由于处于不同的文化背景和地域环境中，跨国经营的组织将遇到前所未有的挑战，要处理因文化不同所导致的冲突以及寻找减少和避免这种冲突的方法。

在培养组织承诺这方面，不同的文化本身对组织承诺的内涵和本质的理解就存在差异，这些差异有时会引起沟通障碍、激励方式的差异、个体发展途径的区别等跨文化冲突。对文化冲突的处理不当会产生沟通中断、极度保守或怀恨心理等不良后果。

为了避免文化冲突带来的恶果，跨国经营的组织应当改变传统的单元文化的管理观念，把管理重心转向对多元文化的把握和文化差异的认可，加强跨文化沟通和跨文化培训，提高组织成员对文化的鉴别和适应能力。跨国经营的组织应当采取差异性的激励策略，帮助不同文化的员工发展，使每一位员工都能够把自己的思想与行动同组织的经营业绩和宗旨联系起来，培养员工对组织的承诺。同时，运用文化的协同作用，克服多元文化和文化差异带来的困难，充分发挥多元文化和文化差异所具有的潜能和优势，建立国际市场上的良好声誉，使跨国经营的组织获得生机和活力。

【重要概念】

组织承诺：体现员工和组织之间关系的一种心理状态，隐含了员工对于是否继续留在该组织的决定。

情感承诺：指员工对组织的感情依赖、价值观认同和工作投入，是个体对组织认同的程度。

继续承诺：指员工对离开组织所带来的损失的认知，是个体为组织继续工作的要求。

规范承诺：是社会规范对个体遵从组织程度的影响，反映的是员工对继续留在组织的义务感。

【本章小结】

1. 20世纪七八十年代，组织承诺得到了组织行为学家的深入研究，并发现它能够稳定地预测个体的缺勤和离职行为。组织承诺体现的是多向互动中员工对组织的忠诚程度，它能单独影响组织中个体的行为，与工作满意度和工作投入度既相联系又相区别。

2. 组织承诺作为员工与组织心理联系的纽带，是由多个因素决定的。梅耶和艾

第八章 组织承诺及培养

伦提出了承诺的三因素模型，即组织承诺是由继续承诺、情感承诺和规范承诺组成的，从而说明人们之所以留在组织中是由于他们愿意、有需要，或是感到应该如此。

3. 在不同的文化背景下，组织承诺对员工的影响机制是不相同的。组织承诺的前因变量主要可以归纳为三大类：工作因素、组织因素和个体因素。结果变量包括工作绩效和员工的退却行为。

4. 组织承诺的形成是复杂的过程。通过对情感承诺的研究，人们较一致地认为，组织承诺可以是基于组织支持、因果归因关系、期望的满足、回顾性文饰作用或选择交换的机会形成的。

5. 组织承诺作为一种约束力，会对个体行为产生影响，其影响结果通常表现为离职、缺勤、工作绩效等。以不同因素为主所构成的组织承诺类型的员工对工作的投入情况是有很大差别的，人们不仅应认识到组织承诺对个体行为正面的影响，而且也应关注组织承诺的负面影响。

6. 培养员工组织承诺的最基本策略是营造合适的组织环境，这种环境包括作为组织建立基础的组织目标、奋斗途径、人际关系、组织形象、核心能力等。

7. 在人员选聘和解聘、工作时间和地点的弹性选择模式、决策参与方式、忠诚危机预警处理等方面建立健全组织制度，既可以优化影响组织承诺的相关因素，又可以减弱员工对组织忠诚度下降的风险。

8. 要获得员工对组织的高承诺度，组织应当分析员工的需要，在经济上实施奖惩并举、公平合理的薪酬模式，在精神上为员工提供教育和培训的机会，提供职业生涯发展策划，促进员工不断发展和进步。

9. 不同文化本身对组织承诺的内涵和本质的理解存在差异，因此，跨国经营的组织应当把管理重心转向对多元文化的把握和文化差异的认可，通过加强沟通和培训、采取差异性的激励策略、运用文化的协同作用和树立良好的国际市场声誉等途径，培养员工对组织的承诺。

【复习思考题】

1. 组织承诺和工作满意感有何异同？
2. 你认为组织承诺和激励有怎样的关系？
3. 你是否认为组织承诺是一种束缚力？
4. 在复杂多变的经营环境中，组织承诺的重要性是提高了还是降低了？为什么？
5. 目前仍有许多管理者认为："相对于我们需要员工，员工更需要我们。"你对此有何看法？
6. 作为组织的管理者，你会如何培养员工的组织承诺？

【本章测试题】

一、填空题

1. 梅耶和艾伦提出组织承诺是由_____、_____、_____等三因素组成的。
2. 按员工承诺的对象划分，承诺有_____和_____两种。
3. 组织承诺的前因变量主要可以归纳为三大类：_____、_____和_____。
4. 组织承诺的形成是复杂的，通常可以是基于_____、_____、_____、_____或_____形成的。
5. 弹性工作制以_____为管理的基本理念，让员工自己管理_____，给员工带来的好处是显而易见的。
6. 一般地，员工个体的职业生涯可划分为_____、_____、_____、_____等四个典型阶段。

二、单选题

1.（   ）是员工由于受到了长期社会影响形成的社会责任感而留在组织内的承诺。
   A. 情感承诺   B. 继续承诺   C. 规范承诺   D. 事业承诺

2. 以下哪个不属于组织承诺的前因变量？（   ）
   A. 工作因素   B. 组织因素   C. 个体因素   D. 员工的退却行为

3. 对于西方职业运动员来说，保持自己的竞技状态和水平是最重要的，为哪个队比赛则不重要。这说明他们（   ）。
   A. 组织承诺高而事业承诺低   B. 事业承诺高而组织承诺低
   C. 组织承诺和事业承诺均低   D. 组织承诺和事业承诺均高

4. 以下哪种情况下，员工对组织的承诺低？（   ）
   A. 员工的期望得到满足时   B. 工作待遇不公平时
   C. 员工自愿选择这个组织   D. 可供选择的机会少

5. 梅耶等人发现，如果将和离职、缺勤等行为的相关性由强到弱排列，则依次为（   ）。
   A. 情感承诺、规范承诺、继续承诺   B. 规范承诺、情感承诺、继续承诺
   C. 继续承诺、规范承诺、情感承诺   D. 情感承诺、继续承诺、规范承诺

6. 为了使人才选聘更有效，组织应选择（   ）。
   A. 最高级的人才   B. 最能干的人才   C. 最合适的人才   D. 最忠诚的人才

三、判断题

（   ）1. 组织承诺能单独影响组织中个体的行为，甚至能使个体做出一些似乎不符合个体利益的行为。

第八章 组织承诺及培养

（　　）2. 尽管文化背景可能不同，但组织承诺对员工的影响机制是相同的。

（　　）3. 当组织能够提供员工所需的事业发展条件时，事业承诺和组织承诺往往能够达到一致。

（　　）4. 员工感知到来自组织的支持越大，则情感承诺越高。

（　　）5. 组织支持和组织承诺之间的总体相关趋势呈现明显的线性关系，因此，如果要想培养员工的组织承诺，就必须首先证明员工对组织的承诺。

（　　）6. 为了培养员工的组织承诺，在设置组织目标时，应尽可能将目标设立得极高远，方对员工有较强的吸引力。

（　　）7. 国内外成功的经验表明，组织的核心能力具有较低的被占用性和较高的耐久性，因此，培养组织的核心能力，可以提高员工的组织承诺。

（　　）8. 通过建设现代组织文化所培养出来的组织承诺是可以长期稳定地保持的，而不是一种短期或间断的承诺。

（　　）9. 为了保持组织薪酬政策的外部竞争力，组织核心员工的薪酬水平应该不低于同行业其他组织的水平，否则组织就难以避免人才流失的危机。

四、名词解释
组织承诺　　继续承诺　　情感承诺　　规范承诺

五、简答题
1. 什么是承诺？什么是组织承诺？
2. 哪些因素会影响组织承诺？组织承诺的形成机制主要有哪些？
3. 组织承诺的组织因素是什么？
4. 具体谈谈可以从哪些途径来培养组织承诺。

【案例分析】

晓扬的经历

虽然有的同学说搞科研比较清贫和寂寞，但是晓扬大学毕业后，还是决定到科研所工作。经过几番激烈的竞争，终于来到了他梦寐以求的 M 研究所。M 研究所是一家知名的生物科技研究所，设施设备先进，办公环境清洁，管理制度严谨，工资福利优厚，是大家公认的好单位。晓扬在这里可以充分发挥自己的专业特长，他满腔热忱地进入了 M 研究所。

所里的人际关系比较融洽，各科室都成立了研究项目组，每个组的带头人都是经验丰富的行家里手。在最初的几年中，晓扬努力地向前辈们学习，他刻苦的精神和谦虚的态度赢得了大家的好评，他很快地融入到这个集体里，并不断地取得进步。在参与的几个项目获得成功以后，晓扬的业务能力大幅度提升，逐渐能够独当一面，从而有机会被调到所里最重要的国家级试验中心，独立地担任其中一个项目的组长。晓扬非常高兴能有这样的机遇，因为这说明研究所里的领导和同事对他业务能力的肯定，也是他个人挑战技术尖端的最佳机会。对于当初选择进入 M 研究所，晓扬感到自己是走对了路子，对于领导和同事，晓扬心里充满了感激和喜爱之情。

新项目的开展有一定的难度，组长的工作又比以前做普通组员时多得多。晓扬在新的岗位上总是风风火火，精力充沛。每天一早就赶到办公室，打开电脑，查看任务进度和工作计划，搜索和查阅资料，编制设计说明，签署有关文件，安排人员当天的具体工作内容，协调设备的使用情况，与其他部门或小组商讨合作事宜，出席研究所的工作汇报会……有时一日三餐都不能按时保证。一天下来，难得起身倒杯水或上趟卫生间。即使是到了下班时间，有些技术问题还没攻下来，为了保证进度还要继续研究，往往要忙到晚上八九点钟才能回家。

随着整个社会改革浪潮的推进，M 研究所也被推向了市场。所里的任务更繁重，竞争更激烈，晓扬的压力也开始增大了。M 研究所实施末位淘汰制度，为了不被淘汰，他很久没有心安理得地过一个双休日了。这些年来，晓扬也已结婚生子，但早出晚归的他总也没有时间好好地陪孩子玩一玩，教育和培养孩子的责任完全落在妻子身上。节假日晓扬也经常没有时间外出，总要在电脑前查寻资料，翻阅手册，或者参加讲座，陪同参观等。家里人安排的活动他经常不能心安理得地参加，因为实在还有太多新知识要学习，新课题要思考，还有论文要编写。长期这样，当然多多少少地影响了夫妻间和父子间的感情。

晓扬其实很热爱 M 研究所，也愿意从事科研工作。这期间也有一些"猎头公司"的人来找晓扬，让他跳槽去企业工作，给出的薪水也很诱人。但是晓扬总觉得企业里的技术工作不够深入、不够系统，商业味较浓，人际关系也相对复杂些，为了拉拢客户难免要应酬，而晓扬最不喜欢应酬，认为那是又费神又费时的事情，所以不愿意考虑到企业里工作。某学院新成立了一性质相近的试验室，配备了相应的研究设备，非常希望晓扬能去当科研带头人。但晓扬心想：跳槽到 M 研究所的竞争对手那里去，总之是不太道德的，而且两个试验室的工作相似，到学院也绝不会比在所里轻松。

长期工作压力和工作负荷积累所造成的身心疲惫，使晓扬的身体越来越不济，他经常一回家就喊累，然后总要躺在床上休息一会，才能起身到客厅吃妻子为他热过的饭菜。过度的劳累让他很烦躁，几乎没有什么心情陪孩子玩耍。工作中注意力也再难像以前那样集中，反应的敏锐性也下降了。晓扬是个责任心很强的人，老是想把每一桩事都做好，不要受指责，不要被淘汰。他的工作考评总是远远高出所里平均考评得分，竞争这样激烈，怎么能有懈怠呢？但就是感到没有气力。医生说晓扬已进入亚健康状态，要他注意身体健康。

据案例中提供的情况，请思考：

1. 请分析晓扬的组织承诺的构成。
2. 作为研究所的领导，你从晓扬的经历中体会到了什么？又会如何帮助晓扬解决他所面对的困难？

参 考 文 献

[1] 刘玉梅．管理心理学理论与实践[M]．上海：复旦大学出版社，2009．

[2] 詹姆斯·库泽斯，巴里·波斯纳．领导力[M]．李丽林，张震，杨振东，译．4版．北京：电子工业出版社，2009．

[3] 汤勇．管理心智[M]．成都：四川文艺出版社，2008．

[4] 詹姆斯·马奇，赫伯特·西蒙．组织[M]．邵冲，译．北京：机械工业出版社，2008．

[5] 李剑．员工管理细节全书[M]．北京：经济科学出版社，2008．

[6] 苏珊·布洛赫，菲利普·威特立．管理也是平的[M]．张猛，译．北京：中国市场出版社，2008．

[7] 金东日．组织学[M]．天津：南开大学出版社，2008．

[8] 牧之，张震．管理要读心理学[M]．北京：新世界出版社，2007．

[9] 许芳．组织行为学原理与实务[M]．北京：清华大学出版社，2007．

[10] 王关义．现代组织管理[M]．北京：经济管理出版社，2007．

[11] 王蔷．柔性化组织：柔性嬗变与路径选择[M]．上海：上海财经大学出版社，2007．

[12] 利·汤普森．创建团队[M]．方海萍，等译．2版．北京：中国人民大学出版社，2007．

[13] 张德．管理学是什么[M]．北京：北京大学出版社，2006．

[14] 周兵．管理理论与技能[M]．北京：清华大学出版社，2006．

[15] 张德．组织行为学[M]．2版．北京：高等教育出版社，2004．

[16] 陈建萍．企业管理学[M]．北京：中国人民大学出版社，2004．

[17] 孙成志，孙天隽．组织行为学[M]．北京：中国金融出版社，2004．

[18] 斯蒂芬 P 罗宾斯．组织行为学精要[M]．郑晓明，译．6版．北京：电子工业出版社，2004．

[19] 单大明．组织行为学[M]．北京：机械工业出版社，2004．

[20] 胡延松，梁益海．管理学教程[M]．北京：立信会计出版社，2004．

[21] 陈维政．组织行为学高级教程[M]．北京：高等教育出版社，2004．

[22] 孙健．员工忠诚度的培养[M]．北京：企业管理出版社，2003．

[23] 陈京．关于现代企业文化的若干思考．广州航海高等专科学校学报．2003（2）：59-61．

[24] 孙非．组织行为学[M]．大连：东北财经大学出版社，2003．

[25] 周菲．组织行为咨询与诊断[M]．北京：中国经济出版社，2003．

[26] 顾琴轩．组织行为学[M]．上海：上海人民出版社，2003．

[27] 周三多，陈传明，鲁明泓．管理学原理与方法[M]．3版．上海：复旦大学出版社，2002．

[28] 李宏，杜学忠．组织行为学精华读本[M]．合肥：安徽人民出版社，2002．

[29] 李剑锋．组织行为学[M]．北京：中国经济出版社，2002．

[30] 关培兰. 组织行为学[M]. 2版. 北京：中国人民大学出版社，2002.
[31] 罗珉. 现代管理学[M]. 成都：西南财经大学出版社，2002.
[32] 吴岩. 领导心理学[M]. 北京：中央编译出版社，2002.